GROSSE REDEN

des 20. und 21. Jahrhunderts

WHITE STAR VERLAG

Redaktionelle Leitung
VALERIA MANFERTO DE FABIANIS

Grafische Gestaltung
MARIA CUCCHI

Redaktion
Lorenzo Sagripanti (ICEIGEO, Mailand)

Texte von: Cristina Artoni, Beppe Ceccato, Paolo Fichera, Francesco Filippini, Giulia Gatti, Michele Giambarrasi, Alessandra Mastroleo, Gianni Morelli, Elena Rossi, Andrea Salvadori, Chiara Schiavano, Riccardo Smrekar.

GROSSE REDEN

des 20. und 21. Jahrhunderts

Herausgegeben von CARLO BATÀ

Inhalt

Einführung

Die Menschheitsgeschichte war schon immer von Naturkatastrophen, Migrationen, Entdeckungen, Erfindungen, Revolutionen und Kriegen geprägt. Aber auch aus epochalen Reden, die in kritischen Momenten Hoffnung weckten, erwachte das kollektive Gewissen eines Volkes oder der gesamten Menschheit. In früheren Zeiten war die Redekunst ein prestigeträchtiges Studienfach, welches lehrte, gewinnend zu sein, zu überzeugen und einzubeziehen, eine Kunst, die zum Beispiel Demosthenes im antiken Griechenland oder Cicero im römischen Senat meisterhaft beherrschten. Heutzutage werden die großen Reden immer weniger: Selbst Politiker kommunizieren immer mehr über Tweets, Facebook-Posts, Blogs, das Sammeln von Likes und Millionen von Stimmen. Auf der anderen Seite ist der Zugriff auf Informationen einfacher: Es reicht ein Smartphone, das mit einem WLAN verbunden ist.

Unter den Autoren dieser 38 Reden, die von der unmittelbaren Nachkriegszeit bis zur Gegenwart reichen, finden sich professionelle Politiker und brillante Redner, aber auch Wissenschaftler, Schriftsteller, Missionare, Architekten, Unternehmer, Fernsehmoderatoren und ein Mädchen, Malala Yousafzai, die während des Schulbesuchs von einer Kugel am Kopf getroffen wurde und seitdem für die Bildung von Frauen kämpft. Die Probleme haben sich im Laufe der Zeit geändert, die heutigen Herausforderungen sind andere (wie die Globalisierung und ihre Verzerrungen, mit denen Anita Roddick sich befasst), auch wenn sie im Wesentlichen gleich bleiben: Von der Angst vor einem globalen Atomkrieg sind wir zu Klimaveränderungen übergegangen, die ebenfalls den gesamten Planeten bedrohen, wie der Generalsekretär der Vereinten Nationen, António Guterres, uns vor Augen führt. Man spricht von Freiheit, Demokratie und Menschenrechten, die Eleanor Roosevelt so sehr am Herzen liegen, von nationaler Identität in zwei so unterschiedlichen Ländern wie Vietnam und Indien, von Heimat. Viele dieser Reden haben Ideen oder Slogans in der kollektiven Vorstellungskraft gefestigt, Begriffe, die alltäglich geworden sind, wie Churchills „Eiserner Vorhang".

Die Sanftmütigkeit und Empfindsamkeit der Päpste berühren: Johannes XXIII., der die Kinder liebkost, Franziskus, der uns zu Güte und Zärtlichkeit als Lebensregeln einlädt. Ein wenig so wie der Dalai-Lama, der den Geist des Dialogs als Voraussetzung für wahren inneren Frieden vorschlägt. In den Häusern der ganzen Welt gibt es mittlerweile Millionen von Menschen, die über Radio und Fernsehen zuhören und zusehen. Sie sind fasziniert von der charismatischen Sprache, der moralischen Schärfe, der unermüdlichen Leidenschaft und dem Einsatz des Redners, der sein gesamtes Dasein der Sache widmet, an die er glaubt. Mutter Teresa im Dienste der Leprakranken, viele, die ihr Leben verlieren (Kennedy, Luther King, Malcolm X, Benazir Bhutto und Allende, entmachtet von Pinochet, aber auch der nur wenig bekannte Sankara), andere, die Jahrzehnte im Gefängnis verbringen, wie Nelson Mandela. Dann gibt es diejenigen, die ihr brillantes Talent in den Dienst anderer stellen: Einstein, der auf der Verantwortung der Wissenschaft besteht, Hawking, der stattdessen sagt, er sei mit seinem „kleinen Beitrag" zufrieden. Zwei weitere Charaktere gehen Hand in Hand, Hauptdarsteller am Ende des Kalten Kriegs, der so viele dieser Reden bestimmt: Gorbatschow und derjenige, der ihn auffordert, eine längst anachronistische Mauer niederzureißen, Reagan. Auch viele Frauen, die in der Vergangenheit fast immer am Rande der Gesellschaft blieben, werden nun endlich mehr und mehr zu Protagonistinnen: Neben den bereits erwähnten, wie Evita, Elisabeth II., sei Oprah Winfrey genannt, die aus tiefstem Herzen für die #MeToo-Bewegung eintritt. Wir laden Sie daher ein, diese Meisterwerke der Redekunst zu lesen, ohne die Emotion zu hemmen, die sie hervorrufen, und zu versuchen, aus der Vergangenheit zu lernen, eine bessere Welt für die Gegenwart und für die Zukunft zu schaffen, denn eine der größten Gefahren unter den Bedrohungen, die über der Menschheit schweben, ist die Gleichgültigkeit, wie Elie Wiesel, geschockt von den Katastrophen des 20. Jahrhunderts, warnt.

Carlo Batà

Charles de Gaulle

Radiodurchsage zum Ende des Zweiten Weltkriegs

Paris, 8. Mai 1945

Am 8. Mai 1945 endete der Zweite Weltkrieg in Europa. Das Datum markiert die Wasserscheide zwischen einer Zeit der Massaker und Völkermorde und der Hoffnung auf eine Rückkehr ins Leben und in eine bürgerliche Gemeinschaft. Am 30. April hatte Hitler Selbstmord begangen. Ohne seinen Führer konnte Deutschland nichts anderes tun, als die bedingungslose Kapitulation zu unterschreiben und seine Zukunft in die Hände der Alliierten zu legen.

Zwei Männer verkörpern den Widerstandsgeist der freien Völker in der dunkelsten Stunde der europäischen Neuzeit: Winston Churchill und Charles de Gaulle. Charles de Gaulle stammte aus einer katholischen, nationalistischen Familie und war seit dem 3. Juni 1944 Präsident der Provisorischen Regierung der französischen Republik. Seine Rede an die Nation am 8. Mai 1945, die am frühen Nachmittag gleich nach der Kapitulation Deutschlands im Radio übertragen wurde, war nur die letzte einer langen Reihe. Es hätte für Frankreich keinen 8. Mai gegeben ohne seinen Appell vom 18. Juni 1940, der von Radio London ausgestrahlt wurde: ein vehementer Aufruf zu den Waffen an das französische Volk mit der Aufforderung, die Hoffnung nicht aufzugeben und gegen den deutschen Eindringling zu kämpfen. An jenem Tag entstand die Résistance gegen das Vichy-Regime, den Satellitenstaat des Dritten Reichs im Süden Frankreichs.

„Der Krieg ist gewonnen!", begann er in erleichtertem Ton nach jahrelangem Leid. Während der ganzen Kriegszeit verkörperte de Gaulle in Galauniform das Bild einer immer und in jedem Fall freien, kämpferischen Nation. Es war unerlässlich für Frankreich – neben dem Schutz der wirtschaftlichen, politischen und Kolonialinteressen –, Ehre und Stolz vor der Welt und den Alliierten nicht zu verlieren. De Gaulle selbst war der größte Förderer und Repräsentant der französischen Grandeur; 1941 rief er aus: „Es besteht ein 2000 Jahre alter Pakt zwischen der Größe Frankreichs und der Freiheit der Welt." Er nutzte die Kommunikationsmittel meisterhaft, seine für einen Politiker unkonventionelle ironische, schneidende Sprache brachte ihn der Bevölkerung nahe, die ihm glaubte und vertraute. Mit seiner imposanten Haltung, der immer perfekten Frisur und der Adlernase war er leicht erkennbar und wurde zu einer Ikone der damaligen Zeit. Als Militärführer und Vater der Nation verkündete de Gaulle das Kriegsende und Frankreichs Sieg: Er verneigte sich vor allen Soldaten und Bürgern, Franzosen und Alliierten, die durch ihren Einsatz verhindert hatten, dass Europa und die ganze Welt unter das nationalsozialistische Joch fielen.

An der Spitze des Befreiungskomitees wird Charles de Gaulle am 3. Juni 1944 Präsident der Provisorischen Regierung der Französischen Republik.

"

Ehre gebührt unserem Volk, das schreckliche Prüfungen weder niederwerfen noch beugen konnten!

"

CHARLES DE GAULLE (1890–1970)

1909 Aufnahme in die Militärschule von Saint-Cyr.

1916 Im Ersten Weltkrieg Teilnahme an der Schlacht von Verdun.

1940–1943 Während der deutschen Besatzung steht er an der Spitze der Bewegung France libre.

1943–1944 Präsident des Französischen Komitees für die Nationale Befreiung.

1944–1946 Präsident der Provisorischen Regierung der Französischen Republik.

1958–1959 Bekleidet das Amt des Ministerpräsidenten und des Verteidigungsministers.

1959 Wird zum ersten Präsidenten der Fünften Republik gewählt.

1962 Ruft zu einem Referendum auf, das die Direktwahl des Staatspräsidenten einführt: Das Ja gewinnt mit breiter Mehrheit.

1969 Nach seinem Rücktritt vom Amt des französischen Staatspräsidenten wird er zum Mitglied des Verfassungsrats gewählt.

Der Krieg ist gewonnen! Dies ist der Sieg! Der Sieg der Vereinten Nationen und der Sieg Frankreichs! Soeben hat der deutsche Feind vor den vereinten Streitkräften des Westens und des Ostens kapituliert. Das französische Oberkommando war anwesend und hat die Kapitulationserklärung unterzeichnet. Angesichts des zerrütteten Zustandes, in dem sich das öffentliche Leben in Deutschland und die deutsche Militärkommandantur befinden, besteht die Möglichkeit, dass versprengte feindliche Gruppen hier und da auf eigene Faust einen aussichtslosen Widerstand fortsetzen wollen. Doch Deutschland ist geschlagen und hat seinen Zusammenbruch besiegelt! Während unsere Fahnen aufs Neue im Glorienschein des Sieges erstrahlen, wenden sich die Gedanken und die Liebe unseres Vaterlandes zunächst jenen zu, die ihr Leben für uns gegeben haben, sodann jenen, die im Dienste des Vaterlandes so schwer gekämpft und so viel erlitten haben. Nichts war umsonst: Keine Anstrengung unserer Soldaten, unserer Matrosen, unserer Piloten, keine der mutigen oder selbstlosen Taten unserer Söhne und Töchter, kein Leiden der Männer und Frauen in Gefangenschaft, keine Trauer, kein Opfer, keine Träne ging verloren! Voller Freude und voll Stolz auf seine Nation sendet das französische Volk seinen brüderlichen Gruß an seine tapferen Verbündeten, die wie es selbst für die gleiche Sache ihre Kräfte in diesen langen und schweren Kampf eingebracht haben. Wir grüßen ihre heroischen Armeen und ihre Befehlshaber, wir grüßen alle Männer und Frauen, die in der ganzen Welt kämpften, litten und arbeiteten, damit schließlich und endlich Gerechtigkeit und Freiheit den Sieg erringen konnten.
Ehre! Ihnen gebührt Ehre für immer, unseren Armeen und ihren Befehlshabern! Ehre gebührt unserem Volk, das schreckliche Prüfungen weder niederwerfen noch beugen konnten! Ehre gebührt den Vereinten Nationen, die ihr Blut mit unserem Blute vermischten, ihr Leid mit unserem Leid, ihre Hoffnung mit unseren Hoffnungen, und die heute mit uns triumphieren. Ah! Es lebe Frankreich!

Im Juli 1945 besucht General de Gaulle die Stadt Lorient in der Bretagne. Die Küstenstadt, Basis der deutschen U-Boote, war durch Bombenangriffe fast dem Erdboden gleichgemacht worden.

Ho Chi Minh

Unabhängigkeitserklärung der Demokratischen Republik Vietnam

Hanoi, 2. September 1945

Auf dem Ba-Dinh-Platz in Hanoi sprach Ho Chi Minh am 2. September 1945 zu Hunderttausenden Menschen, dem ganzen vietnamesischen Volk mit seinem starken Freiheitsdrang.
Auf dieser Bühne sprach er das Wort „Unabhängigkeit" aus, das im Kern die Geburt eines neuen Landes besiegelte, der Demokratischen Republik Vietnam. Im Zweiten Weltkrieg, der nach sechs Jahren genau an diesem 2. September zu Ende ging, war die französische Kolonie Vietnam wie ein Großteil Asiens unter japanische Herrschaft gefallen. Um die Besatzung militärisch zu bekämpfen, hatte Ho Chi Minh 1941 die Vietminh gegründet und eine provisorische Regierung eingesetzt, die soziale Reformen eingeführt hatte.
Die Kapitulation Japans, wenige Tage nach den Atombomben auf Hiroshima und Nagasaki, änderte die geopolitische Lage in der Region. In ganz Vietnam gingen Tausende Menschen auf die Straßen und forderten Unabhängigkeit. Die französische Politik war an einem Scheideweg: zurück zur Kolonialherrschaft mit einem Krieg zur Wiedereroberung oder Annahme der Emanzipationsforderungen. In Paris wollte niemand auf die Gebiete Indochinas verzichten. Ho Chi Minh schrieb mehrfach an den amerikanischen Präsidenten Truman, der sich für die Selbstbestimmung der Völker ausgesprochen, die revanchistischen Ziele des französischen Kolonialismus verurteilt und offen Unterstützung im Unabhängigkeitskampf gefordert hatte. Die USA fürchteten allerdings einen möglichen sowjetischen Einfluss auf das Gebiet und beschlossen, Frankreich zu unterstützen. Nach mehreren vorsichtigen Versuchen, einen kriegerischen Konflikt diplomatisch zu verhindern, brach der Indochinakrieg aus: 1954, in Dien Bien Phu, nach Hunderttausenden Toten, errang General Giap, der geschickte Stratege an der Spitze der Streitkräfte der Vietminh, den entscheidenden Sieg und damit die Voraussetzung für den Rückzug der französischen Truppen.
Und für ein neues Kapitel im Kampf für die nationale Souveränität: den Krieg gegen die USA. Ho Chi Minh starb vor Ende des Konflikts, und Vietnam verlor den Mann, der es 1954 zur Unabhängigkeit und zum Widerstand gegen die amerikanische Armee geführt hatte. Sein ganzes Leben hatte er seinem Land gewidmet, seitdem er sich als Zwanzigjähriger nach Europa eingeschifft, in Paris, London und dann in den USA gelebt hatte. So hatte er seine politische Ausbildung begonnen, sich mit Gelegenheitsarbeiten durchgeschlagen, bevor er nach Moskau und China ging. Insgesamt war er seinem Volk und seiner Heimat dreißig Jahre fern, bevor er zurückkam, um sie zu befreien.

Ein Porträt des nordvietnamesischen Führers Ho Chi Minh im Jahr 1965 als Präsident der Demokratischen Republik Vietnam.

"

Nach der Kapitulation der Japaner setzte sich unser gesamtes Volk für die Wiedererlangung der nationalen Souveränität ein ...

"

„Alle Menschen sind gleich geschaffen. Der Schöpfer hat uns mit unveräußerlichen Rechten ausgestattet, dem Recht zu leben, dem Recht frei zu sein und dem Recht, nach Glück zu streben."

Diese unsterblichen Worte stammen aus der Unabhängigkeitserklärung der Vereinigten Staaten von Amerika von 1776. Im weiteren Sinne bedeutet dieser Satz: Alle Völker dieser Erde sind gleich, haben ein Recht auf Leben, Glücklichsein und Freiheit.

In der Erklärung der Menschen- und Bürgerrechte der Französischen Revolution von 1791 heißt es ebenso „Von ihrer Geburt an sind und bleiben die Menschen frei und an Rechten einander gleich."

Dies sind unbestreitbare Wahrheiten.

Und doch haben die französischen Kolonialisten mehr als achtzig Jahre lang die Flagge der Freiheit, der Gleichheit und der Brüderlichkeit missbraucht, unser Land verletzt und unsere Landsleute unterdrückt. Ihre Handlungen verstoßen direkt gegen die Ideale von Menschlichkeit und Gerechtigkeit. Auf politischer Ebene haben sie uns alle Freiheiten genommen.

Sie haben uns inhumane Gesetze aufgezwungen. Sie haben im Norden, in der Mitte und im Süden Vietnams drei verschiedene politische Regime gebildet, um unsere nationale Einheit zu zerstören und die Vereinigung unseres Volkes zu verhindern. Sie haben mehr Gefängnisse als Schulen gebaut. Sie haben ohne Erbarmen gegen unsere Landsleute gewütet. Sie ertränkten unsere Revolutionen in Strömen von Blut. Sie unterdrückten die öffentliche Meinung und praktizierten eine anti-aufklärerische Politik. Sie haben uns mit Opium und Alkohol überschwemmt, um unser Volk zu schwächen.

Sie haben uns wirtschaftlich bis ins Mark ausgebeutet, unser Volk in bitterste Armut getrieben und unser Land rücksichtslos geplündert. Sie haben unsere Reisfelder, unsere Wälder, unsere Bergwerke, unsere Rohstoffe in Besitz genommen. Sie hatten das Privileg, Banknoten auszugeben, und verfügten über das Außenhandelsmonopol. Sie erfanden hunderte nicht zu rechtfertigender Steuern und trieben so unsere Landsleute, insbesondere Bauern und Kaufleute,

zum Äußersten. Sie verhinderten, dass unser nationaler Mittelstand florierte. Sie haben unsere Arbeiter auf die barbarischste Weise ausgebeutet.
Als im Herbst 1940 die japanischen Faschisten in Indochina einmarschierten, um gegen die Alliierten zu kämpfen und neue Militärbasen zu errichten, kapitulierten die französischen Kolonialisten, um ihnen unser Land zu übergeben.
Seitdem wurden unsere Leute unter dem Doppeljoch von Japan und Frankreich buchstäblich ausgeblutet. Die Folgen waren fürchterlich. In den letzten Monaten des vergangenen Jahres und zu Beginn dieses Jahres verhungerten zwischen Quang Tri und Nordvietnam mehr als zwei Millionen unserer Landsleute.
Am vergangenen 9. März entwaffneten die Japaner die französischen Truppen. Die französischen Kolonialisten flohen oder ergaben sich. Weit davon entfernt, uns zu „beschützen", haben sie so unser Land innerhalb von fünf Jahren zweimal an die Japaner verkauft.
Vor dem 9. März forderte der Vietminh-Verband die Franzosen mehrmals auf, sich ihm anzuschließen, um gegen die Japaner zu kämpfen. Anstatt diesem Appell zu folgen, griffen die französischen Kolonialisten die Partisanen der Vietminh noch gnadenloser an. Während ihrer Flucht gingen sie so weit, eine große Anzahl politischer Gefangener zu ermorden, die in Yen Bai und Cao Bang inhaftiert waren.
Trotz alledem bewahrten sich unsere Landsleute stets eine nachsichtige und humane Haltung gegenüber den Franzosen. Nach den Ereignissen vom 9. März half der Vietminh-Verband vielen Franzosen, die Grenze zu überqueren, rettete andere aus japanischen Gefängnissen und schützte das Leben und den Besitz aller Franzosen.
De facto war unser Land ab Herbst 1940 keine französische Kolonie mehr, sondern wurde zu einem japanischen Besitz. Nach der Kapitulation der Japaner setzte sich unser gesamtes Volk für die Wiedererlangung der nationalen Souveränität ein und gründete die Demokratische Republik Vietnam. Die Wahrheit ist, dass unser Volk seine Unabhängigkeit aus der Macht der Japaner und nicht der Franzosen wiedererlangt hat.

"

Vietnam hat das Recht, frei und unabhängig zu sein, und ist in der Tat ein freies und unabhängiges Land geworden.

"

HO CHI MINH
(1890–1969)

1890 Geboren in Kim Lien mit dem Namen Nguyen Sinh Cung.

1911 Schifft sich nach Europa ein, um Arbeit zu suchen.

1920 Tritt der Kommunistischen Partei Frankreichs bei.

1923 Geht nach Moskau, wo er an politischen Schulungskursen teilnimmt.

1930 Gründet die Kommunistische Partei Indochinas.

1938 In China, in den Truppen von Mao Zedong, nimmt er den Namen Ho Chi Minh an (Jener, der die Erleuchtung bringt).

1941 Kehrt nach Vietnam zurück und gründet die Liga für die Unabhängigkeit.

1945 Erklärt die Unabhängigkeit und wird Präsident der Demokratischen Republik Vietnam.

1946–1954 Vietnam und Frankreich kämpfen im Indochinakrieg gegeneinander.

1969 Stirbt in Hanoi, während der Krieg gegen die USA wütet.

[...] Aus diesen Gründen erklären wir, die Mitglieder der Provisorischen Regierung, im Namen des Volkes von ganz Vietnam, dass wir uns vollständig von allen kolonialen Beziehungen zum imperialistischen Frankreich befreien, alle Verträge, die Frankreich in Bezug auf Vietnam unterzeichnet hat, aufheben und alle Privilegien, welche sich die Franzosen auf unserem Territorium angemaßt haben, widerrufen.

Das gesamte vietnamesische Volk ist von demselben Willen beseelt und entschlossen, gegen jeden Angriffsversuch der französischen Kolonialisten bis zum Ende zu kämpfen. Wir sind davon überzeugt, dass die Alliierten, die auf den Konferenzen von Teheran und San Francisco die Grundsätze der Gleichheit der Völker anerkannt haben, die Unabhängigkeit Vietnams uneingeschränkt anerkennen können.

Ein Volk, das sich seit mehr als achtzig Jahren hartnäckig der französischen Herrschaft widersetzt, ein Volk, das sich in den letzten Jahren entschlossen auf die Seite der Alliierten gestellt hat, um gegen den Faschismus zu kämpfen, hat das Recht, frei zu sein, dieses Volk hat das Recht, unabhängig zu sein.

Aus diesen Gründen erklären wir, Mitglieder der Provisorischen Regierung der Demokratischen Republik Vietnam, der ganzen Welt feierlich:

Vietnam hat das Recht, frei und unabhängig zu sein, und ist in der Tat ein freies und unabhängiges Land geworden. Alle Menschen in Vietnam sind entschlossen, ihre gesamten geistigen und materiellen Kräfte zu mobilisieren, ihr Leben und ihr Eigentum zu opfern, um ihr Recht auf Freiheit und Unabhängigkeit zu wahren.

Ab 1942, nach seiner Verhaftung durch die nationalistischen Kräfte der Kuomintang, verwendet Nguyen Sinh Cung das Pseudonym Ho Chi Minh. Auf diesem Foto aus dem Jahr 1954 besucht er einen landwirtschaftlichen Genossenschaftsbetrieb.

$R_{ik} = 0$

Albert Einstein

New York, 10. Dezember 1945

Rede anlässlich der 5. Zusammenkunft des American Nobel Anniversary Committee

Im Licht der prächtigen Kronleuchter im Astor Hotel in New York fand am 10. Dezember 1945 das Menü im Gedenken an den fünfzigsten Todestag von Alfred Nobel statt. Zu diesem Anlass sprach Albert Einstein über die Verantwortung und die Pflicht, die Physiker und Wissenschaftler für das Geschick des Planeten haben. Es war das Jahr 1945, der Zweite Weltkrieg soeben beendet, aber der sechsundsechzigjährige Nobelpreisträger für Physik sah keine echten Signale für einen stabilen, dauerhaften Frieden unter den Weltmächten, die von den Schrecken des Kriegs noch misstrauisch und verängstigt waren. Der mit kräftiger Stimme vorgetragene Appell lautet, eine übernationale Weltbehörde einzurichten, der die Regierungen einen Teil ihrer Souveränität übertragen sollten und die nicht nur das Atomgeheimnis bewahren, sondern auch „Sicherheit, Frieden und Wohlstand für die ganze Menschheit" garantieren müsse. Einstein bezeichnet sich als Pazifisten, aber er ist keineswegs naiv und ist sich völlig bewusst, dass die menschliche Natur im Innersten aggressiv ist. In einem Brief an Sigmund Freud schreibt er: „Solange der Mensch existiert, wird es Kriege geben." Im Laufe der Jahre versucht er, alle falschen Etiketten, mit denen seine Person versehen wird, abzuschütteln – der FBI eröffnet aufgrund seiner so kritischen Haltung eine Akte über ihn, die über 1500 Seiten umfasst, aus Angst, er könnte ein Anhänger kommunistischer Bewegungen mit sowjetfreundlicher Haltung sein, aber tatsächlich wird er nie angeklagt.

Im Namen des Friedens hatte er sich 1939 verpflichtet gefühlt, zusammen mit dem ungarischen Kollegen Leó Szilárd an den amerikanischen Präsidenten Franklin D. Roosevelt zu schreiben, um ihn vor der Möglichkeit zu warnen, dass das nationalsozialistische Deutschland an der Atombombe arbeitete. Es war aber nicht dieser Brief, der den Präsidenten dazu brachte, das Manhattan-Projekt einzurichten (und Einstein wurde auch nicht zur Teilnahme eingeladen), mit dem die USA Studien und Forschung über das Uran intensiviert und schließlich eine Nuklearbombe hergestellt hatten. Es war Einstein auch nicht gelungen, den Abwurf der Bombe auf Hiroshima und Nagasaki im August 1945 zu verhindern, die schreckliche Rache der USA gegen Japan in einem Krieg, der längst auf das Ende zuging.

Einsteins moralischer Einsatz endete aber nicht mit dieser Rede; die letzte Handlung vor seinem Tod im April 1955 war das Russell-Einstein-Manifest, das er mit dem britischen Philosophen und Mathematiker Bertrand Russell verfasste: eine Aufforderung, die Risiken der Massenzerstörungswaffen für die Menschheit zu diskutieren. Dieses Saatkorn ging in den NGO Pugwash Conferences on Science and World Affairs auf, die 1957 gegründet wurden und 1995 den Friedensnobelpreis erhielten. Einsteins Engagement für den Frieden war nicht ganz vergeblich.

Der theoretische Physiker Albert Einstein am 17. Januar 1931 bei einer Konferenz am California Institute of Technology in Pasadena, USA.

"

Der Welt wurde Angstfreiheit versprochen, aber tatsächlich hat die Angst seit Kriegsende enorm zugenommen.

"

Meine Damen und Herren:

Die diesjährige Nobelpreisverleihung hat einen besonderen Stellenwert. Nach unserem jahrelangen tödlichen Kampf befinden wir uns nun wieder im Frieden oder was wir anscheinend darunter verstehen. Und sie hat eine noch weitaus signifikantere Bedeutung für die Physiker, die auf die eine oder andere Weise mit der Vorbereitung des Atombombeneinsatzes in Verbindung standen.

Denn diese Physiker befinden sich in einer Position, die derjenigen von Alfred Nobel selbst nicht unähnlich ist. Alfred Nobel erfand den stärksten Sprengstoff, den es je gab, ein Mittel der Zerstörung schlechthin. Als Wiedergutmachung, um sein menschliches Gewissen zu entlasten, bestimmte er seine Preise für die Förderung des Friedens ebenso wie für die Errungenschaften des Friedens.

Heute werden die Physiker, die am Bau der mächtigsten und gefährlichsten Waffe aller Zeiten mitgewirkt haben, von einem kollektiven Verantwortungsgefühl – um nicht zu sagen Schuldbewusstsein – bedrängt. Wir können nicht davon absehen, zu warnen und noch einmal zu warnen, wir können und sollten nicht nachgeben in unserem Bestreben, die Nationen der Welt und insbesondere ihre Regierungen auf die unaussprechliche Katastrophe aufmerksam zu machen, die sie mit Sicherheit provozieren werden, wenn sie nicht ihre Haltung zueinander sowie zu ihrer Aufgabe, die Zukunft zu gestalten, ändern.

Wir haben mitgearbeitet an der Schaffung dieser neuen Waffe, um zu verhindern, dass dies den Feinden der Menschheit vor uns gelingt, was angesichts der Mentalität der Nationalsozialisten eine unvorstellbare Zerstörung und Versklavung des Restes der Welt bedeutet hätte.

Wir übergaben diese Waffe in die Hände der Amerikaner und des britischen Volkes als Treuhänder der gesamten Menschheit im Kampf für Frieden und Freiheit. Bis jetzt gelingt es uns jedoch nicht, irgendeine Friedensgarantie zu sehen. Wir sehen keinerlei Garantie für die Freiheiten, die den Nationen in der Atlantik-Charta zugesichert wurden. Der Krieg ist gewonnen, der Frieden jedoch nicht.

Die im Kampf vereinten Großmächte sind sich nun über die Friedensregelungen uneins.

Der Welt wurde Angstfreiheit versprochen, aber tatsächlich hat die Angst seit Kriegsende enorm zugenommen.
Der Welt wurde die Befreiung aus der Not versprochen, aber große Teile der Welt leiden Hunger, während andere im Überfluss leben.
[...] Territoriale Fragen und Machtansprüche, auch wenn sie überholt sind, haben immer noch Vorrang vor den grundlegenden Anforderungen des Gemeinwohls und der Gerechtigkeit.
Lassen Sie mich nur auf einen Fall eingehen, der lediglich ein Symptom für die allgemeine Situation ist: den Fall meines eigenen Volkes, der Juden. Solange sich die nationalsozialistische Gewalt nur oder hauptsächlich gegen die Juden entfesselte, schaute der Rest der Welt passiv zu; und sogar Verträge und Vereinbarungen wurden mit der offenkundig kriminellen Regierung des Dritten Reiches geschlossen. Später, als Hitler im Begriff war, Rumänien und Ungarn zu übernehmen, zu der Zeit, als Majdanek und Auschwitz in alliierte Hände fielen und die Methoden der Gaskammern auf der ganzen Welt bekannt waren, scheiterten alle Versuche, die rumänischen und ungarischen Juden zu retten, weil die Grenzen Palästinas für jüdische Einwanderer verschlossen waren und kein Land gefunden werden konnte, das diese aufgegebenen Menschen aufnahm. Sie wurden wie ihre Brüder und Schwestern in den besetzten Ländern dem Untergang preisgegeben.
[...] Aber nach all dem, was geschehen ist und nicht verhindert wurde – wie sieht es heute aus?
Während in Europa Territorien ohne Rücksicht auf die Wünsche der betroffenen Menschen verteilt werden, wird den übrigen europäischen Juden, einem Fünftel der Vorkriegsbevölkerung, erneut der Zugang zu ihren Häfen in Palästina verwehrt, sodass sie Hunger, Kälte und anhaltenden Feindseligkeiten ausgesetzt sind. Selbst heute gibt es kein Land, das bereit oder in der Lage wäre, ihnen einen Ort anzubieten, an dem sie in Frieden und Sicherheit leben könnten. Und die Tatsache, dass viele von ihnen immer noch von den Alliierten in menschenunwürdigen Konzentrationslagern festgehalten werden, ist ein ausreichender Beweis für die Schändlichkeit und Hoffnungslosigkeit der Situation.

"

Die Situation erfordert einen mutigen Einsatz für eine radikale Veränderung unserer gesamten Haltung ...

"

ALBERT EINSTEIN
(1879–1955)

1879 Geboren am 14. März in Ulm in einer jüdischen Familie.

1900 Abschluss des Studiums am Polytechnikum Zürich.

1905 Veröffentlichung von sechs Arbeiten, darunter der Doktorarbeit und Studien über die spezielle Relativitätstheorie mit der bekannten Formel $E=mc^2$.

1916 Darlegung der allgemeinen Relativitätstheorie.

1921 Erhält den Nobelpreis für Physik.

1933 Zieht aufgrund der Rassengesetze im nationalsozialistischen Deutschland in die USA. Arbeitet an der Universität Princeton und setzt dort seine Studien fort.

1955 Stirbt am frühen Morgen des 18. April infolge eines Aneurysmas. Sein Körper wird kremiert mit Ausnahme des Gehirns, das in 240 Teile seziert und 240 Forschern übergeben wird.

Diesen Menschen ist die Einreise nach Palästina im Sinne des Demokratieprinzips verboten, aber tatsächlich geben die Westmächte, indem sie das Verbot des Weißbuchs einhalten, den Bedrohungen und dem externen Druck von fünf riesigen und unterbevölkerten arabischen Staaten nach. Es ist schiere Ironie, wenn der britische Außenminister den armen europäischen Juden sagt, sie sollten in Europa bleiben, weil ihre genialen Fähigkeiten dort gebraucht werden, und ihnen andererseits rät, nicht zu versuchen, an die Spitze der Warteschlange zu kommen, da dies neuen Hass hervorrufen könnte - Hass und Verfolgung. Nun, ich fürchte, sie können nichts dagegen tun. Mit ihren sechs Millionen Toten wurden sie an die Spitze der Schlange gedrängt, der Schlange der Nazi-Opfer, meistens gegen ihren Willen.

Ein düsteres Bild unserer Nachkriegswelt zeichnet sich ab. Was uns Physiker betrifft, so sind wir keine Politiker, und es war nie unser Wunsch, uns in die Politik einzumischen. Aber wir wissen ein paar Dinge, die Politiker nicht wissen. Und wir fühlen uns verpflichtet, uns zu Wort zu melden und die Verantwortlichen daran zu erinnern, dass es kein Entrinnen in die Bequemlichkeit gibt. Es gibt keinen Spielraum, der es uns erlaubt, Schritt für Schritt zu gehen und die notwendigen Veränderungen auf unbestimmte Zeit hinauszuschieben. Es bleibt keine Zeit für Kleinigkeiten.

Die Situation erfordert einen mutigen Einsatz für eine radikale Veränderung unserer gesamten Haltung im gesamten politischen Konzept. Möge der Geist, der Alfred Nobel dazu veranlasste, diese große Institution zu schaffen - der Geist des Vertrauens und der Zuversicht, der Großzügigkeit und der Brüderlichkeit unter den Menschen -, in den Köpfen derer überwiegen, auf deren Entscheidungen unser Schicksal beruht. Andernfalls ist das Ende der menschlichen Zivilisation besiegelt.

Der deutsche Physiker 1951 auf der Veranda seines Hauses in Princeton, New Jersey, wo er am Institute for Advanced Study unterrichtet.

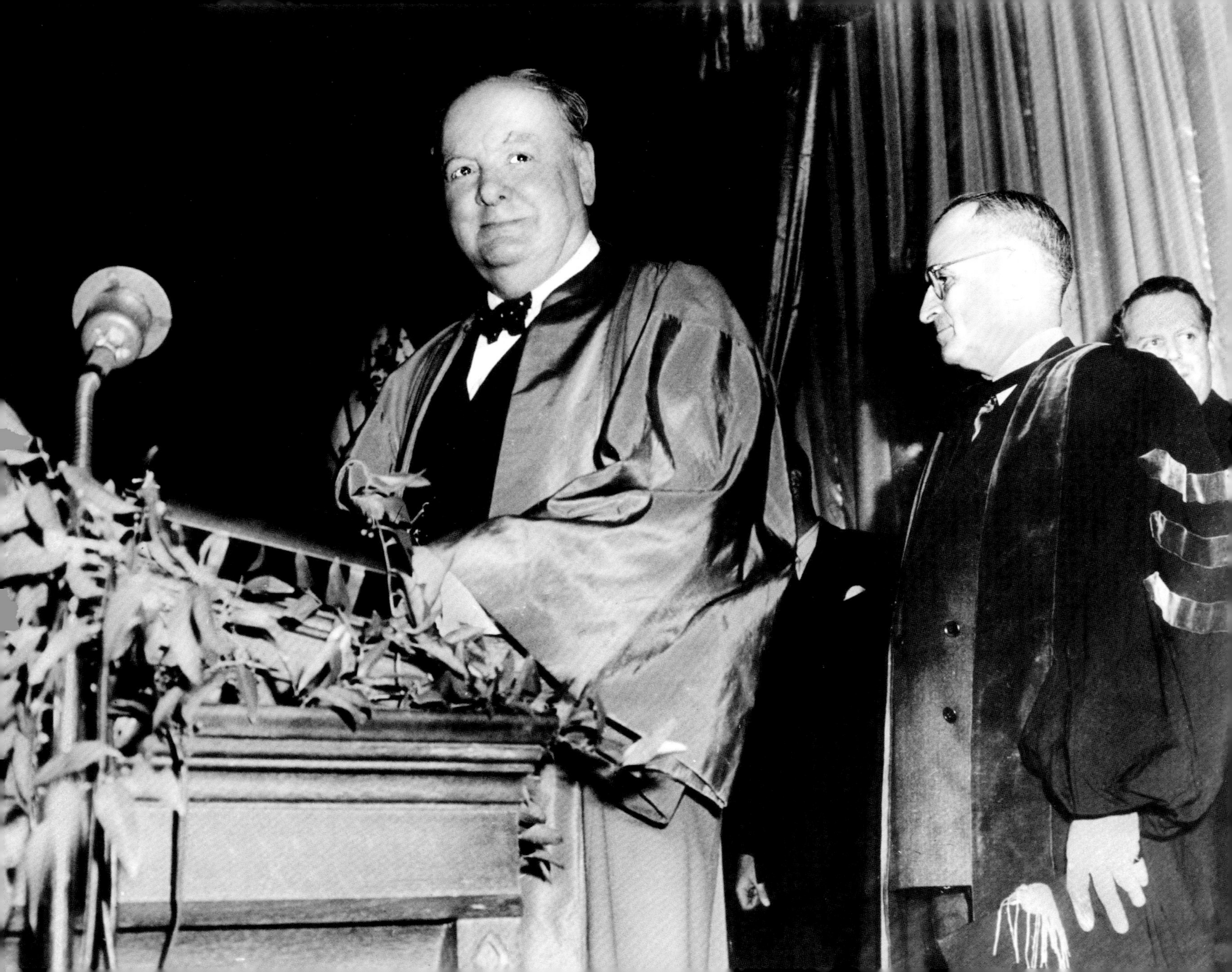

Winston Churchill

„Ein Eiserner Vorhang hat sich auf den Kontinent herabgesenkt“

Fulton (USA), 5. März 1946

Es ist der 5. März 1946: Der Zweite Weltkrieg ist erst seit wenigen Monaten vorbei. Die Straßen in Fulton, einer Kleinstadt in Missouri, sind mit zahllosen Stars-and-Stripes-Flaggen geschmückt, über 40 000 feiernde Menschen drängen sich hier, viele von ihnen zeigen stolz die Anstecknadel „Truman-Churchill-Day“. Sowohl wegen der besonderen traditionellen Bindung zwischen dem amerikanischen und dem englischen Volk als auch wegen seines wichtigen Beitrags zum Sieg über die Achsenmächte wird Sir Winston Churchill wie ein wahrer amerikanischer Held empfangen. Der lange Autokorso, der ihn und Präsident Truman begleitet, endet auf dem Campus des kleinen Westminster College, genauer gesagt vor der Sporthalle. Hier warten über 3000 Menschen auf ihn, darunter Hunderte Journalisten, um die Verleihung der Ehrendoktorwürde in Jurisprudenz an die beiden Politiker zu feiern.

Churchill wird kurz von Truman vorgestellt und begibt sich unter rauschendem Applaus zum Podium. Unter dem zeremoniellen Talar erahnt man seinen unverwechselbaren Look: schwarzer Frack, Bauchbinde und gepunktete Fliege. Was dann zu diesem Anlass über Lautsprecher durch die Mauern der Sporthalle dringt und in die Straßen der Stadt sowie über Radio in die gesamte Welt übertragen wird, ist allerdings keine schlichte Dankesrede, sondern eine dramatische Mahnung an die USA und alle westlichen Demokratien.

Auf Europa, das noch von den Verheerungen des Kriegs gezeichnet ist, hat sich wie ein Schwert ein „Eiserner Vorhang“ herabgesenkt, eine unsichtbare Grenzlinie, die Europa und die ganze Welt teilt: die Sowjetunion auf der einen, der Westen auf der anderen Seite. Das empfindliche Gleichgewicht, auf das sich die neue Weltordnung stützen soll, knirscht schon unter der steigenden Belastung von Stalins Ehrgeiz. Wie beim nationalsozialistischen Deutschland unter Hitler nimmt eine neue große Bedrohung im Herzen des alten Kontinents unter dem gleichgültigen Blick der internationalen Gemeinschaft Gestalt an.

Die amerikanische Antwort auf Churchills Appell ließ nicht auf sich warten. Nur ein Jahr später nahmen die USA die „Truman-Doktrin“ an, die den Vorstoß der Sowjetunion in der Welt aufhalten sollte. 1948 wurde der Marshallplan für den Wiederaufbau Europas umgesetzt und damit offiziell der Kalte Krieg eingeleitet, der rund 40 Jahre lang die ganze Welt am Rande eines neuen Weltkriegs hielt. Und schon 1950 standen sich die USA und die Sowjetunion in Korea militärisch gegenüber.

Am 5. März 1946 bereitet sich Churchill darauf vor, die Rede mit dem Titel „The Sinews of Peace“ (Die Ressourcen des Friedens) zu halten, besser bekannt als Rede über den „Eisernen Vorhang“, einen Begriff, den der Staatsmann bei dieser Gelegenheit geprägt hat.

"

Ein erhabener Moment für die amerikanische Demokratie. Denn verbunden mit einer Vormachtstellung ist auch die respekteinflößende Verantwortung für die Zukunft.

"

Ich freue mich, heute Nachmittag zum Westminster College zu kommen, und es ehrt mich, dass Sie mir einen Titel verleihen wollen.

[...] Die Vereinigten Staaten stehen zu dieser Zeit an der Spitze der Weltmacht. Ein erhabener Moment für die amerikanische Demokratie. Denn verbunden mit einer Vormachtstellung ist auch die respekteinflößende Verantwortung für die Zukunft. Wenn Sie sich umschauen, müssen Sie nicht nur das Gefühl haben, dass die Pflicht erfüllt ist, sondern Angst, damit Sie nicht unter das Leistungsniveau sinken. Die Chance ist jetzt da, klar und strahlend für unsere beiden Länder. Dies abzulehnen, zu ignorieren oder zu verdrängen, wird uns alle den andauernden Vorwürfen der Zeit nach uns aussetzen. Es ist notwendig, dass die Beständigkeit des Geistes, die Beharrlichkeit bei der Zweckverfolgung und die hohe Entscheidungsfreude das Verhalten der englischsprachigen Völker in Frieden so leiten und bestimmen, wie es auch im Krieg der Fall war. Wir müssen – und ich denke, wir werden – uns dieser strengen Anforderung als gewachsen erweisen.

Wenn sich amerikanische Militärs einer ernsten Situation nähern, schreiben sie gewöhnlich an die Spitze ihrer Weisungen die Worte „übergreifendes strategisches Konzept“. Darin steckt Weisheit, da sie zur Klarheit des Denkens führt. Was ist dann das übergeordnete strategische Konzept, das wir uns heute einprägen sollten? Es handelt sich um nicht mehr und nicht weniger als die Sicherheit und das Wohlergehen, die Freiheit und den Fortschritt aller Wohnorte und Familien, aller Männer und Frauen in allen Ländern. Und hier spreche ich insbesondere von den unzähligen Häusern oder Wohnungen, in denen der Lohnempfänger inmitten der Wechselfälle und Schwierigkeiten des Lebens versucht, seine Frau und Kinder vor Entbehrungen zu bewahren und die Familie in Gottesfurcht oder nach ethischen Vorstellungen, die oft eine starke Rolle spielen, zu führen. Um diesen unzähligen Wohnorten Sicherheit zu geben, müssen sie vor den beiden riesigen Plünderern Krieg und Tyrannei geschützt werden.

[...] Ich habe jetzt die zwei großen Gefahren genannt, welche die Wohnorte der Menschen bedrohen: Krieg und Tyrannei. Ich habe noch nicht von Armut und Entbehrung gesprochen, die in vielen Fällen die vorherrschenden Ängste darstellen. Aber wenn die Gefahren von Krieg und Tyrannei beseitigt sind, wird es keine Zweifel mehr daran geben, dass Wissenschaft und Kooperation in den nächsten Jahren, sicherlich aber in den nächsten Jahrzehnten, unterrichtet in der schärfenden Kriegsschule, eine Ausweitung des materiellen Wohlergehens jenseits von allem, was bisher in der menschlichen Erfahrung vorgekommen ist, bewirken können. Jetzt, in diesem traurigen und atemlosen Moment, sind wir Hunger und Not als Folgen unseres erbarmungslosen Kampfes ausgeliefert. Aber dies wird vergehen und kann

schnell vergehen, und es gibt keinen Grund außer menschlicher Torheit oder unmenschlichen Verbrechen, der allen Nationen das Kommen und das Erleben eines goldenen Zeitalters verweigern sollte.
[...] Weder eine sichere Kriegsverhütung noch ein kontinuierlicher Aufstieg der Weltorganisation wird, ohne die von mir so genannte brüderliche Vereinigung der englischsprachigen Völker erreicht werden können. Dies bedeutet eine besondere Beziehung zwischen dem britischen Commonwealth und Empire und den Vereinigten Staaten. Dies ist keine Zeit für Allgemeinplätze, und ich werde es wagen zu präzisieren.
Die brüderliche Vereinigung erfordert nicht nur die wachsende Freundschaft und das gegenseitige Verständnis zwischen unseren beiden riesigen und gleichzeitig verwandten Gesellschaftssystemen, sondern auch die Fortsetzung der engen Beziehung zwischen unseren Militärberatern, die zu einer gemeinsamen Untersuchung potenzieller Gefahren, der Ähnlichkeit von Waffen und Anleitungen und zum Austausch von Offizieren und Kadetten an Technischen Hochschulen führt.
[...] Ein Schatten ist auf die Szenerien gefallen, die gerade erst vom Sieg der Alliierten erleuchtet wurden.
[...] Von Stettin an der Ostsee bis nach Triest an der Adria hat sich ein Eiserner Vorhang über den Kontinent herabgesenkt. Dahinter liegen alle Hauptstädte der alten Staaten Mittel- und Osteuropas. Warschau, Berlin, Prag, Wien, Budapest, Belgrad, Bukarest und Sofia, all diese berühmten Städte und die Bevölkerung um sie herum finden sich in dem, was ich als sowjetische Sphäre bezeichnen muss, und alle unterliegen in der einen oder anderen Form nicht nur dem sowjetischen Einfluss, sondern zu einem sehr hohen und in vielen Fällen zunehmenden Maß der Kontrolle aus Moskau. Nur Athen – Griechenland in seiner unsterblichen Blüte – kann bei Wahlen unter britischer, amerikanischer und französischer Beobachtung über seine Zukunft entscheiden. Die russisch dominierte polnische Regierung wurde ermutigt, Deutschland massiv und unrechtmäßig anzugehen, und es finden jetzt Massenausweisungen von Millionen von Deutschen in einem Umfang statt, der schrecklich und ohnegleichen ist. Die kommunistischen Parteien, die in all diesen osteuropäischen Staaten sehr klein waren, sind weit über ihre Mitgliederzahl hinaus zu Vorrang und Macht erhoben worden und streben überall nach totalitärer Kontrolle. In fast allen Fällen herrschen Polizeiregierungen vor, und bis jetzt gibt es außer in der Tschechoslowakei keine echte Demokratie.
[...] Die Sicherheit der Welt erfordert eine neue Einheit in Europa, aus der keine Nation dauerhaft ausgestoßen werden sollte. Aus den Streitigkeiten der starken Muttervölker in Europa sind die Weltkriege entstanden, die wir erlebt haben oder die früher stattgefunden haben. Zweimal in unserem Leben haben wir gesehen, wie die Vereinigten Staaten, gegen ihre Wünsche und Traditionen, gegen Argumente, deren

"

Die Sicherheit der Welt erfordert eine neue Einheit in Europa, aus der keine Nation dauerhaft ausgestoßen werden sollte.

"

WINSTON CHURCHILL (1874–1965)

1894 Abschluss der Militärakademie in Sandhurst.

1899 Reise nach Südafrika als Korrespondent von *Morning Post* und *Daily Mail*, um den Zweiten Burenkrieg zu dokumentieren.

1900 Wird zum Mitglied des Britischen Parlaments gewählt.

1911 Der erste Lord of the Admiralty; von diesem Amt tritt er nach der gescheiterten Kampagne von Gallipoli 1915 zurück.

1940 Wird nach dem Rücktritt von Neville Chamberlain Premierminister.

1945 Niederlage in der ersten Wahl der Nachkriegszeit.

1951 Erobert wieder das Amt des Premierministers.

1953 Nobelpreis für Literatur.

1955 Rücktritt wegen zunehmender Gesundheitsprobleme.

1965 Er starb in London im Alter von über neunzig Jahren: Am Staatsbegräbnis nehmen Vertreter aus über hundert Ländern teil.

Stärke nicht zu verstehen unmöglich ist, durch unüberwindbare Kräfte in diese Kriege hineingezogen wurden, um den Sieg des Guten zu sichern, aber nur nach schrecklichem Gemetzel und Verwüstung. Zweimal mussten die Vereinigten Staaten mehrere Millionen ihrer jungen Männer über den Atlantik in den Krieg entsenden. Aber jetzt kann der Krieg jede Nation finden, wo immer sie zwischen Dämmerung und Morgengrauen liegt. Sicherlich sollten wir bewusst und zielführend an einer umfassenden Befriedung Europas arbeiten, innerhalb der Organisation der Vereinten Nationen und in Übereinstimmung mit ihrer Charta. Ich halte dies für eine unerledigte Angelegenheit der Politik von sehr großer Bedeutung.
[...] Andererseits lehne ich die Idee ab, dass ein neuer Krieg unvermeidlich ist; noch mehr, dass er unmittelbar bevorsteht. [...] Als ich das letzte Mal alles kommen sah, weinte ich laut vor meinen Landsleuten und vor der Welt, aber niemand achtete darauf. Bis zum Jahr 1933 oder sogar noch 1935 hätte Deutschland vor dem schrecklichen Schicksal gerettet werden können, welches es in seinen Bann genommen hatte, und uns allen hätte das Elend erspart bleiben können, dass Hitler der Menschheit angetan hat. Niemals in der Geschichte war es einfacher, einen Krieg durch rechtzeitiges Handeln zu verhindern, als den, der gerade so große Gebiete der Erde verwüstet hat. Er hätte meiner Meinung nach verhindert werden können, ohne einen einzigen Schuss abzugeben, und Deutschland könnte heute mächtig, erfolgreich und angesehen sein. Aber niemand hörte zu, und einer nach dem anderen wurden wir alle in den Strudel gezogen. Das dürfen wir auf keinen Fall noch einmal zulassen. Dies kann nur erreicht werden, indem 1946 mit Russland unter der allgemeinen Autorität der Vereinten Nationen in allen Punkten ein gutes Einvernehmen erzielt wird und dieses gute Einvernehmen über viele friedliche Jahre hinweg durch die von der ganzen Stärke der englischsprachigen Welt und all ihrer Verbindungen unterstützte Weltorganisation aufrechterhalten wird.

Der britische Premierminister 1943 mit dem Victoryzeichen vor seiner Residenz in der Downing Street 10 in London, Vereinigtes Königreich.

Alcide De Gasperi

Rede des italienischen Ministerpräsidenten auf der Friedenskonferenz

Paris, 10. August 1946

Für die Siegerländer des Zweiten Weltkriegs wird Italien weniger als Alliierter, sondern eher als besiegter Feind gesehen, der erst im Krieg die Seiten gewechselt hatte, als er sich nach Mussolinis Sturz am 25. Juli 1943 und dem anschließenden Waffenstillstand mit den Alliierten aus dem Bündnis mit Hitlerdeutschland wand. Bei der Friedenskonferenz in Paris 1946 war die Aufgabe von Alcide De Gasperi, dem ersten Ministerpräsidenten der neugeborenen Italienischen Republik, sie vom Gegenteil zu überzeugen, obwohl das misstrauische, feindselige Klima so stark ist, dass seine ersten Worte lauten: „Ich spüre, dass alles – außer Ihrer persönlichen Höflichkeit – gegen mich ist." Und er, der Antifaschist, der die Übergriffe des Regimes direkt erlitten hatte, war der Richtige für eine so heikle Aufgabe.

Italien sah Landesgrenzen angefochten, die bereits aus Vereinbarungen vor Mussolinis Aufstieg bestanden. Zu den auferlegten Verpflichtungen gehörte außer dem Verzicht auf die Kolonien in Afrika, Albanien und den Inseln des Dodekanes auch (und vor allem), dass Triest nicht wieder an Italien ging, sondern in zwei Zonen geteilt wurde: die erste unter der Ägide einer alliierten Militärregierung, die andere vorübergehend von Jugoslawien regiert. Erst acht Jahre später, 1954, kehrte das Gebiet offiziell zu Italien zurück. Außerdem musste Italien Reparationen zahlen, d. h. finanzielle Entschädigungen für die verursachten Kriegsschäden, mitten in einer wirtschaftlich kritischen Lage, in der das Land zum Großteil wieder aufgebaut werden musste, zunächst wegen der alliierten Bombardements und dann wegen der Kämpfe vor der Befreiung: achtzehn lange Monate, in denen die Soldaten des Reichs alles zerstört hatten, was sie auf ihrem langsamen Rückzug Richtung Norden vorfanden.

Die Friedensbedingungen waren also für Italien belastend. De Gasperi betonte die entscheidende Rolle der Partisanen und der italienischen Soldaten für den endgültigen Sieg über Deutschland und bestand darauf, dass die neue Republik, die antifaschistisch ausgerichtet war (wie man in der Verfassung sehen konnte, die in den folgenden Monaten beschlossen wurde), Unterstützung und Vertrauen der internationalen Gemeinschaft genießen müsse. Strafmaßnahmen seien nicht sinnvoll, sie wären nur ungerechte Zwänge aufgrund von Vorurteilen oder Kurzsichtigkeit zum Nachteil eines Arbeitervolks mit „47 Millionen Werktätigen".

Der eindringliche Appell wurde mit Interesse und eben „Höflichkeit" von den Abgeordneten aufgenommen, die allerdings kalt und nahezu unbeteiligt blieben.

Alcide De Gasperi, Leiter der italienischen Delegation, bei seiner Rede im Palais du Luxembourg in Paris, Frankreich, 1946.

"

Ich … spüre, dass alles außer Ihrer persönlichen Höflichkeit gegen mich ist …

"

Ich ergreife das Wort in dieser Weltversammlung und spüre, dass alles außer Ihrer persönlichen Höflichkeit gegen mich ist: und vor allem spüre ich meine Eigenschaft als ehemaliger Feind, weshalb ich als Angeklagter betrachtet und hier zitiert werde, nachdem die Einflussreichsten von Ihnen ihre Schlussfolgerungen bereits in einer langen und mühsamen Ausarbeitung formuliert haben.
Gehe ich nicht das Risiko ein, als engstirniger und irritierender Geist, als Sprecher nationaler Selbstsucht und einseitiger Interessen aufzutreten? Meine Herren, es ist wahr: Ich habe die Pflicht, vor dem Gewissen meines Landes und um die Vitalität meines Volkes zu verteidigen, als Italiener zu sprechen. Aber ich fühle die Verantwortung und das Recht, auch als demokratischer Antifaschist, als Repräsentant der neuen Republik zu sprechen, der, indem er die humanitären Bestrebungen von Giuseppe Mazzini, die universalen Vorstellungen des Christentums und die internationalistischen Hoffnungen der Arbeiter in Einklang bringt, gänzlich ausgerichtet ist auf diesen dauerhaften und rekonstruktiven Frieden und auf diese Zusammenarbeit zwischen den Völkern, die Sie die Aufgabe haben, herzustellen. Nun, lassen Sie mich mit der Offenheit sagen, dass in dieser historischen Stunde jedem von uns ein hohes Verantwortungsbewusstsein auferlegt wird. Dieser Vertrag ist in Bezug auf Italien äußerst schwierig, wenn es sich jedoch zumindest um ein rekonstruktives Instrument der internationalen Zusammenarbeit handelte, würde unser Opfer belohnt: Italien, das unter der Schirmherrschaft der Vier in die Vereinten Nationen eintrat, stimmte in dieser Hinsicht zu, den Einsatz von Gewalt in den internationalen Beziehungen zu verbieten […] Auf der Grundlage des „Grundsatzes der souveränen Gleichheit aller Mitglieder“, wie im selben Artikel dargelegt, die sich gegenseitig für „territoriale Integrität und politische Unabhängigkeit“ einsetzen, könnte dies alles eine Veranstaltung sein, die nicht ohne Hoffnung und Trost ist. Italien hätte Sanktionen für seine faschistische Vergangenheit erleiden müssen, aber wenn ein Grabstein auf die Vergangenheit gelegt worden wäre, würden sich alle im Geiste der neuen internationalen Zusammenarbeit gleich fühlen. Können Sie glauben, dass dies der Fall ist? Dies liegt natürlich in Ihren Absichten, aber der Vertragstext spricht eine andere Sprache.
[…] In Wahrheit geht es uns nicht um den Vertragstext, sondern um den Geist, der unmittelbar in der Präambel offenbart wird. Der erste Erwägungsgrund befasst sich mit dem Angriffskrieg, und Sie werden ihn so finden, wie er in allen Verträgen mit den sogenannten Ex-Satelliten enthalten ist. Aber im zweiten Erwägungsgrund, der die Co-Kriegführung betrifft, werden Sie in uns eine ungünstige Einschätzung finden, die Sie in den Projekten für die ehemaligen Feindstaaten vergeblich suchen werden. […] Nun besteht kein Zweifel daran, dass der Sturz des faschistischen Regimes nur aufgrund der militärischen

Ereignisse möglich war, aber der Umbruch wäre nicht so tiefgreifend gewesen, wenn nicht die lange Verschwörung der Patrioten vorausgegangen wäre, die im In- und Ausland zum Preis unermesslicher Opfer handelten, nicht ohne die Intervention politischer Streiks in den Industrien des Nordens, nicht ohne die kluge verdeckte Aktion der antifaschistischen parlamentarischen Opposition (und hier ist einer seiner aktivsten Vertreter anwesend), die auf den Putsch drängten. [...] Was ist passiert, dass in der Präambel des Vertrages das italienische Volk, das als Protagonist auftrat, nun von der historischen Szene verschwindet? Vielleicht verdient eine Regierung, die vom Volk durch die verfassungsgebende Versammlung der Republik frei ernannt wird, aus demokratischen Gründen weniger Beachtung? Dieselbe Frage kann über die so gequälte und bittere Form der Co-Kriegführung gestellt werden: „Italienische Streitkräfte haben sich aktiv am Krieg gegen Deutschland beteiligt". Streitkräfte? Aber es handelt sich um die ganze Marine, Hunderttausende von Soldaten für die Nachschubdienste, das „Italienische Befreiungskorps", die später zu den kämpfenden Divisionen und nicht zuletzt zu Partisanen wurden, die vor allem den Aufstand im Norden auslösten. Die Verluste im Widerstand gegen die Deutschen vor und nach der Kriegserklärung beliefen sich auf über 100.000 Tote und Vermisste, ohne die militärischen und zivilen Opfer der Nazis in den Konzentrationslagern und die 50.000 im Partisanenkampf gefallenen Patrioten zu zählen. Dieser zweite Krieg dauerte achtzehn Monate. Während dieser Zeit zogen sich die Deutschen langsam nach Norden zurück und raubten dabei auf zerstörerische Weise all das, was die Flugzeuge nicht niedergeschlagen hatten. Der rasche Zusammenbruch des Faschismus bewies die Richtigkeit von dem, was Churchill sagte: „Ein Mann, ein einzelner Mann wollte diesen Krieg" und wie prophetisch war das Wort von Stimson, dem damaligen amerikanischen Kriegsminister: „Die Kapitulation bedeutet einen Akt des Trotzes gegen die Deutschen, der dem italienischen Volk unvermeidliches Leid zufügen würde." [...] Meine Herren Minister, meine Herren Abgeordnete, ich habe monatelang vergeblich darauf gewartet, den Gedanken Italiens über die Bedingungen seines Friedens in einer allgemeinen Zusammenfassung ausdrücken zu können, und bin hier heute vor Ihnen noch als ehemaliger Feind aufgetreten, in einer Rolle, die nie der des italienischen Volkes entsprach, aufgetreten vor Ihnen, die Sie müde sind von langer Sorge oder vielmehr von der Sehnsucht nach einem Abschluss. Ich habe mich daher bemüht, Emotionen einzudämmen und das Wort zu beherrschen, damit klar ist, dass wir nicht behindern, sondern beabsichtigen, Ihre Arbeit konstruktiv zu unterstützen und so zu einer gerechteren Weltordnung beizutragen. Wer heute für das italienische Volk vermittelt, sieht sich scheinbar widersprüchlichen Pflichten ausgesetzt. Einerseits muss er die Besorgnis, den Schmerz und die Sorge um die Folgen des Vertrags zum Ausdruck bringen, andererseits muss er das

"

Die Verantwortung liegt bei Ihnen, der Welt einen Frieden zu geben, der den erklärten Kriegszielen, das heißt der Unabhängigkeit und brüderlichen Zusammenarbeit der freien Völker, entspricht.

"

ALCIDE DE GASPERI (1881–1954)

1911 Wird in das österreichische Parlament gewählt.

1919 Beitritt zur katholischen Volkspartei Partito Popolare Italiano, die in jenem Jahr von Don Luigi Sturzo gegründet wurde.

1927 Wegen heftiger Kritik am faschistischen Regime wird er verhaftet und zu vier Jahren Gefängnis verurteilt.

1945 Am 10. Dezember wird er zum Ministerpräsidenten des Italienischen Königreichs ernannt.

1946 Zehn Tage lang, vom 18. bis 28. Juni, ist er provisorisches Staatsoberhaupt.

1946–1953 Ministerpräsident der Italienischen Republik.

1948 Bei den Wahlen am 18. April erhält die von ihm geführte Democrazia Cristiana 48 % der Stimmen.

1954 Tod in seinem Haus in Val di Sella bei Borgo Valsugana (Trient).

Vertrauen der neuen italienischen Demokratie in die Überwindung der Kriegskrise und in die Erneuerung der mit gültigen Friedensinstrumenten gestalteten Welt bekräftigen. Auch ich hege diesen Glauben. Und diesen Glauben zu proklamieren sind mit mir meine beiden maßgeblichen Kollegen gekommen, der eine bereits Ministerpräsident, bevor der Faschismus die demokratische Entwicklung der anderen Nachkriegszeit zerschlug, der zweite Präsident der Verfassunggebenden Republikanischen Versammlung, gestern noch Opfer des Exils und der Gefängnisse und heute Verfechter von Demokratie und sozialer Gerechtigkeit: beide Mittler derjenigen Versammlung, die für die Entscheidung zuständig ist, ob der Vertrag, der aus Ihrem Wirken hervorgeht, dazu ermächtigt, die Mitverantwortung zu übernehmen, ohne das Risiko einzugehen, die Freiheit und die demokratische Entwicklung des italienischen Volkes zu gefährden.
Meine Herren Abgeordnete, die Verantwortung liegt bei Ihnen, der Welt einen Frieden zu geben, der den erklärten Kriegszielen, das heißt der Unabhängigkeit und brüderlichen Zusammenarbeit der freien Völker, entspricht. Als Italiener bitte ich Sie nicht um ein bestimmtes Zugeständnis, ich bitte Sie nur, unseren Frieden in den Frieden zu fassen, den die Männer und Frauen jedes Landes, die im Krieg für ein ideales Ziel gekämpft und gelitten haben, mit Spannung erwarten. Lassen Sie sich nicht von flüchtigen Mitteln abhalten, täuschen Sie sich nicht mit einer kurzen Pause oder mit instabilen Kompromissen: Schauen Sie sich das ideale Ziel an, bemühen Sie sich hartnäckig und großzügig, es zu erreichen. In diesem Rahmen eines allgemeinen und stabilen Friedens, meine Herren Abgeordnete, bitte ich Sie, die Republik Italien aufatmen zu lassen und ihr zu vertrauen: 47 Millionen Werktätige sind bereit, ihre Arbeit mit der Ihren zu verbinden, um eine gerechtere und menschlichere Welt zu schaffen.

Am 22. April 1948 zeigte sich der italienische Ministerpräsident, Alcide De Gasperi, mit dem überwältigenden Sieg seiner Partei bei den ersten politischen Wahlen nach Inkrafttreten der neuen Verfassung zufrieden.

JAWAHARLAL NEHRU (1889–1964)

1907 Studium der Naturwissenschaften und Jura am Trinity College in Cambridge, Großbritannien.

1912 Beginnt er, als Rechtsanwalt zu praktizieren.

1916 Erste Begegnung mit Gandhi.

1920 Schließt sich der Kampagne der Nichtzusammenarbeit an.

1922 Wird wegen Aktionen zivilen Ungehorsams verhaftet.

1923 Wird zum Generalsekretär der Kongresspartei gewählt.

1942 Ruft zur gewaltfreien Bewegung „Quit India“ (Verlasst Indien) auf.

1947 Wird Premierminister.

1949 Unterschreibt die erste Verfassung des unabhängigen Indiens.

1961 Die Bewegung der blockfreien Staaten entsteht; Nehru wird zusammen mit Tito, Nasser und Sukarno einer ihrer Führer.

1962 Während des chinesisch-indischen Kriegs drängt ihn Chinas militärische Übermacht dazu, militärische Hilfe von den USA anzunehmen.

Jawaharlal Nehru

Neu-Delhi, 14. August 1947

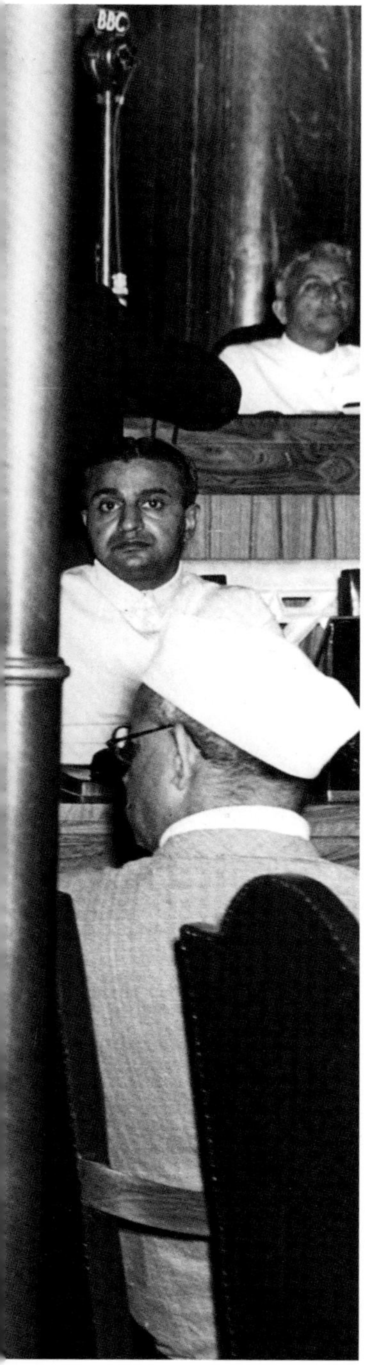

Der indische Premierminister Jawaharlal Nehru erklärt 1947 die Unabhängigkeit seines Landes vor der verfassunggebenden Versammlung in Neu-Delhi.

Rede zur Unabhängigkeit vor der verfassungsgebenden Versammlung Indiens

Wenige Minuten vor Mitternacht am 14. August 1947 hält der indische Premierminister Jawaharlal Nehru eine Rede, die eine neue Ära für Indien einleitet. Seine Worte erklingen unter der Kuppel des Legislative Council in Neu-Delhi, dem Gebäude, das bis dahin Sitz der britischen kaiserlichen Macht ist. Unter den Zuhörern ist auch der letzte Vizekönig Lord Mountbatten, Urenkel von Königin Viktoria, der erst wenige Monate vorher aus London entsandt worden war. Die englische Krone verließ das Land nach fast zweihundert Jahren. Die Aufgabe, diesen heiklen Übergang zu begleiten, kam eben Lord Mountbatten zu, der für kurze Zeit noch im prächtigen Palast in Delhi residierte, mit fünfhundert Beamten und lokalen Dienern um sich.
Am Ende der Zeremonie wird die indische Trikolore auf dem Roten Fort gehisst und im Dunkeln feierten Millionen Menschen, ein endloses Menschenmeer, die Unabhängigkeit. Die Hymne an die Mutter Erde „Vande Mataram" erschallt, die alle friedlichen Initiativen der nationalen Befreiungsbewegungen begleitet hat. Es ist der ebenso ersehnte wie erwartete Sieg. Und dennoch spürt man eine große Leere. Bei diesem historischen Moment des Sieges über die Kolonialmacht fehlt Mahatma Gandhi, die große Seele. Der „Vater der Nation", der während der Feier mehrfach genannt wird, befindet sich 1500 Kilometer weit weg in Kalkutta, wo er, anstatt die Unabhängigkeit zu feiern, aus Protest einen 24-stündigen Hungerstreik hält. Die Aufteilung des indischen Subkontinents mit der willkürlichen Trennung von Bengalen und Punjab zwischen Indien und Pakistan ist für ihn eine offene Wunde und die Saat für die zukünftigen, ewigen Konflikte zwischen beiden Ländern. Der Gebietsstreit um Kaschmir und Jammu mündet fast sofort in einen bewaffneten Konflikt.
In jenem Sommer müssen 11 Millionen Menschen emigrieren: Unter Schrecken und Angst macht sich ein unendlicher Strom von Hindus, Sikhs und Moslems auf einen unsicheren Weg, um nicht in der Falle in einem feindlichen Land zu erwachen. Es ist ein blutiger Exodus, rund eine Million Menschen kommen nie im verheißenen Land an. Ganze Konvois von Sikh-Flüchtlingen, die nach Osten ziehen, werden von Moslems in Pakistan umgebracht, während Moslems, die nach Westen aufbrechen, in Indien von Sikhs und Hindus getötet werden. Es sind Tage des Hasses unter Brüdern mit Verbrechen, Vergewaltigungen und Plünderungen. Es ist Nehrus Aufgabe, die Ordnung wieder herzustellen, um seine Verpflichtung zu erfüllen: die indische Republik aufzubauen und seinem Volk die Früchte der Freiheit zu verschaffen.

"

Wir werden niemals zulassen, dass diese Fackel der Freiheit ausgeblasen wird, so stark der Wind oder der Sturm auch sein mögen.

"

Vor vielen Jahren schlossen wir einen Pakt mit dem Schicksal, und jetzt ist die Zeit gekommen, in der wir unser Versprechen einlösen werden, nicht ganz oder in vollem Umfang, aber sehr substanziell. Schlag Mitternacht, wenn die Welt schläft, wird Indien zum Leben und zur Freiheit erwachen. Es kommt ein Moment, der in der Geschichte nur selten vorkommt, wenn wir aus dem Alten in das Neue treten, wenn ein Zeitalter endet und wenn die Seele einer Nation, die lange unterdrückt war, Bestätigung findet. Es ist angebracht, dass wir uns in diesem feierlichen Moment dem Dienst Indiens und seines Volkes und der noch größeren Sache der Menschheit verschreiben.
[...] Freiheit und Macht bedeuten Verantwortung. Die Verantwortung liegt bei dieser Versammlung, einer souveränen Institution, die das souveräne Volk Indiens vertritt. Vor der Geburt der Freiheit haben wir alle Schmerzen der Anstrengung ertragen, und unser Herz wiegt schwer vor Erinnerung an diese Trauer. Einige dieser Schmerzen halten auch jetzt noch an. Die Vergangenheit ist nun jedoch vorbei, und es ist die Zukunft, die uns jetzt zuwinkt. In dieser Zukunft geht es nicht um Gelassenheit oder Ruhe, sondern um unablässiges Streben, damit wir die Zusagen erfüllen können, die wir so oft gemacht haben und die wir heute machen werden. Der Dienst an Indien bedeutet den Dienst für Millionen, die leiden. Er bedeutet das Ende von Armut und Unwissenheit sowie von Krankheit und Chancenungleichheit. Der Ehrgeiz des größten Mannes unserer Generation war es, jedem Auge jede Träne abzuwischen. Das mag uns vielleicht überfordern, aber solange es Tränen und Leiden gibt, wird unsere Arbeit nicht zu Ende sein.
Und so müssen wir Einsatz zeigen und arbeiten und hart arbeiten, um unsere Träume zu verwirklichen.
Diese Träume stehen für Indien, aber auch für die Welt, denn alle Nationen und Völker sind heute zu eng miteinander verbunden, als dass sich irgendjemand vorstellen könnte, dass sie getrennt leben könnten.
Man sagt, der Frieden sei unteilbar; und so verhält es sich mit Freiheit, und dies gilt jetzt auch für Wohlstand ebenso wie für Katastrophen in dieser einen Welt, die nicht länger in einzelne Fragmente aufgeteilt werden kann. An die Menschen in Indien, deren Vertreter wir sind, appellieren wir, uns mit Vertrauen und Zuversicht diesem großen Abenteuer anzuschließen. Dies ist nicht die Zeit für banale und destruktive Kritik, nicht die Zeit für Böswilligkeiten oder Schuldzuweisungen. Wir müssen die vornehme Residenz des freien Indien bauen, in der alle seine Kinder wohnen dürfen.
Der festgelegte Tag ist gekommen – der vom Schicksal vorbestimmte Tag – und Indien tritt nach langem Dornröschenschlaf und Kampf wieder hervor, wach, vital, frei und unabhängig. Die Vergangenheit hängt noch in gewissem Maße an uns, und wir müssen viel tun, bevor wir die Zusagen einlösen, die wir so oft gemacht haben. Doch der Wendepunkt ist vorbei, und die Geschichte beginnt für uns von neuem, die Geschichte, in der

wir leben und handeln werden und über die andere schreiben werden. Ein schicksalhafter Moment für uns in Indien, für ganz Asien und für die Welt. Ein neuer Stern erhebt sich, der Stern der Freiheit im Osten, eine neue Hoffnung entsteht, eine lange gehegte und gepflegte Vision wird konkret. Möge der Stern niemals untergehen und diese Hoffnung niemals verraten werden!

An diesem Tag richten sich unsere ersten Gedanken an den Architekten dieser Freiheit, den Vater unserer Nation, der den alten Geist Indiens verkörpert, die Fackel der Freiheit in die Höhe hält und die Dunkelheit erleuchtet, die uns umgibt. Wir waren oft unwürdige Anhänger von ihm und sind von seiner Botschaft abgewichen, aber nicht nur wir, sondern auch nachfolgende Generationen werden sich an diese Botschaft erinnern und den Eindruck dieses großen Sohnes Indiens in ihren Herzen tragen, der sich durch seinen Glauben, seine Stärke, seinen Mut und seine Demut auszeichnet. Wir werden niemals zulassen, dass diese Fackel der Freiheit ausgeblasen wird, so stark der Wind oder der Sturm auch sein mögen. Unsere nächsten Gedanken müssen den unbekannten Freiwilligen und Soldaten der Freiheit gelten, die Indien ohne Ehrung und Belohnung bis in den Tod gedient haben. Wir denken auch an unsere Brüder und Schwestern, die durch politische Grenzen von uns abgeschnitten sind und derzeit leider nicht an der Freiheit teilhaben können, die gekommen ist. Sie gehören zu uns und werden zu uns gehören, was auch immer passieren mag, und wir werden an ihrem Glück und Unglück gleichermaßen beteiligt sein. Die Zukunft erwartet uns. Wohin gehen wir und worauf wird sich unser Bemühen richten? Dem einfachen Menschen, den Bauern und Arbeitern Indiens Freiheit und Chancen zu geben. Armut, Unwissenheit und Krankheit zu bekämpfen und zu beenden. Dem Aufbau einer blühenden, demokratischen und fortschrittlichen Nation sowie der Schaffung sozialer, wirtschaftlicher und politischer Institutionen, die jedem Mann und jeder Frau Gerechtigkeit und erfülltes Leben garantieren.

Harte Arbeit liegt vor uns. Es gibt keine Ruhe für irgendjemanden von uns, bis wir unser Versprechen vollständig einlösen, bis wir alle Menschen in Indien zu dem machen, was das Schicksal mit ihnen vorhatte. Wir sind Bürger eines großen Landes am Beginn eines rasanten Aufstiegs, und wir müssen diesem hohen Standard gerecht werden. Wir alle, egal welcher Religion wir angehören, sind gleichermaßen Kinder Indiens mit gleichen Rechten, Privilegien und Pflichten. Wir können Kommunalismus oder Engstirnigkeit nicht fördern, denn keine Nation kann groß sein, deren Menschen eingeschränkt im Denken oder Handeln sind. An die Nationen und Völker der Welt senden wir Grüße und verpflichten uns, mit ihnen zusammenzuarbeiten, um Frieden, Freiheit und Demokratie zu fördern. Und Indien, unserem geliebten, dem uralten, dem ewigen und dem immer neuen Mutterland, erweisen wir unsere ehrfurchtsvolle Hommage und stellen uns erneut in seinen Dienst.

David Ben-Gurion

Rede zum Recht des jüdischen Volkes auf die Bildung eines Staates

Jerusalem, 2. Oktober 1947

Es gibt Momente in der Geschichte, in der ein Mensch das Geschick eines Volkes auf sich nimmt, bis seine Person mit den Wünschen, Erwartungen, Träumen und Hoffnungen von Millionen Menschen verschmilzt, die in ihm einen Führer und ein Oberhaupt erkennen. Als Ben-Gurion, noch nicht zwanzigjährig, aus seiner Geburtsstadt Plonsk in Polen nach Palästina kommt, ist er sich schon bewusst, dass er seine gesamte Existenz dafür einsetzen wird, Israel in die Unabhängigkeit, in den Aufbau eines souveränen Staates zu führen. Das Exil, Verfolgungen, zwei Weltkriege, der Holocaust beeinträchtigen diesen Vorsatz nicht, im Gegenteil, sie stärken in ihm den Wunsch, seinem Volk endlich eine Heimat zu geben. Und als Vater der Heimat spricht Ben-Gurion am 2. Oktober 1947 vor der gewählten Versammlung der palästinensischen Juden in Jerusalem. Mit fester Stimme, geprägt durch jahrzehntelangen Einsatz und Aktivismus, zeigt der israelische Leader auch seinen Pragmatismus: Er beendet für immer das Stereotyp des umherirrenden Juden im ewigen Exil, passives Objekt der Geschichte, und erklärt der ganzen Welt, dass das jüdische Volk nun stolz und bewusst Herr über sein eigenes Schicksal sei.

Die Rede ist im Rahmen der komplexen politischen Szene zu sehen, die seit Jahrzehnten die Geschichte des Heiligen Landes prägt und drei Hauptakteure hat: England, das seit 1920 das Land mit Hilfe des Britischen Palästina-Mandats regiert, die zionistischen Institutionen, die das Mandat und die britischen Gesetze über die jüdische Immigration nach Palästina als Hindernisse für die jüdische Unabhängigkeit in der Region betrachten, und die arabischen Länder, die sich der Gründung eines jüdischen Staates widersetzen. Nach dem Zweiten Weltkrieg hatten die Überlebenden der Schoah beantragt, nach Palästina ziehen zu können, was auf englischen Widerstand stieß. Die harte zionistische Reaktion darauf hatte die britische Regierung schließlich gedrängt, das Palästina-Mandat der neugegründeten UNO zu übergeben, die beschlossen hatte, das Land zwischen Juden und Arabern aufzuteilen. Ben-Gurion führt in seiner Rede die drei Punkte – in der Folge ihrer Priorität – auf, von denen das Geschick des jüdischen Volkes und die Bedingungen für sein Überleben abhingen: Verteidigung, Aufbau eines jüdischen Staates und Zusammenarbeit von Israelis und Arabern. Und gerade der Aufruf zu einer engen Zusammenarbeit zwischen Juden und Arabern, weil beide „einander brauchen und ergänzen“ beeindruckt durch die gewichtigen Vorsätze und Hoffnungen, die dann, von beiden Seiten und aus verschiedenen Gründen, verraten wurden.

David Ben-Gurion, Führer der Zionistischen Weltorganisation, war nach der Ausrufung des Staates Israel von 1948 bis 1963 israelischer Ministerpräsident.

"

Dies ist unser Heimatland. Wir kehren nicht als Zugvögel dorthin zurück.

"

Die politischen Entwicklungen haben uns zu einer bedeutenden Trennung der Wege geführt – vom Mandat zur Unabhängigkeit. Abgesehen von unserer unaufhörlichen Arbeit in den Bereichen Einwanderung, Siedlung und Wahlkampf stehen uns heute drei wichtige Aufgaben bevor, deren Erfüllung unsere Ewigkeit bestimmen wird: Verteidigung, jüdischer Staat und arabisch-jüdische Zusammenarbeit, in dieser Reihenfolge von Bedeutung und Dringlichkeit.
Sicherheit ist unser Hauptanliegen. Ich will die Errungenschaft des Staates nicht minimieren, nicht einmal in den engeren Grenzen als denen des Landes Israel an beiden Ufern des Jordan, aber die Sicherheit steht unbestreitbar an erster Stelle. Sie steht in unseren Sorgen an erster Stelle: Seit die Jischuw mit der Kolonialisierung begannen, wussten wir, dass wir uns im Wesentlichen selbst schützen müssen. Die jüngsten Unruhen und Verwerfungen in Palästina, im Nahen Osten und in der ganzen Welt sowie in der britischen und der internationalen Politik machen es jedoch noch schlimmer – von einem lokalen Problem der gegenwärtigen Sicherheit bis zum Schicksalsscharnier des Zionismus. Im Umfang, in der Intensität, im Sinn ist es jetzt ganz anders.
[...] Der Status Quo kann nicht weitergehen: Er wurde von allen verurteilt. Es ist schwer zu erraten, wann die Briten tatsächlich abziehen werden – drei Monate, drei Jahre oder dreißig, das ist nicht abzusehen. Wir kennen ‚provisorische' Besatzungen, die sechzig dauerten. Lassen Sie uns also weder übermütig noch niedergeschlagen sein. Wir sind zutiefst dahingehend besorgt, dass Großbritannien darauf besteht, unter allen Umständen die Politik des Weißbuchs weiter umzusetzen. Was wir wollen, ist Masseneinwanderung. [...] Außerdem müssen wir um jeden Preis das Chaos und die Anarchie verhindern, die sich daraus ergibt.
[...] Lassen Sie auch das gesamte Judentum fordern, dass eine vorläufige jüdische Regierung eingesetzt wird, um eine vorläufige Politik unter Aufsicht der Vereinten Nationen und mit deren Hilfe durchzuführen, und vor allem eine vorläufige Politik der groß angelegten Einwanderung und Aufhebung des Weißbuchs. Wenn in der Zwischenzeit eine endgültige Politik vorgeschlagen würde, die wir akzeptieren könnten, sollten wir ebenfalls damit beginnen.
Keine Proteste und kein Lärm mehr, kein Tag eines Vakuums in Theorie, Rechtsprechung und Ethik. Wir werden die ernste Verantwortung selbst tragen, obwohl wir seit den letzten achthundert Jahren unerfahren in den Künsten und Lasten der Souveränität sind. Die Belastung wird gewaltig sein. Es gibt einen lokalen Thronanwärter, der von Millionen von gemeinsamen Glaubensbekenntnissen und Reden gestützt wird. Aber zwischen dem Einverständnis mit dem Weißbuch mit seinen verschlossenen

Toren und der Rassendiskriminierung und der Übernahme der souveränen Macht kann es in Wahrheit nur eine Wahl geben. Vielleicht sind wir noch nicht reift – aber die Ereignisse werden nicht auf uns warten. Der internationale Kalender synchronisiert sich nicht mit unserem. Wir haben das Problem und müssen es lösen. Ich habe Ihnen gesagt, wie: beaufsichtigt von den Vereinten Nationen, unterstützt von den Vereinten Nationen, aber in unserem eigenen Namen, verantwortlich für uns selbst, mit unseren eigenen Mitteln.

[...] Dies ist unser Heimatland. Wir kehren nicht als Zugvögel dorthin zurück. Aber es liegt in einem Gebiet, das von arabischsprachigen Völkern, hauptsächlich Anhängern des Islam, umspült wird. Wenn überhaupt, müssen wir jetzt mehr tun, als Frieden mit ihnen zu schließen. Wir müssen zu gleichen Bedingungen zusammenarbeiten und ein Bündnis eingehen. Wenn man sich daran erinnert, was arabische Delegationen aus Palästina und seinen Nachbarn in der Generalversammlung und an anderen Orten sagen, klingt die Rede von arabisch-jüdischer Freundschaft fantastisch, denn die Araber wollen es nicht, sie werden nicht mit uns am selben Tisch sitzen [...]. Wir sollten es auch nicht überschätzen oder in Panik geraten. Als Juden und vor allem als Zionisten müssen wir auf einfachen Optimismus und unfruchtbare Mutlosigkeit verzichten. Grundlegende Tatsachen sind unsere Verbündeten, und keine Verkettung von Ereignissen kann sie erschüttern oder verändern: die Tragödie der Juden, die Verwüstung des Landes, unsere unzerbrechliche Bindung daran, unsere Kreativität – sie haben uns bis hierher gebracht, ob andere uns geholfen oder behindert haben.

Es gibt auch im arabischen Raum grundlegende Tatsachen, nicht nur vorübergehende, und deren Verständnis sollte unseren Pessimismus zerstören. Dies sind die historischen Bedürfnisse der Araber und ihrer Staaten. Die Bedürfnisse eines Volkes sind nicht immer artikuliert, seine Sprecher mögen nicht immer besorgt um sie sein, aber sie können nicht lange unterdrückt werden, schließlich zwingen sie ihren anschwellenden Weg in Ausdruck und Zufriedenheit.

Die Geschichte war vielleicht hart für uns, was uns die Heimkehr erschwert. Aber sie hat auch Bedingungen geschaffen, die in der Endabrechnung nicht nur die Zusammenarbeit zwischen Arabern und Juden ermöglichen, sondern erzwingen, weil sie einander brauchen und ergänzen. Nur zwei Beispiele. Ägypten ist das größte Land der arabischen Welt und der Arabischen Liga. Mehr als drei Viertel der Bevölkerung sind Fellachen mit einem durchschnittlichen monatlichen Einkommen von einem Pfund Sterling; neun Zehntel der Fellachen sind von Krankheiten geplagt, alle bis auf fünf Prozent Analphabeten. Sie können dieses Volk nicht für immer durch antijüdische Aufstachelung ernähren.

Die Geschichte war vielleicht hart für uns, was uns die Heimkehr erschwert.

DAVID BEN-GURION
(1886–1973)

1904 Beginnt sein Studium an der Universität Warschau in seinem Heimatland Polen.

1906 Erste Reise ins Heilige Land.

1910 Nimmt den jüdischen Nachnamen Ben-Gurion an.

1914 Kämpft im Ersten Weltkrieg in den Reihen des Osmanischen Reiches.

1935 Wird zum Präsidenten der Jewish Agency gewählt.

1946 Wird zum Führer der Zionistischen Weltorganisation.

14. Mai 1948 Verkündet die Gründung des Staates Israel.

1948–1963 Premierminister und Verteidigungsminister.

1956 Genehmigt die israelische Intervention gegen Ägypten in der Suez-Krise.

1970 Tritt mit 84 Jahren aus der Knesset, dem israelischen Parlament, zurück und zieht sich ins Privatleben zurück.

[...] Eine letzte Tatsache. Aus unserer Arbeit in Palästina, aus der Gesellschaft, die wir aufbauen, aus unserer Wirtschaft und Wissenschaft, aus unserer Kultur und Menschlichkeit, aus unserer sozialen und steuerlichen Ordnung und aus keiner anderen Quelle muss unseren Nachbarn Aufklärung zuteilwerden, denn wenn sie nicht von uns lernen und mit uns zusammenarbeiten, werden sie mächtige und tyrannische Fremde als Partner finden.
Sie haben uns wiederum viel zu geben, sie sind mit dem gesegnet, was uns fehlt. Große Gebiete, reichlich für sich und die Kinder ihrer Kinder, auch wenn sie viel fruchtbarer sind als heute. Wir begehren ihre Weiten nicht und werden sie auch nicht durchdringen – denn wir werden kämpfen, um die Diaspora in arabischen Ländern so heftig zu beenden, wie wir es in Europa bekämpft haben, wir wollen uns ganz in unserem eigenen Land versammeln. Aber wenn diese Region sich vollständig ausdehnen soll, muss es Gegenseitigkeit geben, es kann gegenseitige wirtschaftliche, politische und kulturelle Hilfe zwischen Juden und Arabern geben. Das ist die Notwendigkeit, die sich durchsetzen wird, und die täglichen Wutreden ihrer Führer sollten uns nicht übermäßig beunruhigen – sie spiegeln nicht die wahren Interessen der arabischen Völker wider.
Was auch immer kommen mag, wir werden unser Recht nicht aufgeben, Aliyah zu befreien, unser zerschmettertes Heimatland wieder aufzubauen, Staatlichkeit zu beanspruchen. Wenn wir angegriffen werden, werden wir kämpfen. Aber wir werden alles in unserer Macht Stehende tun, um den Frieden aufrechtzuerhalten und eine Zusammenarbeit zu gründen, die für beide Seiten von Nutzen ist.
Jetzt, hier und jetzt, von Jerusalem aus, muss ein Aufruf an die arabischen Nationen gerichtet werden, sich mit dem Judentum und dem jüdischen Schicksal zusammenzutun und gemeinsam für unser Gemeinwohl, für den Frieden und den Fortschritt souveräner Gleichberechtigter zu arbeiten.

Am 7. April 1948 wünscht Ben-Gurion, zu sehen in der Mitte mit Jacke, dem letzten Kontingent britischer Truppen, die das Heilige Land im Hafen von Haifa verlassen, eine gute Reise.

Eleanor Roosevelt

Appell zur Annahme der Allgemeinen Erklärung der Menschenrechte

Paris, 9. Dezember 1948

Die ehemalige First Lady Amerikas, die den ganzen Krieg lang ihrem Mann Franklin D. Roosevelt zur Seite stand, ist eine der wenigen Frauen, die auch in den Nachkriegsjahren politisches Gewicht hatte und internationale Wertschätzung erfuhr. Unter Präsident Truman errang sie für ihren Kampf für die Bürgerrechte 1946 den Vorsitz der UN-Menschenrechtskommission, die in weniger als einem Jahr den Text verfasste, den sie als neue „internationale Magna Charta“ sieht, nämlich die Allgemeine Erklärung der Menschenrechte. Das Tempo der Arbeit in der Kommission spiegelte die Dringlichkeit, eine gemeinsame Grundlage zu erarbeiten, damit sich die Bedingungen, die zum Krieg geführt hatten, nicht wiederholen könnten. Die UNO selbst war 1945 entstanden mit der Absicht, die Zusammenarbeit zwischen den Staaten zu fördern und einen dauerhaften Frieden zu garantieren. Aber in jenen Jahren herrschte auch die steigende Sorge über die zunehmende Kluft zwischen den beiden ehemals alliierten Supermächten UDSSR und USA. Im Jahr 1948 führte der Gegensatz der beiden Blöcke zur politischen und militärischen Teilung Deutschlands. Die Reaktion auf den konsolidierten Einfluss des stalinistischen Russland auf die angrenzenden Staaten war die Containment-Politik von Truman und der Marshall-Plan, der die wirtschaftliche und politische Macht Amerikas über Europa verstärkte.

Die Divergenzen treten unvermeidlich auch in den drei Sitzungen der Menschenrechtskommission zutage. Von westlicher Seite werden die Grundsätze der Menschen- und Bürgerrechtserklärung aus der französischen Revolution 1789 und der Bill of Rights der Vereinigten Staaten von 1791 beschworen, die die Freiheit des Bürgers an erste Stelle stellen; von sowjetischer Seite wird dagegen das Wohl des Bürgers an den Staat delegiert und von diesem garantiert. Es sind zwei gegensätzliche und unvereinbare Modelle, die in den folgenden Jahren zur Teilung der Welt in zwei große Einflusssphären führen und eine Eskalation an Rivalität, Spionage, Verdacht und Drohungen hervorrufen, die den Kalten Krieg prägt. Auf die verschiedenen Weltsichten der beiden Blöcke nimmt auch Eleanor Roosevelt in ihrer Rede Bezug: Sie betont den Begriff „Freiheit“, räumt aber der „Sehnsucht des Menschen nach Frieden“ und der Bedeutung, trotz der Unterschiede zusammenzuarbeiten, den Vorrang ein. Am 10. Dezember wird die Allgemeine Erklärung der Menschenrechte mit 48 Jastimmen und der Enthaltung der Sowjetunion und der Satellitenstaaten angenommen: Erst am Vortag hatte die UNO in New York eine andere wesentliche Charta des Völkerrechts beschlossen, die Konvention über die Verhütung und Bestrafung des Völkermordes.

Ein Porträt der First Lady Eleanor Roosevelt, Autorin und amerikanische Diplomatin, die sich für humanitäre Zwecke zur Verteidigung der Bürgerrechte einsetzte.

"

Wir stehen heute an der Schwelle eines großen Ereignisses sowohl im Leben der Vereinten Nationen als auch im Leben der Menschheit.

"

Herr Präsident, Kolleginnen und Kollegen,
die lange und sorgfältige Untersuchung und Debatte, die diese Allgemeine Erklärung der Menschenrechte zum Gegenstand hat, spiegelt die vielschichtigen Ansichten der vielen Menschen und Regierungen wider, die zu ihrer Formulierung beigetragen haben. Nicht jeder Mensch oder jede Regierung wird in einem solchen Dokument die gewünschten Inhalte finden. Natürlich enthält die vorliegende Erklärung gewisse Bestimmungen, mit denen wir nicht in vollem Umfang zufrieden sind. Ich bezweifle nicht, dass dies für andere Delegationen zutrifft, und es wäre immer noch wahr, wenn wir unsere Arbeit über viele Jahre fortsetzten. Insgesamt betrachtet ist die Delegation der Vereinigten Staaten der Ansicht, dass dies ein gutes Dokument ist – sogar ein großartiges Dokument – und wir schlagen vor, es uneingeschränkt zu unterstützen. [...] Ich möchte kurz auf die Änderungsanträge der sowjetischen Delegation eingehen. Die Sprachregelung dieser Änderungsanträge wurde etwas überarbeitet, aber der Inhalt entspricht den Änderungsanträgen, die von der sowjetischen Delegation im Ausschuss vorgeschlagen und nach eingehender Diskussion abgelehnt wurden. Im Kern wurden dieselben Änderungsanträge zuvor in der Menschenrechtskommission geprüft und abgelehnt. Wir in den Vereinigten Staaten bewundern diejenigen, die für ihre Überzeugungen kämpfen, und die sowjetische Delegation hat für ihre Überzeugungen gekämpft. Aber in den älteren Demokratien haben wir gelernt, uns manchmal dem Willen der Mehrheit zu beugen. Dabei geben wir unsere Überzeugungen nicht auf. Wir machen manchmal weiter mit Überzeugungsarbeit und sind schließlich erfolgreich. Aber wir wissen, dass wir zusammenarbeiten und Fortschritte machen müssen. Wir glauben, dass es vielleicht die bessere Taktik ist, zu versuchen, zusammenzuarbeiten, wenn wir einen guten Kampf geführt haben und die Mehrheit gegen uns ist. [...] Der von der Sowjetdelegation vorgeschlagene neue Artikel ist nur eine Wiederholung der Staatsverpflichtung, die die Sowjetdelegation in praktisch jedem Artikel der Erklärung einzuführen versuchte. Sie würde die Erklärung in ein Dokument über die Verpflichtungen der Staaten umwandeln und damit ihren Charakter als Grundsatzerklärung, die den Mitgliedern der Vereinten Nationen als gemeinsamer Leistungsstandard dienen sollen, vollständig ändern. Der sowjetische Vorschlag, die Prüfung der Erklärung auf die 4. Sitzung der Versammlung zu verschieben, bedarf keines Kommentars. Ein identischer Text wurde in Ausschuss 3 mit 6 gegen 26 Stimmen abgelehnt. Wir sind uns sicher alle einig, dass die Erklärung, an der mit so großer Anstrengung und Leidenschaft und über einen so langen Zeitraum hinweg gearbeitet wurde, von dieser Versammlung in dieser Sitzung verabschiedet werden muss. Einige Formulierungen der Erklärung sind so weit gefasst, dass sie nur aufgrund der Bestimmungen in

Artikel 30, der eine Beschränkung der Ausübung der Rechte zum Zweck der Erfüllung der Anforderungen der Moral, der öffentlichen Ordnung und des allgemeinen Wohlergehens vorsieht, als akzeptabel gelten. Ein Beispiel hierfür ist die Bestimmung, dass jeder das Recht auf gleichberechtigten Zugang zum öffentlichen Dienst in seinem Land hat. Das Grundprinzip der Gleichheit und Nichtdiskriminierung bei der öffentlichen Beschäftigung ist vernünftig, kann jedoch nicht ohne Einschränkung akzeptiert werden. Meine Regierung würde beispielsweise die Auffassung vertreten, dass dies im Interesse der öffentlichen Ordnung und des allgemeinen Wohlergehens zweifelsohne einer Einschränkung unterliegt. Es würde nicht in Betracht gezogen, dass der Ausschluss von Personen, die subversive politische Überzeugungen vertreten und sich nicht an die Grundprinzipien und -praktiken der Verfassung und der Gesetze des Landes halten, in irgendeiner Weise gegen dieses Recht verstoßen würde.

Ebenso hat meine Regierung im Zuge der Ausarbeitung der Erklärung klargestellt, dass sie nicht der Ansicht ist, dass die in der Erklärung genannten wirtschaftlichen, sozialen und kulturellen Rechte eine Verpflichtung für die Regierungen, die Wahrnehmung dieser Rechte durch direkte staatliche Maßnahmen zu gewährleisten, darstellen.

[...] Bei der heutigen Verabschiedung der Erklärung ist es von größter Bedeutung, den Grundcharakter des Dokuments klar im Auge zu behalten. Es ist kein Vertrag. Es ist kein internationales Abkommen Es handelt sich nicht um eine Rechtserklärung oder eine rechtliche Verpflichtung. Es ist eine Erklärung der Grundprinzipien der Menschenrechte und Grundfreiheiten, die mit der Zustimmung der Generalversammlung durch förmliche Abstimmung ihrer Mitglieder abgefasst wird und als gemeinsamer Leistungsstandard für alle Völker aller Nationen dient.

Wir stehen heute an der Schwelle eines großen Ereignisses sowohl im Leben der Vereinten Nationen als auch im Leben der Menschheit. Diese Allgemeine Erklärung der Menschenrechte könnte die internationale Magna Carta aller Menschen auf der ganzen Welt werden. Wir hoffen, dass ihre Verkündigung durch die Generalversammlung mit der Verkündigung der Erklärung der Menschenrechte durch das französische Volk im Jahr 1789, der Verabschiedung der Bill of Rights durch das Volk der Vereinigten Staaten und der Verabschiedung von analogen Erklärungen zu unterschiedlichen Zeiten in anderen Ländern vergleichbar sein wird.

In einer Zeit, in der es so viele Probleme gibt, bei denen es uns schwerfällt, eine gemeinsame Grundlage für eine Einigung zu finden, ist es eine bedeutende Tatsache, dass 58 Staaten im komplexen Bereich der Menschenrechte ein so großes Maß an Einigung gefunden haben. Dies muss als Zeugnis für unser

Diese Allgemeine Erklärung der Menschenrechte könnte die internationale Magna Charta aller Menschen auf der ganzen Welt werden.

ELEANOR ROOSEVELT (1884–1962)

1899–1902 Studium in London, wo ihr Engagement für soziale Gerechtigkeit entsteht.

1905 Hochzeit mit ihrem entfernten Verwandten Franklin Delano Roosevelt.

1933–1945 In den Jahren der Präsidentschaft von F. D. Roosevelt steht sie ihrem Mann vor allem in den Themen Sozialpolitik und Minderheitenrechte zur Seite.

1941–1945 Mit dem Bürgermeister von New York, Fiorello La Guardia, leitet sie einen nationalen Ausschuss für zivile Verteidigung.

1943 Mitgründerin des „Freedom House", Forschungsinstitut für die Förderung von Frieden und Demokratie.

1946–1952 Vorsitzende der UN-Menschenrechtskommission.

1950 Mit anderen bedeutenden Persönlichkeiten setzt sie sich für die Rettung von Milada Horáková ein, die vom kommunistischen Regime der Tschechoslowakei zum Tode verurteilt worden war.

erstmals in der Charta der Vereinten Nationen zum Ausdruck gebrachtes gemeinsames Bestreben gewertet werden, die Menschen überall zu einem höheren Lebensstandard und zu einer höheren Stufe der Freiheit zu führen. Die Sehnsucht des Menschen nach Frieden steckt hinter dieser Erklärung. Die Erkenntnis, dass die eklatante Verletzung der Menschenrechte durch die nationalsozialistischen und faschistischen Länder die Saat des letzten Weltkrieges war, hat den Anstoß für die Arbeit gegeben, die uns zu dem Moment der heutigen Errungenschaften führt.
[...] Diese Erklärung basiert auf der spirituellen Erfahrung, dass der Mensch die Freiheit haben muss, seine volle Größe zu entfalten und durch gemeinsame Anstrengungen die Ebene der menschlichen Würde zu erhöhen. Wir haben viel zu tun, um die in dieser Erklärung festgelegten Rechte vollständig zu verwirklichen und zu gewährleisten. Aber sie mit der moralischen Unterstützung von 58 Nationen greifbar zu haben, wird ein großer Schritt nach vorne sein.
Wenn wir hier unsere Bemühungen um diese Erklärung der Menschenrechte zum Tragen bringen, müssen wir uns gleichzeitig der unvollendeten Aufgabe widmen, die vor uns liegt. Wir können nun mit neuem Mut und neuer Inspiration einen internationalen Pakt über Menschenrechte und Maßnahmen zur Umsetzung der Menschenrechte abschließen.
Im Ergebnis denke ich, dass ich nichts Besseres tun kann, als den Handlungsaufruf von Sekretär Marshall in seiner Eröffnungsrede zu dieser Versammlung zu wiederholen: „Lassen Sie diese dritte ordentliche Tagung der Generalversammlung mit überwältigender Mehrheit die Erklärung der Menschenrechte als einen Verhaltensstandard für alle annehmen; und lassen Sie uns als Mitglieder der Vereinten Nationen, die sich ihrer eigenen Unzulänglichkeiten und Fehler bewusst sind, unsere Bemühungen nach Treu und Glauben vereinen, um diesem hohen Anspruch gerecht zu werden."

1933 hielt Eleanor Roosevelt ihre erste öffentliche Rede als First Lady und erhielt den Titel der Ehrenpräsidentin der Girl Scouts of America, Washington, D. C.

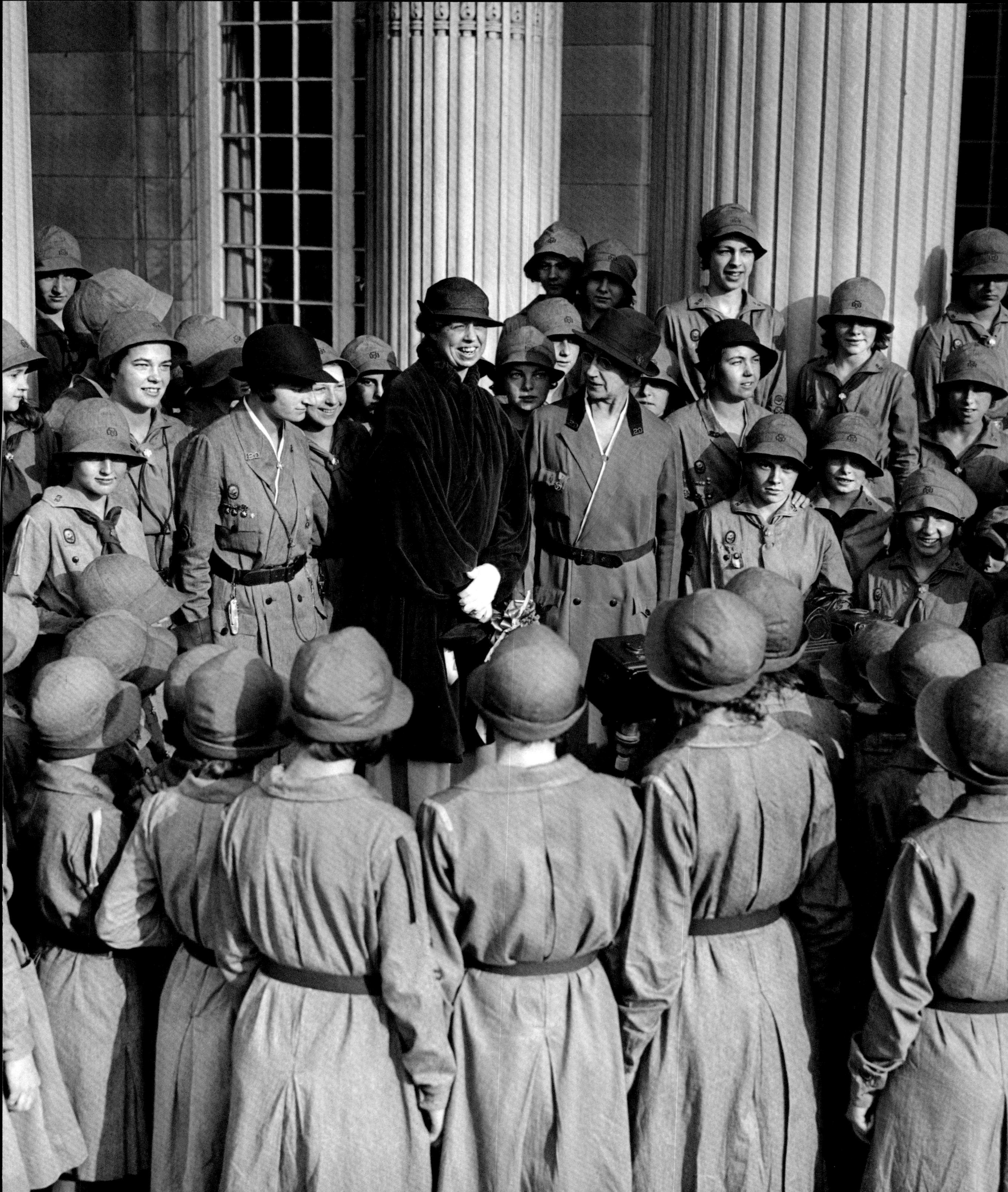

Go Down, MOSES
The Hamlet
WILLIAM

William Faulkner

Rede anlässlich der Verleihung des Nobelpreises für Literatur

Stockholm, 10. Dezember 1950

Als der Literaturnobelpreisträger seine Rede in Stockholm hält, ist er dem breiten Publikum nicht sehr bekannt. Er spricht kaum mehr als drei Minuten zögernd am Mikrofon, aber seine Worte, die am Folgetag in den Zeitungen in aller Welt erscheinen, haben große Resonanz. Einer der Gründe ist, dass man zum ersten Mal von dieser Bühne Worte hört, in denen Ereignisse, die Europa und die Welt erschüttern, widerhallen. Ungewöhnlich ist, dass Faulkner, einer der komplexesten Schriftsteller des 20. Jahrhunderts, in dieser Rede so lapidar und eindrücklich ist. Er spricht über seine Angst, in seinen Worten erkennt man die Bedrohung der Atombombe, die auf den Jahren des Kalten Kriegs lastet, auch wenn er sie nie erwähnt, außer in der Frage: „Wann werde ich gezündet?“, die die Menschen von den wahren Fragen des Geistes ablenkt. Tatsächlich denkt Faulkner nicht nur an die Atombombe, sondern an die Angst an sich, wie er auch im Folgejahr in einer Konferenz vor Studenten der High School in Oxford, Mississippi, betont.

Die Mächte der modernen Welt, so erklärt er, versuchen, den Menschen seiner Individualität zu berauben, seiner Seele, um ihn zu einer bewusstlosen Masse zwischen Angst und Erpressung zu machen. Nur indem der Mensch wieder selbst Verantwortung übernimmt, wieder Gerechtigkeit, Mitleid und Mitgefühl zulässt, kann er sich von der Angst befreien, die ihn mit Werten versklavt, die nicht seine sind, und die wahren Werte wiederentdecken. So wird jede Tyrannei, die mit Hilfe von Angst und menschlicher Gier ihre Macht durchsetzen will, von der Erde verschwinden.

Faulkner wendet sich an junge Menschen, vor allem an die, die ihm im schwierigen Beruf des Schriftstellers nachfolgen wollen, denn er ist überzeugt, dass im Schreiben als bewusster, auch qualvoller Handlung die Konflikte des menschlichen Herzens untersucht werden können – das einzige, über das zu sprechen sich lohnt. Es ist kein Zufall, dass bei beiden Anlässen, in Stockholm und Oxford, seine damals achtzehnjährige Tochter Jill bei ihm ist. Den jungen Menschen will Faulkner seine Botschaft der Hoffnung in die Grundsätze des Menschen vermitteln, denn in der Jugend sieht er die Kraft, sich den von der Vermassung aufgezwungenen Modellen und Werten zu widersetzen. Dem Nachwuchs widmet er das Preisgeld, um neue literarische Talente zu fördern. Seine Botschaft ist sehr aktuell auch in Zeiten, in denen die Angst vor Terrorismus, Umweltkatastrophen oder Massenmigration die vor der Atombombe ersetzt hat. In wenigen, hier einmal schlichten, klaren Worten sagt er: „Habt keine Angst.“

Der amerikanische Schriftsteller William Faulkner 1945 bei der Arbeit in seinem Büro in Oxford, USA.

WILLIAM FAULKNER
(1897–1962)

1915 Bricht die Schule ab, um in der Bank des Großvaters zu arbeiten. Bei Kriegsausbruch meldet er sich zur Royal Air Force.

1927 Veröffentlicht seine erste Erzählung, *Soldatenlohn*.

1929 *Schall und Wahn*, sein Meisterwerk, wird von der Kritik positiv aufgenommen, nicht jedoch von den Lesern. Im Laufe weniger Jahre folgen *Als ich im Sterben lag*, *Die Freistatt*, *Licht im August*, die zu seinen erfolgreichsten Werken gehören.

1935 Der Tod seines Bruders Dean bei einem Flugzeugunglück löst eine Depression aus, die durch Alkoholmissbrauch verstärkt wird.

1936 *Absalom, Absalom* bestätigt seinen Ruhm als einer der großen Autoren des 20. Jahrhunderts.

1949 Nobelpreis für Literatur, den er im Dezember 1950 entgegennimmt.

1962 Der letzte Roman *Die Spitzbuben* erscheint.

Der Literaturnobelpreisträger William Faulkner 1955 in der Nähe einer archäologischen Stätte in Rom.

Ich bin der Meinung, dass diese Auszeichnung nicht für mich als Mann vergeben wurde, sondern für meine Arbeit – ein Lebenswerk in der Qual und im Schweiße des menschlichen Geistes, nicht zum Ruhm und am allerwenigsten zum Profit, sondern um aus den Materialien des menschlichen Geistes etwas zu erschaffen, was vorher nicht existierte. Diese Auszeichnung wurde mir also nur anvertraut. Es wird nicht schwierig sein, eine Bestimmung für den Geldanteil zu finden, der dem Zweck und der Bedeutung seiner Herkunft entspricht. Aber ich möchte dasselbe auch mit der Anerkennung tun, indem ich diesen Moment als Höhepunkt benutze, von dem aus ich von den jungen Männern und Frauen gehört werden kann, die sich der gleichen Qual und Mühe verschrieben haben, unter denen sich bereits derjenige befindet, der eines Tages hier stehen wird, wo ich jetzt stehe. Unsere heutige Tragödie ist eine allgemeine und universelle physische Angst, die bis jetzt so lange anhält, dass wir sie sogar ertragen können. Es gibt keine geistigen Probleme mehr. Es gibt nur die Frage: Wann werde ich gesprengt? Aus diesem Grund hat der junge Mann oder die junge Frau, die heute schreibt, die Probleme des menschlichen Herzens, das mit sich selbst in Konflikt steht, vergessen, was allein gutes Schreiben bewirken kann, weil nur das es wert ist, darüber zu schreiben, wert, die Qual und den Schweiß zu ertragen. Er muss sie wieder lernen. […] Solange er dies tut, arbeitet er unter einem Fluch. Er schreibt nicht von Liebe, sondern von Lust, von Niederlagen, bei denen niemand an Wert verliert, von Siegen ohne Hoffnung und, schlimmstenfalls, ohne Mitleid oder Mitgefühl. Seine Trauer trauert nicht um weltliche Knochen und hinterlässt keine Narben. Er schreibt nicht vom Herzen, sondern von den Drüsen.
Bis er diese Dinge wieder lernt, wird er schreiben, als ob er zwischen ihnen gestanden und das Ende des Menschen beobachtet hätte. Ich lehne es ab, das Ende des Menschen zu akzeptieren. Es ist leicht zu sagen, dass der Mensch unsterblich ist, nur weil er es aushalten wird: Wenn der letzte Schicksalsschlag vom letzten wertlosen Stein, der am letzten roten und sterbenden Abend unaufhörlich hängt, verklungen und verblasst ist, wird es auch dann noch einen Klang geben: den seiner schwachen, aber unermüdlichen Stimme, die immer noch spricht.
Ich lehne es ab, dies zu akzeptieren. Ich glaube, der Mensch wird nicht nur ertragen, er wird sich durchsetzen. Er ist unsterblich, nicht weil er allein unter den Kreaturen eine unerschöpfliche Stimme hat, sondern weil er eine Seele hat, einen Geist, der zu Mitgefühl, Opferbereitschaft und Ausdauer fähig ist. Es ist die Pflicht des Dichters, des Schriftstellers, über diese Dinge zu schreiben. Es ist sein Privileg, dem Menschen zu helfen, zu überleben, indem er sein Herz erhebt und ihn an den Mut und die Ehre und die Hoffnung und den Stolz und das Mitleid und das Mitgefühl und die Opfer erinnert, die den Ruhm seiner Vergangenheit ausmachten. Die Stimme des Dichters sollte nicht nur eine Aufzeichnung des Menschen sein, sondern kann auch eine der Stützen sein, die ihm helfen, zu bestehen und sich durchzusetzen.

HOTEL

Evita Perón

Versammlungsaufruf an die *Descamisados* zur Verteidigung Peróns

Buenos Aires, 01. Mai 1952

In ihrer letzten Rede spricht Evita Perón in elf Minuten zwanzig Mal das Wort pueblo, Volk, aus. Volk der Frauen, der Männer, der Werktätigen, der Entrechteten, argentinisches Volk, Völker der Welt. Vereinfacht gesagt, ein konkretes Beispiel für das, was auch heute auf den Bühnen der Weltpolitik als „Populismus" bezeichnet wird. Ein Phänomen, das wellenartig auftritt, verschwindet und wiederkehrt und von dem Evita eine der großen Interpreten war. Viel mehr als die Frau des Generals, viel mehr als das lächelnde Gesicht des Regimes: eher seine Ikone, von der bescheidenen Herkunft ihrer Familie über ihre Jugend als Mädchen auf der Suche nach Glück bis zu ihrem vorzeitigen, medienwirksamen Tod.
Ihr Leben gleicht einem Hollywooddrehbuch, in dem auch der Letzte der Entrechteten an die Spitze der Gesellschaft aufsteigen kann. Man braucht Ehrgeiz, Glück, einen starken Willen und viele andere, mehr oder weniger positive Gaben. Aber am Ende wird die uneheliche Tochter einer Köchin vom Lande zu Evita, der mächtigsten, umjubeltsten, meistgeliebten Frau Argentiniens. Als sei dieser Werdegang ganz natürlich für sie, nur für sie, bestimmt gewesen. Es erübrigt sich zu betonen, dass Evita eine komplexe, vielschichtige Persönlichkeit ist, außerordentlich, geheimnisvoll auf ihre Weise, vielleicht aufrichtig, sicher diskutabel. Und diskutiert. Ihr Charisma fasziniert nicht nur die Fabrik- und Hafenarbeiter in Buenos Aires, die alle Nachrichten von ihr begeistert verfolgen, sondern auch die Staatschefs in aller Welt und sogar den Papst, dem sie auf ihrer langen Europareise begegnet.
Und dieses Charisma ist in ihren Worten zu spüren, die über die Plaza de Mayo hallen an jenem 1. Mai, Tag der Arbeit, wo sich die Descamisados drängen, der regierungstreue harte Kern: Evita beschwört sie, Perón, der im In- und Ausland von ablehnenden, tückischen Feinden umgeben ist, mit allen Kräften zu verteidigen. Sie fleht um Gottes Hilfe, vergleicht sich mit den schwächsten Schichten der Bevölkerung, denn sie versteht ihre Leiden und Hoffnungen. Ihr ist es gelungen, sich zu emanzipieren, ihre Träume zu verwirklichen. Und wer ihr zuhört, bewundert ihre Hingabe, ihren Opfergeist. Sie war bereits krank und man hatte ihr davon abgeraten, vor die Öffentlichkeit zu treten, doch sie, beharrlich und ungezähmt, will einen letzten Gruß an ihr Volk richten.
Zwei Monate später verschlechtert sich ihr Gesundheitszustand: Im Krankenhaus fällt sie ins Koma, bevor sie stirbt. Die Schlange der Menschen vor der Leichenhalle in Buenos Aires, in der sie aufgebahrt liegt, ist zwei Kilometer lang.

Evita Perón, die 1945 den künftigen argentinischen Präsidenten Juan Domingo Perón geheiratet hatte, unterstützt aktiv die politische Karriere ihres Mannes.

"

Es ist das Volk der Werktätigen, es sind die Demütigen des Landes, die hier und im ganzen Land stehen und Perón folgen, dem Führer des Volkes ...

"

Meine lieben Descamisados,
Wieder versammeln sich hier die Arbeiter und die Frauen des Volkes; wieder sind wir die Hemdlosen auf diesem historischen Platz vom 17. Oktober 1945, um dem Führer des Volkes zu antworten, der heute Morgen am Ende seiner Botschaft sagte: „Diejenigen, die hören wollen, hören, die folgen wollen, folgen." Hier ist die Antwort, mein General. Es ist das Volk der Werktätigen, es sind die Demütigen des Landes, die hier und im ganzen Land stehen und Perón folgen, dem Führer des Volkes, dem Führer der Menschheit, weil er die Flagge der Erlösung und der Gerechtigkeit der arbeitenden Massen gehisst hat; sie werden ihm gegen die Unterdrückung der Verräter von innen und außen folgen, die im Dunkeln der Nacht das Gift ihrer Vipern der Seele und dem Körper von Perón, Seele und Körper des Landes, einflößen wollen. Aber sie werden es nicht schaffen, da sie es nie geschafft haben, das Singen der Nachtigallen durch den Neid der Kröten zum Schweigen zu bringen, noch den Flug der Kondore durch die Vipern zu stoppen. Sie werden es nicht bekommen, weil wir hier die Männer und Frauen des Volkes sind, mein General, um Ihre Träume zu hüten und Ihr Leben zu beobachten, weil es das Leben des Landes ist, weil es das Leben zukünftiger Generationen ist, die uns niemals vergeben würden, wenn wir uns nicht um einen hochkarätigen Mann wie General Perón kümmern würden, der die Träume aller Argentinier, insbesondere des werktätigen Volks, behütete.
Ich bitte Gott, diese Insekten nicht ihre Hände gegen Perón erheben zu lassen, weil es an diesem Tag wunderbar ist! An diesem Tag, mein General, werde ich mit dem Volk der Werktätigen ausgehen, mit den Frauen des Volkes, mit den Descamisados der Heimat, um auch keinen Ziegelstein stehen zu lassen, der kein Peronist ist. Weil wir uns niemals von den oligarchischen und verräterischen Stiefeln der Verkäufer, die die Arbeiterklasse ausgenutzt haben, zerschlagen lassen werden, weil wir uns niemals von denen ausnutzen lassen werden, die sich billigst verkauft haben, Diener der Herren aus den ausländischen Metropolen; sie liefern den Menschen ihrer Heimat mit der gleichen Gelassenheit aus, mit der sie das Land und ihr Gewissen verkauft haben; weil wir uns mehr um Perón kümmern werden als um unser Leben, weil wir uns um eine Sache kümmern, die die Sache der Heimat ist, es ist die Sache des Volkes, es ist die Sache der Ideale, die wir seit so vielen Jahren in unserem Herzen haben. Heute stehen wir dank Perón wehrhaft da. Männer fühlen sich mehr als Männer, Frauen fühlen sich würdevoller, denn innerhalb der Schwäche einiger und der Stärke anderer ist der Geist und das Herz der Argentinier ein Schutzschild für Perons Leben.

"

Weil wir uns niemals von den oligarchischen und verräterischen Stiefeln der Verkäufer, die die Arbeiterklasse ausgenutzt haben, zerschlagen lassen werden ...

"

Ich möchte nach einer langen Zeit, in der ich mich nicht wie heute an das Volk wenden konnte, diese Dinge zu meinen Descamisados sagen, zu den Demütigen, die ich so in meinem Herzen trage, dass ich sie in glücklichen Stunden, in Stunden des Schmerzes und in Stunden der Unsicherheit immer angesehen habe, weil sie rein sind, und weil sie rein sind, sehen sie mit den Augen der Seele und wissen außergewöhnliche Menschen zu schätzen, wie General Perón. Ich möchte heute sprechen, obwohl der General mich bittet, mich kurz zu fassen, weil ich möchte, dass mein Volk weiß, dass wir bereit sind, für Perón zu sterben, und dass die Verräter wissen, dass wir nicht nur hergekommen sind, um Perón zu sagen „anwesend"! [...].

Es gibt viel Schmerz zu lindern. Viele Wunden müssen geheilt werden, denn es gibt immer noch viele Kranke und viele Leidende. Wir brauchen es, mein General, wie die Luft, wie die Sonne, wie das Leben. Wir brauchen es für unsere Kinder und für das Land in diesen unsicheren Momenten der Menschheit, in denen Männer zwischen zwei Imperialismen debattieren, dem rechten und dem linken, die uns zum Tod und zur Zerstörung führen. Und wir, eine Handvoll Argentinier, kämpfen zusammen mit Perón für eine glückliche Menschlichkeit innerhalb der Gerechtigkeit, innerhalb der Würde dieses Volkes, denn darin liegt die Größe von Perón. Es gibt keine Größe des Vaterlandes, die auf dem Schmerz der Menschen beruht, sondern auf dem Glück der Werktätigen. Genossinnen, Genossen: Wieder bin ich im Kampf, wieder bin ich bei euch, wie gestern, wie heute und wie morgen. Ich bin bei euch, um ein Regenbogen der Liebe zwischen den Menschen und Perón zu sein. Ich bin mit euch, um diese Brücke der Liebe und des Glücks zu sein, die ich immer versucht habe, zwischen euch und dem Anführer der Arbeiter zu bilden.

Ich bin wieder bei euch, als Freundin und als Schwester [...]. Und genau wie dieser herrliche 1. Mai, mein General, möchten wir viele und viele Jahre und in vielen Jahrhunderten, dass zukünftige Generationen kommen, um Ihnen jetzt, im Leben, oder auch wenn Sie nicht mehr sind, zu sagen, dass wir anwesend sind, mein General, mit Ihnen.

Bevor ich ende, Genossen, möchte ich euch eine Nachricht geben: Seid wachsam. Der Feind pirscht sich an. Er verzeiht niemals, dass ein Argentinier, dass ein guter Mann, General Perón, für das Wohl seines Volkes und für die Größe des Landes arbeitet. Die Vaterlandsverkäufer im Innern, die sich für wenig Geld verkaufen, sind auch jederzeit auf der Suche nach Staatsstreichen.

Aber wir sind das Volk, und ich weiß, dass wir als wachsame Menschen unbesiegbar sind, weil wir das Land selbst sind.

EVITA PERÓN

(1919–1952)

1934 Sie zieht auf der Suche nach dem Glück nach Buenos Aires und findet Arbeit als Schauspielerin.

1944 Im Januar lernt sie Juan Domingo Perón kennen. Sie heiraten im Jahr darauf.

1946 Perón wird zum Präsidenten der Republik gewählt; Evita hatte sich aktiv am Wahlkampf beteiligt.

1947 Während einer dreimonatigen Europareise begegnet Evita Papst Pius XII., Franco und den Präsidenten von Frankreich und Portugal.

1948 Sie gründet die Stiftung Eva Perón mit dem Ziel, die Lebensbedingungen der ärmeren Schichten mit dem Bau von Krankenhäusern, Schulen und Frauenhäusern zu verbessern.

1950 Gesundheitliche Probleme treten auf: Nach einem Ohnmachtsanfall in der Öffentlichkeit wird im Krankenhaus ein bösartiger Tumor diagnostiziert.

1952 Sie stirbt am 26. Juli im Alter von 33 Jahren.

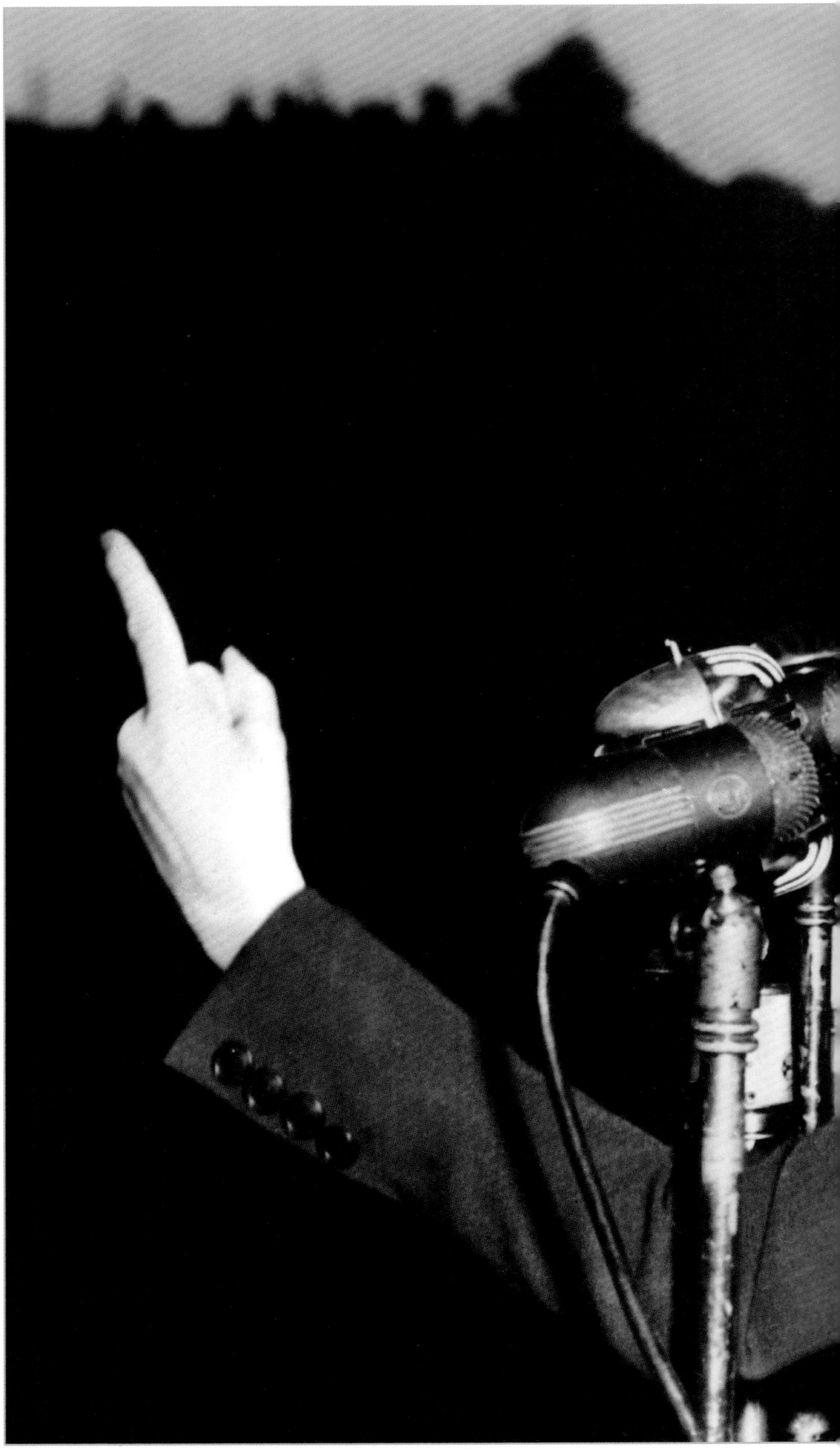

Eva Perón hält eine Rede in Buenos Aires vor einer Menge von Arbeitern, die sich versammelt haben, um Juan Perón und seine Frau aufzufordern, erneut für die Präsidentschaftswahlen im November 1951 zu kandidieren.

Elisabeth II.

Rede während der Krönungszeremonie

London, 2. Juni 1953

Ihre gemessene Stimme bricht das Schweigen. Langsam und klar spricht sie ihre Worte, damit sie verstanden werden von Kanada bis Australien, von Neuseeland bis Barbados, bis in den letzten Winkel des Commonwealth. Die Krönungszeremonie ist zu Ende. Elisabeth ist 27 Jahre alt. Tatsächlich wurde sie Königin beim Tod ihres Vaters Georg VI., sechzehn Monate vorher, dann folgten die Trauerzeit und die detaillierten Vorbereitungen auf das Ereignis, mit dem sie am 2. Juni 1953 den Augen der Welt vorgestellt wird. In der Tat ist es das erste Großereignis, das im Fernsehen live übertragen wird: Wo auch immer ein Fernseher stand, ist er an jenem Tag auf London eingestellt, um den langsamen Gang der Königin durch die Westminster Abbey unter Weihrauch und feierlichen Klängen zu verfolgen.

Sie wendet sich an ihre Untertanen und bezieht sie so in eine Feier ein, die ihnen über Jahrhunderte verwehrt war. Sie dankt für den Empfang, den man ihr bereitet hat. Sie bittet darum zu beten, dass ihr Weisheit und Kraft gegeben würden. Von der jungen Frau ohne Erfahrung, von der Ehefrau und Tochter verwandelt sie sich, je länger sie spricht, in einem subtilen Crescendo in die Erbmonarchin von Gottes Gnaden. Sie beschreibt die Weite ihres Reiches und verstärkt so ihre Macht. Sie beschwört das Transzendente und legitimiert so ihre Autorität. Ohne die vehemente Geste eines Staatschefs oder visionären Anführers, denn was sie repräsentiert, ist granitene Festigkeit. Eine sechsminütige Rede, innovativ zwar nicht im Inhalt, aber sicher in der Art: Ist die Teilhabe der Zuschauer nicht schon das Vorspiel zum Medienzeitalter?

Mit ihrer anachronistischen, fast ornamentalen Institution schifft Elisabeth II. über sechzig Jahre lang das Vereinigte Königreich durch Krisen und Skandale, Friedens- und Kriegszeiten, konservative und progressive Regierungen: von der eisernen Hand Margaret Thatchers bis zu Dianas Tod, von Winston Churchill zu Boris Johnson, durch politische Stürme und Gewitter aus Tratsch, Boulevard und ketzerischen Punkhits. Dabei erfüllte sie stets ihre Funktion: ein Volk über die Zeiten und Generationen zu einen. Sie blieb auf der Bühne mit Anmut und Diskretion, mit ständigem Rebranding des Images – die Präsenz in den sozialen Netzwerken oder die tausend bunten Hüte, die eine ganze Farbpalette abdecken. Vom flüchtigen Lächeln, das sie sich im fortgeschrittenen Alter gewährt, zum in der Öffentlichkeit nachgezogenen Lippenstift, Details über ihr Privatleben, die geschickt an die Öffentlichkeit drangen, bis zum Bond Girl bei der Eröffnung der Olympiade in London 2012: Elisabeth II. ist eine wahre Popikone unserer Zeit.

Elisabeth Alexandra Mary Windsor besteigt nach dem Tod ihres Vaters Georg VI. am 6. Februar 1952 den Thron Englands und wird 1953 unter dem Namen Elisabeth II. zur Königin gekrönt.

"

Während dieses denkwürdigen Tages wurde ich durch das Wissen, dass Ihre Gedanken und Gebete bei mir waren, belebt und gestärkt.

"

ELISABETH II.

(1926–)

1947 Heirat mit Philip Mountbatten, einem entfernten Cousin.

1948 Geburt des ersten Sohnes Charles.

1952 Thronbesteigung nach dem Tod ihres Vaters Georg VI.

1953–1954 Sechsmonatige Reise durch die Commonwealth-Länder mit ihrem Mann.

1982 Als Oberhaupt der anglikanischen Kirche empfängt sie Johannes Paul II. als ersten Papst, der England besucht, 450 Jahre nach der Spaltung durch Heinrich VIII.

1992 In ihren Worten ein „annus horribilis" wegen der Familienskandale des königlichen Hauses, darunter der Trennung von Charles und Diana.

2012 Diamantenes Thronjubiläum: 60 Jahre seit der Krönung.

2015 Rekord der längsten Herrschaft (den bis dahin Königin Viktoria mit 63 Jahren hielt).

Als ich Sie zuletzt an Weihnachten ansprach, bat ich Sie alle, unabhängig von Ihrer Religion, am Tag meiner Krönung für mich zu beten – zu beten, dass Gott mir Weisheit und Kraft geben möge, um die Verheißungen zu erfüllen, die ich dann verkünden sollte.

Während dieses denkwürdigen Tages wurde ich durch das Wissen, dass Ihre Gedanken und Gebete bei mir waren, belebt und gestärkt. Ich war mir die ganze Zeit bewusst, dass meine Völker, die sich auf allen Kontinenten und Ozeanen der Welt weit und breit ausbreiten, vereint waren, um mich bei der Aufgabe zu unterstützen, der ich mich jetzt mit solcher Feierlichkeit widme.

Viele Tausend von Ihnen kamen aus allen Teilen des Commonwealth und des Empire nach London, um an der Zeremonie teilzunehmen, aber ich war mir auch der Millionen anderer bewusst, die an der Zeremonie über Funk oder Fernsehen in ihren Häusern teilgenommen haben. Sie alle, nah oder fern, sind zu einem Zweck vereint. Es fällt mir schwer, Worte zu finden, in denen ich Ihnen sagen kann, welche Stärke dieses Wissen mir gegeben hat.

Die Zeremonien, die Sie heute gesehen haben, sind uralt, und einige ihrer Ursprünge liegen im Nebel der Vergangenheit. Aber ihr Geist und ihre Bedeutung scheinen durch die Zeitalter, vielleicht nie heller als jetzt. Ich habe mich aufrichtig zu Ihrem Dienst verpflichtet, wie so viele von Ihnen zu meinem verpflichtet sind. Ich werde mein ganzes Leben lang und von ganzem Herzen danach streben, Ihres Vertrauens würdig zu sein.

Bei alledem habe ich meinen Mann, der mich unterstützt. Er teilt alle meine Ideale und meine ganze Zuneigung zu Ihnen. Dann, obwohl meine Erfahrung so kurz und meine Aufgabe so neu ist, habe ich bei meinen Eltern und Großeltern ein Beispiel, dem ich mit Sicherheit und Zuversicht folgen kann.

Und noch etwas: Ich habe nicht nur die großartigen Traditionen und Annalen von mehr als tausend Jahren hinter mir, sondern auch die lebendige Kraft und Majestät des Commonwealth und des Empire, von alten und neuen

"

Deshalb bin ich sicher, dass dies, meine Krönung, nicht das Symbol einer Macht und eines Glanzes ist, die verschwunden sind, sondern eine Erklärung unserer Hoffnungen für die Zukunft ...

"

Gesellschaften, von Ländern und Ethnien, die sich in Geschichte und Herkunft unterscheiden, aber alle nach Gottes Willen im Geist und im Ziel vereint sind. Deshalb bin ich sicher, dass dies, meine Krönung, nicht das Symbol einer Macht und eines Glanzes ist, die verschwunden sind, sondern eine Erklärung unserer Hoffnungen für die Zukunft und für die Jahre, die ich durch Gottes Gnade und Barmherzigkeit regieren und Ihnen als Ihre Königin dienen darf.

Ich habe von den riesigen Regionen und verschiedenen Völkern gesprochen, denen ich meine Pflicht schulde, aber es ist auch ein Thema des sozialen und politischen Denkens von unserer Inselheimat aufgetaucht, das unsere Botschaft an die Welt darstellt und durch die wechselnden Generationen sowohl innerhalb als auch außerhalb Akzeptanz gefunden hat, und zwar weit jenseits meiner Reiche.

Parlamentarische Institutionen mit ihrer Redefreiheit und Achtung der Rechte von Minderheiten sowie die Inspiration einer breiten Toleranz gegenüber Gedanken und Ausdrucksformen – all dies verstehen wir als einen wertvollen Teil unserer Lebensweise und Sichtweise.

In den letzten Jahrhunderten wurde diese Botschaft durch den immensen Beitrag der Nationen unseres Commonwealth in Übersee in Bezug auf Sprache, Literatur und Handeln gestärkt und gefestigt. Wie ich bete, bringt es lebendige Prinzipien zum Ausdruck, die der Krone und der Monarchie ebenso heilig sind wie ihren vielen Parlamenten und Völkern. Ich bitte Sie jetzt, diese zu ehren – und sie auch in die Tat umzusetzen. Dann können wir gemeinsam in Frieden voranschreiten und Gerechtigkeit und Freiheit für alle Menschen suchen.

Wenn dieser Tag zu Ende geht, weiß ich, dass meine bleibende Erinnerung daran nicht nur die Feierlichkeit und Schönheit der Zeremonie sein wird, sondern auch die Inspiration durch Ihre Treue und Zuneigung. Ich danke Ihnen allen von ganzem Herzen. Gott segne Sie alle.

Fidel Castro

„Die Geschichte wird mich freisprechen“

Havanna, 16. Oktober 1953

Der Sommer ist weit vorgeschritten in Kuba: Plötzliche Gewitter und aufklarende feuchte Hitze prägen den täglichen Rhythmus in den Städten mit dem dichten Verkehr aus funkelnden Cadillacs und Chevrolets und auf dem Land, wo Zuckerrohr- und Tabakplantagen sich bis zum Horizont abwechseln. Im Vorjahr hat ein Staatsstreich Fulgencio Batista an die Macht gebracht. Am frühen Morgen des 26. Juli 1953 stürmen rund hundert Männer, schlecht geschult und überwiegend mit Jagdgewehren bewaffnet, die Moncada-Kaserne in Santiago, im Osten des Landes. Sie wollen das Regime stürzen, was elend scheitert. Viele Rebellen werden erschossen, wer sich ergibt, wird gefoltert und kaltblütig ermordet. Ihr Anführer, ein 25-jähriger Rechtsanwalt mit Namen Fidel Castro, kämpft in der Guerilla. Als er gefasst, verhaftet und vor Gericht gestellt wird, beschließt er, sich selbst zu verteidigen, und macht sein Plädoyer zu einer harten Anklage gegen Batista und seine Unterstützer.

In vier Stunden ohne Pause stellt Castro die deprimierende Situation Kubas leidenschaftlich dar. Er listet alle ungelösten Probleme auf, die das Volk zu einem Leben in Armut zwingen: Landbesitz in wenigen Händen, Wohnungsnot, Arbeitslosigkeit, Analphabetismus und mindestens prekäre sanitäre Bedingungen. Wie kann man akzeptieren, dass die Bauern in verseuchten Baracken leben, nur wenige Monate im Jahr arbeiten, dass sie nicht einmal den eigenen Namen schreiben können, dass die Kinder auf dem Land von Parasiten gequält werden? Wenn dieser improvisierte, verzweifelte Versuch Erfolg gehabt hätte, erklärt Castro, wären sofort revolutionäre Gesetze beschlossen worden, die das System der Latifundien und der korrupten Politiker, die nur die wirtschaftlichen Interessen der amerikanischen Firmen im Blick haben, aus den Angeln gehoben hätten. Also kurz gesagt eine Agrarreform mit Beteiligung der Bauern an den Gewinnen der Unternehmen und Beschlagnahme aller unterschlagenen Güter. Seine Eloquenz und seine Leidenschaft sind vergeblich: Das Urteil lautet auf 15 Jahre Haft.

Nach nur zwei Jahren öffnen sich die Gefängnistore durch eine Amnestie: Er ist immer noch überzeugt von seinen Zielen, verlässt das Land und rekrutiert in Mexiko rund achtzig Männer – überwiegend Exilkubaner, aber auch einen argentinischen Arzt mit Namen Ernesto Guevara – und kehrt im Dezember 1956 auf dem Seeweg nach Kuba zurück. Es folgen die Guerilla und die steigende Unterstützung von Bauern, Studenten und Intellektuellen. Am 1. Januar 1959 flieht Batista, die Revolution triumphiert. Eine der ersten Maßnahmen ist die Agrarreform.

Fidel Castro während seines Prozesses in Kuba im Jahr 1953. Er war nach dem Angriff vom 26. Juli auf die Moncada-Kaserne in Santiago im Südosten des Landes verhaftet worden.

"

Wir leben stolz auf die Geschichte unseres Landes. Wir haben es in der Schule gelernt und sind mit den Themen Freiheit, Gerechtigkeit und Rechte aufgewachsen.

"

Meine Herren Richter:

Nie hat ein Verteidiger sein Amt unter derart schwierigen Bedingungen ausüben müssen: Niemals hat ein Angeklagter sich einer solchen Menge quälender Ordnungswidrigkeiten ausgesetzt gesehen. Der eine und der andere sind in diesem Fall dieselbe Person. Als Anwalt hat diese Person nicht einmal die Prozessakten einsehen dürfen, als Angeklagter war sie bis zum heutigen Datum unter Umgehung aller Gebote der Rechtsordnung und der Humanität sechsundsiebzig Tage in einer Einzelzelle ohne jegliche Verbindung zur Außenwelt eingesperrt.

Wer hier gerade spricht, verabscheut kindliche Eitelkeit von ganzem Herzen, und weder sein Gemüt noch sein Temperament taugen für Tribünenposen oder Sensationalismus jeglicher Art. Wenn ich mich vor diesem Gericht selbst verteidigen musste, hat das zwei Gründe. Erstens: weil mir meine Verteidigung völlig genommen wurde. Und dann: weil nur diejenigen, die so tief verletzt wurden und ihre Heimat so demütigt und das Recht so erniedrigt gesehen haben, bei einer solchen Gelegenheit mit Worten sprechen können, die Blut des Herzens und Kerne der Wahrheit sind.

[...] Ich warne euch, ich habe gerade erst angefangen. Wenn es in euren Seelen noch ein Pochen der Liebe zur Heimat, der Liebe zur Menschlichkeit, der Liebe zur Gerechtigkeit gibt, so hört mir gut zu. Ich weiß, dass sie mich für viele Jahre zum Schweigen zwingen werden. Ich weiß, dass sie versuchen werden, die Wahrheit mit allen Mitteln zu verbergen. Ich weiß, dass die Verschwörung des Vergessens sich gegen mich erheben wird. Aber meine Stimme wird deshalb nicht verstummen: Sie gewinnt an Stärke in meiner Brust, je einsamer ich mich fühle, und ich möchte ihr die ganze Wärme in meinem Herzen geben, die feige Seelen verweigern.

[...] In den Akten dieses Prozesses sollten die fünf Gesetze der Revolution zu lesen sein, die unmittelbar nach der Einnahme der Moncada-Kaserne proklamiert und über den Rundfunk verbreitet werden sollten. Es ist möglich, dass Hauptmann Chaviano diese Dokumente absichtlich zerstört hat, aber mögen sie auch vernichtet sein, ich habe sie in meinem Gedächtnis aufbewahrt. Das erste Gesetz gab dem Volk seine Souveränität zurück und proklamierte die Verfassung von 1940 als das wahre höchste Gesetz des Staates. [...] Das zweite Revolutionsgesetz übertrug allen Pachtbauern, Pächtern, Tagelöhnern und Squattern, die Parzellen von 65 Hektar und weniger bewirtschafteten, ihr Land als unpfändbares und unübertragbares Eigentum und sah eine Entschädigung der bisherigen Besitzer durch den Staat unter Zugrundelegung der Zehnjahres-Durchschnittspacht vor. Das dritte Revolutionsgesetz übertrug den Arbeitern und Angestellten das

Recht, dreißig Prozent des Einkommens aller großen Industrie-, Handels- und Bergbauunternehmen einschließlich der Zuckerraffinerien für sich zu beanspruchen. Das vierte Revolutionsgesetz übertrug den Zuckerbauern das Recht auf fünfundfünfzig Prozent des Zuckerertrages bei einem Mindestanteil von neuntausend Zentnern für alle Kleinbauern, die drei oder mehr Jahre sesshaft waren. Das fünfte Revolutionsgesetz verfügte die Beschlagnahme aller unter welcher Regierung auch immer unterschlagenen Güter und ebenso der Güter ihrer Rechtsvertreter und Erben, soweit es sich um testamentarisch vererbtes oder ohne Testament unstatthaft erworbenes Vermögen handelte.
[...] Das Problem des Bodens, das Problem der Industrialisierung, das Wohnungsproblem, das Problem der Arbeitslosigkeit, das Problem der Volksgesundheit: [...] 85 % der kleinen kubanischen Landwirte zahlen Pacht und leben unter der beständigen Drohung, dass ihnen ihre Parzellen gekündigt werden können. Mehr als die Hälfte des besten Ackerlandes befindet sich in den Händen von Ausländern. In unserer größten Provinz, in Oriente, reichen die Ländereien der United Fruit Company und der West Indian von der Nord- bis zur Südküste [...] Da Kuba überwiegend ein Agrarland ist, da die Stadt vom Land abhängt, da das Land die Unabhängigkeit erkämpft hat, da die Größe und der Wohlstand unseres Landes ohne einen gesunden und starken Bauernstand, der sein Land liebt und zu bebauen versteht, und ohne einen Staat, der ihn schützt und führt, nicht zu denken ist – wie ist es möglich, dass dieser Zustand der Dinge bestehen bleibt?
[...] Von einem so großen Elend kann einen nur der Tod befreien; und da allerdings hilft der Staat: beim Sterben. Neunzig Prozent der Kinder auf dem Land werden von Parasiten aufgefressen, die aus der Erde unter die Nägel ihrer nackten Füße und in ihren Körper eindringen. Die Gesellschaft ist voller Mitgefühl, wenn ein Kind entführt oder ermordet wird, aber sie bleibt verbrecherisch gleichgültig angesichts des Massenmordes, der an Tausenden und Abertausenden von Kindern begangen wird, die jährlich sterben, weil kein Geld da ist, und dies qualvoll unter Schmerzen, deren unschuldige Augen, in denen bereits der Glanz des Todes zu sehen ist, ins Unendliche zu schauen scheinen, geradezu als ob sie um Vergebung für den menschlichen Egoismus bitten und dass der Fluch Gottes nicht auf die Menschen falle. Und wenn ein Familienvater vier Monate im Jahr arbeitet – wovon soll er Kleider und Medikamente für seine Kinder kaufen? Sie werden also rachitisch heranwachsen, mit dreißig Jahren haben sie keinen gesunden Zahn im Mund, sie werden zehn Millionen Reden gehört haben und schließlich elend und enttäuscht sterben.
[...] Zu denen, die mich nun Träumer nennen, sage ich mit den Worten von José Martí: „Der wahre

"

Was mich selbst betrifft, so weiß ich, dass der Kerker hart sein wird wie nie zuvor für einen Menschen, verschärft durch Drohungen, durch gemeine und feige Wut, aber ich fürchte ihn nicht …

"

FIDEL CASTRO
(1926–2016)

1950 Schließt sein Jurastudium ab.

1953–1955 Zwei Jahre Haft nach dem gescheiterten Angriff auf die Moncada-Kaserne.

1956–1958 Anführer der Rebellen – *Barbudos* genannt –, die gegen Fulgencio Batista kämpfen.

1959 Nach dem Sieg der Revolution wird er am 16. Februar zum Premierminister ernannt.

1961 Söldner und Exilkubaner legen in der Schweinebucht an, um Castro zu stürzen: Die Operation scheitert.

1962 Nach der Stationierung sowjetischer Raketen auf kubanischem Boden gelangt die Welt an den Rand eines Atomkriegs.

1976 Wird zum Präsidenten des Ministerrats ernannt.

2008 Da sein Gesundheitszustand sich verschlechtert, tritt er von allen Ämtern zurück. Nachfolger ist sein Bruder Raúl.

2016 Stirbt am späten Abend des 25. November: Es werden neun Tage Staatstrauer angesetzt.

Der kubanische Premierminister Fidel Castro während einer Rede am 28. Mai 1966 in Havanna. Kuba wird durch seine Führung zur Basis der lateinamerikanischen Revolutionsbewegung.

Mann schaut nicht auf die Seite, auf der man besser lebt, sondern auf die Seite der Pflicht; und das ist […] der einzige erfahrene Mensch, dessen Traum von heute das Gesetz von morgen sein wird, weil derjenige, der seine Augen auf die universellen Inhalte gerichtet und die Völker gesehen hat, deren Wut im Laufe der Jahrhunderte flammte und kochte, weiß, dass die Zukunft ausnahmslos auf der Seite der Pflicht zu finden ist."

[…] Aber es gibt einen Grund, der uns stärker hilft als alle anderen: Wir sind Kubaner, und Kubaner zu sein bedeutet eine Pflicht, sie nicht zu erfüllen, ist Verbrechen und Verrat. Wir leben stolz auf die Geschichte unseres Landes. Wir haben es in der Schule gelernt und sind mit den Themen Freiheit, Gerechtigkeit und Rechte aufgewachsen. Es wurde uns schon früh beigebracht, das herrliche Beispiel unserer Helden und unserer Märtyrer zu verehren.

[…] Meine Herren Richter, Ihnen gilt mein ehrlicher Dank, dass Sie mir ohne kleinlichen Zwang gestattet haben, mich frei auszudrücken; ich trage Ihnen nichts nach, ich erkenne an, dass Sie in gewisser Weise human gewesen sind, und ich weiß, dass der Präsident dieses Gerichtes, ein Mann untadeligen Lebenswandels, seinen Widerwillen gegen einen Zustand der Dinge nicht verbergen kann, der ihn zwingt, ein ungerechtes Urteil zu fällen. Es bleibt dem Gerichtshof noch ein ernsteres Problem zu lösen: die Straftat der siebzig Morde, das heißt des größten Massakers, das uns bekannt geworden ist; die Schuldigen befinden sich auf freiem Fuß und sind bewaffnet, so dass sie eine dauernde Bedrohung für das Leben unserer Bürger darstellen; wenn nicht das ganze Gewicht des Gesetzes auf sie fällt, aus Feigheit oder weil das Gericht es verhindert und nicht geschlossen zurücktritt, dann tut mir Eure Ehre leid, und ich beklage den beispiellosen Makel, der auf die Rechtsprechung fallen wird. Was mich selbst betrifft, so weiß ich, dass der Kerker hart sein wird wie nie zuvor für einen Menschen, verschärft durch Drohungen, durch gemeine und feige Wut, aber ich fürchte ihn nicht, wie ich den Zorn des elenden Tyrannen nicht fürchte, der meinen siebzig Brüdern das Leben raubte. Verurteilt mich; das hat nichts zu bedeuten; die Geschichte wird mich freisprechen.

Nikita Chruschtschow

Geheimrede zum Personenkult und zur Anklage der Verbrechen Stalins

Moskau, 25. Februar 1956

Nicht einmal drei Jahre, nachdem er die Nachfolge Stalins angetreten hatte, hielt Nikita Chruschtschow eine Rede, die als „Geheimrede" in die Geschichte einging. Geheim war sie, weil der sowjetische Führer sich damit beim 20. Kongress der Kommunistischen Partei an eine enge Auswahl von Delegierten richtete und keine ausländischen Gäste oder Journalisten dabei waren. Die Verlesung der umfangreichen Rede „Über den Personenkult und seine Folgen" begann um Mitternacht und dauerte vier Stunden. In einem schweigenden Saal sprach der sowjetische Führer ohne zu zögern mit fester Stimme: Die Intensität des Moments und die Themen waren derart, dass viele Anwesende sich unwohl fühlten und einige Delegierte sogar aus dem Saal begleitet werden mussten. Am Ende stellte niemand Fragen, die Teilnehmer verließen den Raum bestürzt und verwirrt. Was enthüllte Chruschtschow so Erschütterndes vor diesen Menschen, die mit dem komplizierten Geflecht der Politik vertraut und an die Strenge und Härte der Vorjahre gewöhnt waren? Einerseits lobt er das Wirken Lenins, der bis 1924 an der Macht war, als Urheber der Russischen Revolution, andererseits formuliert er heftige Kritik an Stalin, Lenins Nachfolger. Chruschtschow schreibt seinem Vorgänger die Schuld zu, seine Politik auf den Kult der Person gestützt zu haben, um zu einem vom Volk bejubelten allmächtigen Führer zu werden, wobei er jedoch die Ideale des Kommunismus verriet, die einst und jetzt der Sowjetunion zugrunde lagen. Mit einem Zitat von Karl Marx klagt er den Personenkult an, dessen Opfer Stalin selbst geworden war, so dass er die repressive, zynische und grausame Politik von Lavrentij Berija, dem Chef der Geheimpolizei, billigte. Chruschtschow verurteilt auch den Großen Terror Stalins in den dreißiger Jahren, um die Kommunistische Partei auch von angeblichen Verschwörern zu säubern, infolge dessen mindestens 600 000 Menschen unter dem Vorwurf antisowjetischer Tätigkeiten willkürlich verurteilt und dann getötet worden waren.
Chruschtschows Rede rief gegensätzliche Reaktionen hervor. In der Republik Georgien, Stalins Heimatland, forderten lebhafte Volksproteste sogar den Eingriff der Roten Armee.
Die Beziehungen zwischen der Sowjetunion und China litten, nachdem Mao Chruschtschow Revisionismus vorgeworfen hatte. Im Westen wurde die Kritik an Stalin dagegen mit Befriedigung und Hoffnung aufgenommen, auch wenn wenige Monate später die sowjetische Repression in Ungarn die Widersprüche des Sowjetführers, der in Worten eine Hinwendung zur Demokratie angedeutet hatte, offenlegte.

Der kubanische Premierminister Fidel Castro und Nikita Chruschtschow, erster Sekretär der Kommunistischen Partei der Sowjetunion, in New York, USA, 1960 anlässlich der Generalversammlung der Vereinten Nationen.

"

Stalin handelte nicht mit Überzeugungskunst, mit Erklärungen und geduldiger Zusammenarbeit mit anderen, sondern setzte seine Ideen durch und forderte absolute Unterwerfung.

"

Genossen! Im Rechenschaftsbericht des ZK der Partei an den XX. Parteitag, in einer Reihe von Ansprachen der Parteitagsdelegierten sowie zuvor auf Plenartagungen des Zentralkomitees ist nicht wenig über den Personenkult und seine schädlichen Folgen gesprochen worden.
Nach dem Tode Stalins begann das ZK der Partei, exakt und konsequent eine Politik durchzuführen, die darin bestand nachzuweisen, dass es unzulässig und dem Geist des Marxismus-Leninismus fremd ist, eine einzelne Person herauszuheben und sie in eine Art Übermensch mit übernatürlichen, gottähnlichen Eigenschaften zu verwandeln. Dieser Mensch weiß angeblich alles, sieht alles, denkt für alle, vermag alles zu tun, ist unfehlbar in seinem Handeln. Eine solche Vorstellung über einen Menschen, konkret gesagt über Stalin, war bei uns viele Jahre lang verbreitet.
[...] Angesichts dessen, dass sich noch nicht alle bewusst sind, wozu in der Praxis der Personenkult geführt hat, welchen gewaltigen Schaden die Verletzung des Prinzips der kollektiven Führung in der Partei und die Konzentration einer unermesslichen, unbeschränkten Macht in den Händen einer Person angerichtet hat, hält es das Zentralkomitee für erforderlich, dem XX. Parteitag der Kommunistischen Partei der Sowjetunion Materialien zur Kenntnis zu geben, die diese Frage betreffen.
[...] Aus Angst um die Zukunft der Partei und der Sowjetunion zeigte Lenin die Notwendigkeit, das Problem der Abberufung Stalins von seinem Posten als Generalsekretär zu untersuchen, auf. Weil Stalin übermäßig brutal war, verhielt er sich nicht korrekt gegenüber seinen Freunden, er war launisch und missbrauchte seine Macht.
[...] Stalin handelte nicht mit Überzeugungskunst, mit Erklärungen und geduldiger Zusammenarbeit mit anderen, sondern setzte seine Ideen durch und forderte absolute Unterwerfung. Jeder, der sich seinen Vorstellungen widersetzte oder versuchte, seinen Standpunkt und die Gültigkeit seiner Position geltend zu machen, war dazu bestimmt, von einer Weisungsfunktion ausgeschlossen und anschließend moralisch und physisch „liquidiert" zu werden.

[...] Stalin führte den Begriff „Volksfeind" ein. Dieser Terminus befreite umgehend von der Notwendigkeit, die ideologischen Fehler eines oder mehrerer Menschen, gegen die man polemisiert hatte, nachzuweisen; er erlaubte die Anwendung schrecklichster Repressionen, wider alle Normen der revolutionären Gesetzlichkeit, gegen jeden, der in irgendetwas mit Stalin nicht übereinstimmte, der nur gegnerischer Absichten verdächtigt, der einfach verleumdet wurde. Der Begriff „Volksfeind" schloss im Grunde genommen schon von sich aus die Möglichkeit irgendeines ideologischen Kampfes oder der Darlegung der eigenen Ansichten zu dieser oder jener Frage auch praktischen Inhalts aus. Als hauptsächlicher und im Grunde genommen einziger Schuldbeweis wurde entgegen allen Normen der heutigen Rechtslehre das „Geständnis" des Angeklagten betrachtet, ein Geständnis, das, wie die nachfolgenden Untersuchungen zeigten, unter körperlichem Druck auf den Angeklagten zustande kam.

[...] Stalin wies die Lenin'sche Methode der Überzeugung und Erziehung zurück, ging von der Position des ideologischen Kampfes über den Weg administrativer Gewalt auf den Weg massenhafter Repressalien, den Weg des Terrors. Er machte in zunehmendem Maße und immer hartnäckiger die Straforgane zu seinem Werkzeug, wobei er oft alle bestehenden Normen der Moral und die sowjetischen Gesetze mit Füßen trat. Die Willkür einer einzelnen Person regte auch andere zur Willkür an und ermöglichte diese. Massenverhaftungen und Deportationen vieler tausend Menschen, Hinrichtungen ohne Gerichtsurteil und ohne normale Untersuchung riefen einen Zustand der Unsicherheit und der Furcht, sogar der Verzweiflung hervor.

[...] Festgestellt wurde, dass von den 139 Mitgliedern und Kandidaten des Zentralkomitees, die auf dem XVII. Parteitag gewählt worden waren, 98 Personen, d. h. 70 Prozent, (hauptsächlich in den Jahren 1937/1938) verhaftet und erschossen wurden. [...] Der einzige Grund [...] war, dass ehrliche Kommunisten angeschwärzt und zu Unrecht beschuldigt wurden, dass ungeheuerliche Verletzungen der revolutionären Gesetzlichkeit zugelassen worden sind.

"

Der einzige Grund ... war, dass ehrliche Kommunisten angeschwärzt und zu Unrecht beschuldigt wurden, dass ungeheuerliche Verletzungen der revolutionären Gesetzlichkeit zugelassen worden sind.

"

NIKITA CHRUSCHTSCHOW (1894–1971)

1918 Wird Mitglied in der Kommunistischen Partei.

1934 Wird Mitglied im Zentralkomitee der Kommunistischen Partei.

1942–1943 Politischer Kommissar während des Kampfs um Stalingrad.

1953 Wird zum Ersten Sekretär der Kommunistischen Partei gewählt.

1958 Wird zum Ministerpräsidenten gewählt.

1959 Offizieller Besuch in den USA.

1960 Während einer Sitzung der UNO schlägt er mit einem Schuh auf den Tisch als Protest gegen den philippinischen Delegierten, der die Sowjetunion beschuldigt hatte, die osteuropäischen Länder zu unterdrücken.

1961 Genehmigt den Plan für den Mauerbau in Berlin.

1964 Erzwungener Rücktritt. Sein Nachfolger ist Leonid Breschnew.

1971 Nach seinem Tod wird ein staatliches Begräbnis verweigert.

[...] Nimmt man unsere zahlreichen historischen Romane, Filme und „wissenschaftlichen Studien", so wird in ihnen die Rolle Stalins im Vaterländischen Krieg ganz und gar nicht wahrheitsgemäß dargestellt. Stalin hätte alles vorausgesehen. Die Sowjetarmee verfolgte aufgrund des strategischen Plans, den Stalin, so würden sie fast sagen, prophetisch im Voraus entwickelt hatte, die Taktik der „aktiven Verteidigung", die bekanntlich die Deutschen bis vor Moskau und Stalingrad kommen ließ. In Anwendung dieser Taktik ging die Sowjetarmee angeblich nur dank der Genialität Stalins zur Offensive über und zerschmetterte den Feind.
[...] Im Verlauf des Krieges und danach brachte Stalin die These vor, dass die Tragödie, die unser Volk in der ersten Periode des Krieges erlebte, angeblich das Ergebnis des „unerwarteten" Überfalls der Deutschen auf die Sowjetunion gewesen sei. Aber, Genossen, das entspricht doch überhaupt nicht der Wirklichkeit. Hitler stellte sich unmittelbar nach der Machtübernahme in Deutschland das Ziel, den Kommunismus zu zerschmettern. Die Faschisten sprachen offen darüber und verheimlichten ihre Pläne nicht.
[...] Nicht Stalin, sondern die ganze Partei, die Sowjetregierung und unsere Heldenarmee, ihre genialen Führer und tapferen Soldaten; die ganze sowjetische Nation gewannen den großen Vaterländischen Krieg.
[...] War es Stalin möglicherweise unbekannt, dass viele der größeren Städte und Großunternehmen mit seinem Namen genannt wurden? War es ihm unbekannt, dass überall im Land Denkmäler für Stalin errichtet wurden, diese „Mausoleen für einen Lebenden"? Genossen, wir müssen den Personenkult radikal abschaffen.

Der sowjetische Regierungschef Nikita Chruschtschow spricht mit der Presse über den Abschuss des amerikanischen U-2-Aufklärungsflugzeugs, das 1960 über sowjetisches Territorium flog.

ЭКИПИРОВКА АМЕРИКАНСКОГО
РАЗВЕДЧИКА
THIS IS WHAT THE AMERICAN SPY WAS EQUIPPED WITH

Mao Zedong

Peking, 27. Februar 1957

Rede zur Lösung der Widersprüche innerhalb des Volkes während der Hundert-Blumen-Bewegung

1956 ist Mao Zedong im Westen noch kaum bekannt. Die Explosion seiner Berühmtheit, die rund zehn Jahre später eintritt – als die Studenten aus halb Europa, inspiriert von der Kulturrevolution, auf die Straße gehen und die berühmte Mao-Bibel schwenkten – stand noch bevor. Damals richteten sich die Blicke in Europa und den USA auf einen vertrauteren Orient, auf die Sowjetunion und Chruschtschows eklatante Anklage der Stalinschen Verbrechen.
Vielleicht beschloss der Vorsitzende Mao gerade als Antwort auf die Neuerungen in Moskau, auch in China eine Demokratisierung einzuleiten und eine Zusammenarbeit zwischen Parteikadern, Intellektuellen und Bürgern im Namen der Meinungs- und Pressefreiheit zu fördern. Zweck war es, gemeinsame Überlegungen anzustrengen, um undogmatisch die komplexen Fragen anzugehen, die durch den Wandel der veralteten staatlichen Strukturen in die neue sozialistische Gesellschaft aufgeworfen wurden. Das Ergebnis war allerdings unerwartet. Das Regime war erst zu kurz an der Macht, als dass bereits eine passive Beteiligung an den Dogmen des Maoismus eingetreten wäre, und die Initiative wandte sich von Anfang an gegen ihre Urheber, denn sie öffnete eine „Büchse der Pandora" aus Unzufriedenheit und Unmut: Die von Mao erhoffte „sanfte Brise und der milde Regen" werden zu einem Tsunami, der die Errungenschaften der Revolution zu überfluten droht. Während in Europa die Utopie eines kommunistischen Anarchismus demonstrativ mit der Unterdrückung des ungarischen Aufstands durch die Rote Armee zerbricht, lässt in China das Regime nicht darauf warten, sein diktatorisches Antlitz zu enthüllen – mit völlig entgegengesetzten als den anfänglich vorgesehenen Folgen.
Mao wählt den Weg der erbarmungslosen Repression gegen Dissidenten, die zudem erleichtert wird durch die öffentlichen Erklärungen von denen, die sich in den Monaten zuvor in der Hoffnung auf Straffreiheit offen geäußert hatten. Hauptopfer waren die Intellektuellen, um deren Eingliederung in die Massen der Arbeiter und Bauern Mao sich sorgt, die dann mit Verhaftungen, Verurteilungen und Haft in den Erziehungslagern erzwungen wird. Die Partei, die sich von Dissidenten befreit hatte, ging gestärkt daraus hervor und sorgte dafür, dass Historiker und Gelehrte noch heute über die realen Absichten von Mao und seiner Hundert-Blumen-Kampagne grübeln: aufrichtiger Versuch einer demokratischen Öffnung oder enorme Inszenierung zum Schaden des chinesischen Volks durch den Großen Steuermann?

Am 1. Oktober 1954 begrüßt Mao Zedong Demonstranten während der Jubiläumsfeier der von ihm 1949 gegründeten Volksrepublik China.

"

Das alte Sozialsystem zu stürzen und ein neues zu errichten ... bedeutet einen großen Kampf, eine große Veränderung im Sozialsystem und in den Beziehungen der Menschen untereinander.

"

Genossen,

Wir leben in einer Zeit großer sozialer Veränderungen. Die chinesische Gesellschaft befindet sich seit langer Zeit im Umbruch. Der Widerstandskrieg gegen Japan war eine Zeit großer Veränderungen und der Befreiungskrieg eine andere. Aber die gegenwärtigen Veränderungen haben einen viel tieferen Charakter als die früheren. Wir bauen jetzt den Sozialismus auf. Hunderte Millionen Menschen beteiligen sich an der Bewegung für sozialistische Transformation. Die Klassenverhältnisse ändern sich im ganzen Land. Das Kleinbürgertum in der Landwirtschaft und im Handwerk sowie das Bürgertum in Industrie und Handel haben Veränderungen erlebt. Das soziale und wirtschaftliche System wurde geändert; die individuelle Ökonomie wurde in eine kollektive Ökonomie umgewandelt, und das kapitalistische Privateigentum wird in sozialistisches öffentliches Eigentum umgewandelt. [...] Das alte Sozialsystem zu stürzen und ein neues zu errichten, das System des Sozialismus, bedeutet einen großen Kampf, eine große Veränderung im Sozialsystem und in den Beziehungen der Menschen untereinander. [...] In China wird der Kampf um die Konsolidierung des sozialistischen Systems, der Kampf um die Durchsetzung des Sozialismus oder des Kapitalismus eine lange historische Periode dauern. Wir sollten uns jedoch alle darüber im Klaren sein, dass das neue System des Sozialismus zweifellos konsolidiert werden wird.

Wir können mit Sicherheit einen sozialistischen Staat mit moderner Industrie, moderner Landwirtschaft und moderner Wissenschaft und Kultur aufbauen. Dies ist der erste Punkt, den ich unterstreichen möchte.

Zweitens die Situation der Intellektuellen in unserem Land. [...] Die überwiegende Mehrheit oder weit über 90 Prozent der insgesamt fünf Millionen Menschen unterstützt das sozialistische System in unterschiedlichem Maße. [...] Es gibt nur wenige, die sich dem Marxismus entschieden widersetzen oder ihm feindlich gegenüberstehen. [...] Unsere Genossen in der Propagandaarbeit haben die Aufgabe, den Marxismus zu verbreiten. Dies muss schrittweise und gut geschehen, damit die Menschen es bereitwillig akzeptieren. Wir können die Menschen nicht zwingen, den Marxismus zu akzeptieren, wir können sie nur überzeugen. Wenn über einen Zeitraum von mehreren Fünfjahresplänen eine größere Anzahl unserer Intellektuellen den Marxismus akzeptiert und sich durch Übung, Arbeit und Leben, durch Klassenkampf, Produktion und wissenschaftliche Tätigkeit einen recht guten Überblick darüber verschafft, ist das in Ordnung. Und genau das hoffen wir.

Drittens die Frage der Umerziehung der Intellektuellen. Unser Land ist kulturell unterentwickelt.

Für ein riesiges Land wie unseres sind fünf Millionen Intellektuelle zu wenig. Ohne Intellektuelle kann unsere Arbeit nicht gut geleistet werden, und wir sollten daher gute Arbeit leisten, um uns mit ihnen zu vereinen. Die sozialistische Gesellschaft besteht hauptsächlich aus drei Kategorien von Menschen: den Arbeitern, den Bauern und den Intellektuellen. [...] Die Bedingungen ändern sich ständig und um das Denken an die neuen Bedingungen anzupassen, muss man lernen. Die Mehrheit unserer Intellektuellen ist bereit zu lernen. [...] Angesichts ihrer Bereitschaft ist es unsere Pflicht, ihnen aufrichtig beim Lernen zu helfen. Wir müssen ihnen auf angemessene Weise helfen und dürfen nicht auf Zwang zurückgreifen und sie zum Lernen zwingen.
Viertens die Frage der Integration der Intellektuellen in die Masse der Arbeiter und Bauern. Da sie der Masse der Arbeiter und Bauern dienen sollen, müssen die Intellektuellen sie in erster Linie kennen und mit ihrem Leben, ihrer Arbeit und ihren Ideen vertraut sein. Wir ermutigen Intellektuelle, unter die Massen zu gehen, in Fabriken und Dörfer zu gehen. Es ist sehr schlimm, wenn Sie in Ihrem ganzen Leben nie einen Arbeiter oder einen Bauern treffen. Unsere Staatsbediensteten, Schriftsteller, Künstler, Lehrer und wissenschaftlichen Mitarbeiter sollten jede Gelegenheit nutzen, um den Arbeitern und Bauern näher zu kommen.
[...] Fünftens Berichtigung. Berichtigung bedeutet, die eigene Denkweise und Arbeitsweise zu korrigieren. [...] Die Methode wird diesmal darin bestehen, zunächst eine Reihe von Dokumenten zu studieren und dann auf der Grundlage dieser Studien das eigene Denken und Arbeiten zu untersuchen und Kritik und Selbstkritik zu entfalten, um Mängel und Fehler aufzudecken und das Richtige und Gute zu fördern. Einerseits müssen wir streng sein und Kritik und Selbstkritik in Bezug auf Fehler und Unzulänglichkeiten ernsthaft und genauestens üben und diese korrigieren. Auf der anderen Seite müssen wir die Methode der „sanften Brise und des milden Regens“, „korrigieren um vorzubeugen“, „die Krankheit behandeln, um den Patienten zu retten“ anwenden: Wir sind gegen die Methode des „Knüppels“.
[...] Sechstens die Frage der Einseitigkeit. Einseitigkeit bedeutet, absolut zu denken, also metaphysisch mit Problemen umzugehen. Bei der Beurteilung unserer Arbeit ist es einseitig, alles zu bejahen oder alles zu negieren. Innerhalb der Kommunistischen Partei gibt es immer noch eine ganze Reihe von Menschen, und viele außerhalb, die genau das tun. Alles zu bejahen bedeutet, nur das Gute und nicht das Schlechte zu sehen und nur Lob und keine Kritik zu begrüßen. Zu reden, als ob unsere Arbeit in jeder Hinsicht gut ist, widerspricht den Tatsachen. Es ist nicht wahr, dass alles

"

Zu reden, als ob unsere Arbeit in jeder Hinsicht gut ist, widerspricht den Tatsachen. Es ist nicht wahr, dass alles gut ist; es gibt Mängel und Fehler.

"

Der chinesische Staatschef Mao Zedong, Präsident der Kommunistischen Partei, entspannt sich 1961 während seiner Ferien im Lushan-Nationalpark in der chinesischen Provinz Jiangxi.

gut ist; es gibt Mängel und Fehler. Aber es ist auch nicht wahr, dass alles schlecht ist; auch das widerspricht den Tatsachen. [...] Es ist natürlich schwierig für alle, von jeglicher Einseitigkeit frei zu sein. Die Menschen untersuchen und behandeln Probleme immer und äußern ihre Ansichten im Licht ihrer eigenen Erfahrung, und manchmal zeigen sie unvermeidlich eine gewisse Einseitigkeit. Sollten wir sie jedoch nicht nach und nach bitten, ihre Einseitigkeit zu überwinden und Probleme relativ allseitig zu betrachten? Meiner Meinung nach sollten wir.

[...] Siebtens, „Öffnung" oder „Einschränkung"? Dies ist eine Frage der Politik. „Lassen Sie hundert Blumen blühen und hundert Denkschulen miteinander wetteifern" ist sowohl eine langfristige als auch eine grundlegende Politik; es ist nicht nur eine vorübergehende Politik. In der Diskussion haben sich die Genossen gegen die „Einschränkung" ausgesprochen, und ich denke, sie haben recht. Um unser Land zu führen, können wir zwei Methoden oder, wenn Sie wollen, zwei verschiedene politische Ansätze anwenden: „öffnen" oder „einschränken" eben. Öffnen bedeutet, alle Menschen ihre Meinung frei äußern zu lassen, so dass sie es wagen zu sprechen, zu kritisieren und zu debattieren. Es bedeutet, keine Angst vor falschen Ansichten oder etwas Giftigem zu haben; es bedeutet, Argumente und Kritik unter Menschen mit unterschiedlichen Ansichten anzuregen und sowohl Kritik als auch Gegenkritik zuzulassen; es bedeutet nicht, Menschen mit falschen Ansichten zur Unterwerfung zu zwingen, sondern sie durch Argumentation zu überzeugen. [...] Wir wollen die Politik der „Öffnung" nutzen, um uns mit den mehreren Millionen Intellektuellen zu vereinen und ihre gegenwärtige Sichtweise zu ändern. [...] „Hundert Blumen blühen lassen" ist der Weg, die Künste zu entwickeln, und „Hundert Denkschulen wetteifern lassen" der Weg, die Wissenschaft zu entwickeln.

[...] Achtens und letztens ist es für die Parteikomitees der Provinzen, Gemeinden und autonomen Regionen unabdingbar, sich mit der Frage der Ideologie zu befassen. [...] An all diesen Orten sollten ähnliche Propagandatreffen abgehalten werden, um die lokale ideologische Arbeit und alle damit verbundenen Probleme zu erörtern. An solchen Sitzungen sollten nicht nur Parteigenossen, sondern auch Personen außerhalb der Partei und Personen mit unterschiedlichen Meinungen teilnehmen. Dies wird alles zum Wohle dieser Treffen sein, und es kann kein Schaden daraus entstehen, wie die Erfahrung dieser Konferenz gezeigt hat.

MAO ZEDONG (1893–1976)

1912 Nach der Abdankung des letzten Kaisers entsteht die Republik China.

1921 Wird Mitglied der neugegründeten Kommunistischen Partei Chinas.

1934–1935 Setzt sich während des Langen Marsches als Führer der Partei durch.

1937–1945 Gehört zu den Anführern des Widerstands im Chinesisch-japanischen Krieg.

1949 Die Volksrepublik China entsteht, deren Vorsitzender er bis zu seinem Tod ist.

1958 Erzwingt einen Industrialisierungsplan, den „Großen Sprung nach vorn", der scheitern sollte.

1966 Um politisches Ansehen zurückzugewinnen, leitet er die Kulturrevolution ein.

1969 Während des IX. Kongresses der Kommunistischen Partei erklärt er die Erfahrung der Kulturrevolution als beendet.

1971 Die Annäherungspolitik an den Westen führt zum Eintritt Chinas in die Vereinten Nationen.

1976 Stirbt am 9. September. Nach der Trauerfeier wird der Leichnam acht Tage lang auf dem Tiananmen-Platz aufgebahrt.

John F. Kennedy

Washington, 20. Januar 1961

Rede zum Amtsantritt seiner Präsidentschaft

Am 8. November 1960 hat Amerika gewählt: Der 35. Präsident soll John F. Kennedy sein, der jüngste seit jeher, der erste Katholik und der erste, der im 20. Jahrhundert geboren wurde. Der 20. Januar 1961 ist der Tag des rituellen Eids auf die Bibel und der Amtsübernahme. In der Nacht davor, während Kennedy an einem zu seinen Ehren organisierten Ball teilnimmt, wird Washington von starken Schneefällen heimgesucht, die große Störungen verursachen. Am Morgen fegen Tausende Freiwillige die Pennsylvania Avenue, durch die der offizielle Umzug gehen soll. Dann, gegen 13 Uhr, ist der Moment von Kennedys lange erwarteter Antrittsrede – es ist die erste, die im Fernsehen in Farbe übertragen wird. Er fordert die Amerikaner auf, nicht passiv auf etwas zu warten, sondern sich hingegen zu fragen, was sie für ihr Land tun könnten. Er versucht, Sicherheit und Hoffnung zu vermitteln, und hält sich nicht mit nichtigen Versprechungen auf: Der Lohn für diese Mühen wird in nichts anderem als einem reinen Gewissen bestehen. Dank der wissenschaftlichen und gesellschaftlichen Fortschritte ist die Menschheit in der Lage, jede Form der Armut, aber auch jede Form menschlichen Lebens zu beenden: Kennedy appelliert an die Sowjetunion, mit größerer Transparenz eine Beziehung des zivilen Zusammenlebens aufzubauen, furchtlos zu verhandeln und Verhandlungen nicht zu fürchten. Wenige Wochen später, nach Jurij Gagarins Flug in den Weltraum, beeilt der Präsident sich mit der Ankündigung, dass die USA bis zum Ende des Jahrzehnts einen Menschen auf den Mond schicken würden: Der kleine Schritt von Neil Armstrong bestätigte dann seine Worte – Amerika hatte die Herausforderung angenommen und gewonnen. 1961 ist aber auch das Jahr, in dem die Landung der von der CIA ausgebildeten Söldner in der Schweinebucht in Kuba scheitert und in dem die Berliner Mauer gebaut wird, die ganz Europa auch physisch teilt: Die Koexistenz mit der Sowjetunion ist de facto komplizierter als geplant oder gehofft. Die USA erleben den Beginn eines wirtschaftlichen Wohlstands nach Jahren der Rezession: niedrige Inflation, steigende Beschäftigung, deutliche Zunahme des Bruttoinlandsprodukts und der Industrieproduktion. Auch die Aufhebung der Rassentrennung und die Bürgerrechte setzen sich durch, erst in der Gesetzgebung und dann, mühsam, auch im Alltag. Dieser Alltag wird ganz plötzlich schwer erschüttert, als John F. Kennedy am 22. November 1963 in Dallas an Bord der Präsidentenlimousine neben seiner Frau Jacqueline von drei tödlichen Gewehrschüssen getroffen wird.

RKING

Wenn eine freie Gesellschaft den vielen nicht helfen kann, die arm sind, kann sie die wenigen nicht retten, die reich sind.

Wir feiern heute nicht den Sieg einer Partei, sondern ein Fest der Freiheit – als Symbol für einen Endpunkt und einen Neuanfang – als Zeichen der Neubelebung und des Wandels. Denn ich habe vor euch und dem allmächtigen Gott denselben feierlichen Eid geschworen, den unsere Vorfahren verordnet haben, vor fast eindreiviertel Jahrhunderten.
Die Welt hat sich inzwischen dramatisch verändert. Denn der Mensch hält in seinen vergänglichen Händen die Macht zur endgültigen Beseitigung aller Formen menschlicher Armut und aller Formen menschlichen Lebens. Und eben derselbe revolutionäre Glaube, für den unsere Vorfahren gefochten haben, ist noch immer Mittelpunkt unversöhnlicher Konfrontation überall auf dieser Welt – der Glaube, dass die Rechte des Menschen nicht großzügig vom Staat gewährt werden, sondern aus der Hand Gottes gegeben sind.
Wir dürfen keinesfalls vergessen, dass wir die Erben jener ersten Revolution sind. Von diesem Ort und dieser Stunde soll an Freund und Feind gleichermaßen die Kunde ausgehen, dass die Fackel weitergereicht wurde an eine neue Generation von Amerikanern – geboren in diesem Jahrhundert, gehärtet durch Krieg, diszipliniert durch einen harten und bitteren Frieden, stolz auf das Vermächtnis unserer Vorfahren – und nicht bereit, tatenlos einer schleichenden Aushöhlung jener Menschenrechte zuzusehen, denen diese Nation immer verpflichtet war, und denen wir auch heute verpflichtet sind, in unserem eigenen Land und auf der ganzen Welt.
Jede Nation, sei sie uns gut oder böse gesinnt, soll wissen, dass wir jeden Preis zahlen, jede Last und Not ertragen, jede Entbehrung auf uns nehmen, jeden Freund unterstützen und jedem Feind entgegentreten werden, um das Überleben und den Sieg der Freiheit zu sichern.
Nicht weniger geloben wir – und mehr.
Unseren alten Verbündeten, deren kulturelle und geistige Wurzeln wir teilen, geloben wir die Loyalität treuer Freunde. Solange wir zusammenstehen, gibt es wenig, was wir nicht schaffen können in einem ganzen Heer gemeinsamer Wagnisse. Sind wir aber gespalten, bleibt nur noch wenig zu tun – denn keiner mächtigen Herausforderung könnten wir uneins und entzweit entgegentreten.
Jenen neuen Staaten, die wir in den Reihen der Freien willkommen heißen, geloben wir, dafür zu bürgen, dass die eine Form kolonialer Herrschaft nicht überwunden sein wird, um lediglich durch eine noch härtere Tyrannei ersetzt zu werden. Wir erwarten nicht, dass wir sie alle als Unterstützer unserer Weltsicht erleben werden. Aber wir hoffen zu erleben, dass sie alle willensstark ihrem eigenen Weg vertrauen – und sich daran erinnern, dass in der Vergangenheit jene, die in ihrem Streben nach Macht töricht auf dem Rücken des Tigers reiten wollten, in seinem Bauch endeten.

(84-85)

Senator John F. Kennedy grüßt die Menschenmenge in Seattle, USA, nachdem er seine Rede am ersten Tag der Präsidentschafts-kampagne im Jahr 1960 gehalten hat.

Den Menschen in den Hütten und Dörfern auf der halben Welt, die darum ringen, die Fesseln des Massenelends zu sprengen, geloben wir, die bestmögliche Hilfe zur Selbsthilfe zu leisten, so lange wie dies auch immer nötig sein sollte – nicht, weil es sonst vielleicht die Kommunisten tun würden, und nicht, weil wir ihre Zustimmung erheischen möchten, sondern weil es richtig ist. Wenn eine freie Gesellschaft den vielen nicht helfen kann, die arm sind, kann sie die wenigen nicht retten, die reich sind.

Besonders unseren Schwesterrepubliken südlich unserer Grenze geloben wir, unsere guten Worte in gute Taten zu verwandeln – und in einer neuen Allianz für Fortschritt freien Menschen und freien Regierungen dabei zu helfen, die Ketten der Armut abzuwerfen. Doch diese friedliche Revolution der Hoffnung darf nicht zur Beute feindlicher Mächte werden. Alle unsere Nachbarn sollen wissen, dass wir uns mit ihnen gemeinsam auf dem gesamten amerikanischen Kontinent Aggression und Subversion widersetzen werden. Und alle anderen Mächte sollen wissen, dass diese Hemisphäre entschlossen ist, Herr im eigenen Haus zu bleiben.

Der Weltversammlung souveräner Staaten, den Vereinten Nationen, unserer letzten und größten Hoffnung in einem Zeitalter, in dem die Instrumente des Krieges so viel weiter entwickelt sind als die Instrumente des Friedens, erneuern wir unser Gelöbnis, sie zu unterstützen – zu verhindern, dass sie nur noch als Forum für Beschimpfungen genutzt wird – sie als Schutzschild für die Neuen und die Schwachen zu stärken – und den Geltungsbereich ihrer Regeln weiter auszudehnen.

Und an jene Nationen schließlich, die unsere Gegner sein wollen, richten wir kein Gelöbnis, sondern einen Aufruf: dass sich beide Seiten erneut der Suche nach Frieden zuwenden, bevor die dunklen Mächte der Zerstörung, die von der Wissenschaft entfesselt wurden, alle menschliche Existenz auslöschen in geplanter oder versehentlicher Selbstvernichtung.

Wir dürfen es nicht wagen, sie durch Schwäche in Versuchung zu führen. Denn nur wenn es über die Wirksamkeit unserer Waffen keinen Zweifel geben kann, können wir ohne Zweifel sicher sein, dass sie niemals eingesetzt werden.

Allerdings können zwei große und mächtige Nationengruppen sich auch nicht mit der derzeitigen Situation zufriedengeben – beide sind von den Kosten moderner Waffen überlastet, beide sind zu Recht tief beunruhigt über die stetige Ausbreitung des todbringenden Atoms, und dennoch wetteifern beide darum, das fragile Gleichgewicht des Schreckens zu verschieben, das uns vor jenem unwiderruflich letzten Krieg der Menschheit bewahrt.

Deshalb wollen wir einen Neuanfang – und beide Seiten daran erinnern, dass Umgangsformen kein Zeichen von Schwäche sind und dass Aufrichtigkeit sich stets bewähren muss. Wir sollten niemals

aus Furcht verhandeln. Aber wir sollten Verhandlungen auch niemals fürchten. [...] In euren Händen, meine Mitbürger, mehr als in meinen wird es liegen, ob unsere Politik letztendlich erfolgreich sein oder scheitern wird. Seit diese Nation gegründet wurde, war jede Generation von Amerikanern aufgerufen, Zeugnis der Treue zu ihrer Nation abzulegen. Die Gräber junger Amerikaner, die diesem Ruf folgten, sind auf dem gesamten Erdball verstreut.

Und wieder ruft uns jetzt das Trompetensignal – es ruft nicht zu den Waffen, obwohl wir Waffen brauchen – es ruft nicht zur Schlacht, obwohl wir zur Schlacht gerüstet sind – sondern es ruft, die Bürde eines langen Kampfes in der Dämmerung auf uns zu nehmen, Jahr für Jahr, „fröhlich in der Hoffnung, geduldig in Bedrängnis" – eines Kampfes gegen die gemeinsamen Feinde aller Menschen: Tyrannei, Armut, Krankheit und den Krieg selbst.

Kann es uns gegen diese Feinde gelingen, eine große und weltumspannende Allianz zu schmieden, von Nord und Süd, Ost und West, die der gesamten Menschheit ein erfüllteres Leben sichern kann? Werdet ihr an dieser historischen Kraftanstrengung mitwirken?

In der langen Geschichte der Welt ist nur wenigen Generationen die Rolle übertragen worden, die Freiheit zu verteidigen in der Stunde ihrer größten Gefahr. Ich schrecke vor dieser Verantwortung nicht zurück – ich heiße sie willkommen. Ich glaube nicht, dass auch nur ein einziger von uns mit einem anderen Volk oder einer anderen Generation tauschen möchte. Die Energie, der Glaube, die Hingabe, die wir diesem Unterfangen widmen, werden leuchten in unserem Land und in allen, die ihm dienen – und der Schein dieses Feuers kann wahrhaftig ein Licht sein für die Welt.

Und deshalb, meine amerikanischen Mitbürger: Fragt nicht, was euer Land für euch tun kann – fragt, was ihr für euer Land tun könnt.

Meine Mitbürger in der ganzen Welt: Fragt nicht, was Amerika für euch tun wird, sondern fragt, was wir gemeinsam tun können für die Freiheit des Menschen.

Und schließlich, Bürger Amerikas und Bürger der Welt, fordert von uns hier dasselbe hohe Maß an Standhaftigkeit und Opfer, das wir von euch verlangen. Mit einem guten Gewissen als unserem einzigen sicheren Lohn, mit der Geschichte als letzter Richterin unserer Taten wollen wir die Aufgabe in Angriff nehmen, das Land zu führen, das wir lieben, und Seinen Segen und Seine Hilfe erbitten, wohl wissend, dass Gottes Werk hier auf Erden wahrhaft unser eigenes sein muss.

JOHN F. KENNEDY (1917–1963)

1936 Beginnt ein Studium in Harvard, das er mit einer Arbeit über Internationale Politik mit Bestnote abschließt.

1941 Nach dem japanischen Angriff auf Pearl Harbor am 7. Dezember meldet er sich zur Marine.

1943 Am 2. August ist er im Pazifik an einer mutigen Rettung einiger Kameraden im Meer beteiligt.

1947 Wird Mitglied des Repräsentantenhauses.

1952 Wird für Massachusetts in den Senat gewählt.

1953 Hochzeit mit Jacqueline Bouvier.

1960 In der Präsidentschaftswahl am 8. November besiegt er den Republikaner Richard Nixon und wird Präsident der Vereinigten Staaten.

1961 Am 17. April scheitert die Landung in der Schweinebucht, um Castros Regime zu stürzen. Am 4. Juni trifft er in Wien den sowjetischen Regierungschef Nikita Chruschtschow; am 13. August beginnt die DDR-Regierung mit dem Mauerbau.

1962 Die Kubakrise hält die Welt in Atem, bis die USA und die Sowjetunion eine Einigung über den Abzug der Raketen erzielen.

1963 Am 26. Juni hält er nicht weit von der Berliner Mauer eine Rede mit dem Satz „Ich bin ein Berliner". Am 22. November wird er in Dallas ermordet.

Papst Johannes XXIII.

Eröffnungsrede anlässlich des Zweiten Vatikanischen Konzils

Vatikanstadt, 11. Oktober 1962

Tausend leuchtende Fackeln auf dem Petersplatz rufen nach dem Papst, die große Menge der Gläubigen, die zum ersten Tag des Zweiten Vatikanischen Konzils herbeigeströmt ist, bittet freudig Seine Heiligkeit um einen Gruß. Papst Johannes XXIII. zögert, er hat in der Basilika schon viele, komplexe Grundsätze vor den 2800 Kardinälen, Patriarchen und Bischöfen aus aller Welt ausgesprochen. Dennoch kann er sich der Begeisterung nicht entziehen, mit gebeugtem Haupt legt er die Stola um und tritt, entgegen dem Protokoll, ans Fenster des Papstpalastes. Seine Rede ist unkonventionell: keine pathetische Rhetorik, eher eine denkwürdige Probe und unmissverständliches Zeichen für den Wandel der Zeiten, das im Fernsehen live weltweit übertragen wird.
Am Anfang ruft er den Mond an und fordert die Gläubigen auf, die Schönheit der Schöpfung mit seinen schlichten Augen zu bewundern, Augen eines Mannes, der in einer bescheidenen Familie geboren und aufgewachsen ist. Mit der Inbrunst des Vaters appelliert er an das Gefühl der Einigkeit der Kirche, der Brüderschaft zwischen den Völkern, der christlichen Nächstenliebe. Er beschwört die Nähe zu Maria, deren Fest am selben Tag, der im türkischen Ephesos mit ebenso brennenden Fackeln in „jener Basilika“ gefeiert wird – sie gilt als der Ort, an dem Jesus' Mutter bis zum Ende ihrer irdischen Tage lebte. Schließlich endet er mit einem Appell an die Zärtlichkeit: „Schenkt euren Kindern eine Liebkosung und sagt ihnen: Dies ist die Liebkosung des Papstes.“ Eine menschliche, konkrete Geste, die man ins Taschentuch knoten und bewahren sollte bis zu Hause, um die Tränen der wartenden Kinder zu trocknen: die Familie, im Glauben vereint.
Der Drang der Kirche, zur Welt zu sprechen, die Sprache einer „unwandelbaren Doktrin“ der Zeit anzupassen, entstand mit dieser kurzen, freien Rede eines Papstes, der von dem historischen Schritt, den er soeben vollzogen hat, bewegt ist. Die Arbeiten des Konzils, das er drei Jahre zuvor einberufen hatte, sollten lang und langwierig sein, und der gute Papst erlebte sein Ende nicht, denn er starb im folgenden Jahr. Das Konzil wurde von seinem Nachfolger Paul VI. 1965 zu Ende geführt.
Die Bibelübersetzung in die lebenden Sprachen, die nicht mehr auf Latein gefeierte Liturgie, der Volksaltar, an dem der Priester den Gläubigen zugewandt zelebriert, der Dialog aller Christen, die Öffnung der Kirche für die Welt und zentrale Stellung der Laien sind nur einige der Neuerungen, die mit der Reform des Zweiten Vatikanischen Konzils unter dem zustimmenden Schein jenes strahlenden Mondes entstanden.

Angelo Giuseppe Roncalli wird am 28. Oktober 1958 zum Papst gewählt. Die Krönungszeremonie findet am 4. November desselben Jahres statt. Für sein Pontifikat wählt er den Namen Johannes XXIII.

"

Das Licht, das über uns scheint, das in unseren Herzen, in unserem Gewissen ist, ist das Licht Christi, der wirklich mit seiner Gnade alle Seelen beherrschen will.

"

PAPST JOHANNES XXIII.
(1881–1963)

1881 Angelo Giuseppe Roncalli wird am 25. November in Sotto il Monte bei Bergamo geboren.

1904 Nach der Priesterweihe wird er persönlicher Sekretär des Bischofs von Bergamo Giacomo Radini-Tedeschi.

1921 Präsident des Zentralrates des Päpstlichen Missionswerkes in Italien.

1925 Wird zum apostolischen Nuntius in Bulgarien und später in Istanbul, Griechenland und Paris ernannt.

1953 Wird zum Kardinal und Patriarchen von Venedig ernannt.

1958 Wird am 28. Oktober zum Papst gewählt.

1962 Verkündet eine Botschaft, um die Kubakrise beizulegen.

1963 Am 11. April, zwei Monate vor seinem Tod, veröffentlicht er die Enzyklika *Pacem in Terris*.

2014 Wird am 27. April heiliggesprochen. Sein Gedenktag ist der 11. Oktober.

Liebe Kinder, ich höre eure Stimmen. Meine ist nur eine Stimme, verinnerlicht aber die Stimme der ganzen Welt; hier ist die ganze Welt vertreten.
Es scheint, als wäre heute Abend sogar der Mond schneller aufgegangen – seht ihn euch an! –, um sich dieses Schauspiel anzuschauen.
Wir schließen einen großen Tag des Friedens; des Friedens: «Ehre sei Gott und Friede sei den Menschen, die guten Willens sind». Wir wiederholen diesen Wunsch oft und wenn wir sagen können, dass der Strahl, die Milde des Friedens des Herrn uns vereint und uns aufnimmt, sagen wir: „Hier ist eine Probe dessen, was das Leben immer sein sollte, in allen Jahrhunderten, von dem Leben, das uns für die Ewigkeit erwartet."
Sagt einmal: Wenn ich fragen würde, jeden einzelnen fragen könnte: „Woher kommt ihr?", die Kinder Roms, hier als besondere Vertreter [würden antworten]: „Wir sind Ihre nächsten Kinder, Sie sind der Bischof von Rom".
Aber ihr, Kinder Roms, fühlt euch wirklich als Vertreter von Roma Caput Mundi, so wie es in der Vorsehung heißt: für die Verbreitung der Wahrheit und des christlichen Friedens.
In diesen Worten liegt die Antwort auf euer Geschenk. Meine Person zählt nichts, es ist ein Bruder, der zu euch spricht, der durch den Willen unseres Herrn Vater wird, aber alle zusammen, Vaterschaft und Brüderlichkeit und Gottes Gnade, alles, alles!
Lieben wir uns daher weiterhin. Wir sollen uns weiter so lieben, so lieben, uns bei der Begegnung anschauen, begreifen, was uns verbindet, und das beiseite lassen – wenn es etwas gibt –, das uns ein wenig Schwierigkeiten bereiten kann.
Es gibt nichts anderes: Fratres sumus! Das Licht, das über uns scheint, das in unseren Herzen, in unserem Gewissen ist, ist das Licht Christi, der wirklich mit seiner Gnade alle Seelen beherrschen will.
An diesem Morgen war es ein Schauspiel, das nicht einmal der Petersdom,

"

Wenn ihr nach Hause zurückkehrt, werdet ihr eure Kinder sehen. Schenkt euren Kindern eine Liebkosung und sagt ihnen: „Dies ist die Liebkosung des Papstes“.

"

der vier Jahrhunderte Geschichte hinter sich hat, je beobachten konnte.
Wir gehören zu einer Zeit, in der wir empfindsam für die Stimmen von oben sind: Und wir wollen treu sein und die Richtung einhalten, die der gesegnete Christus uns gegeben hat.
Ich schließe hier und segne euch. Neben mir rufe ich die heilige und gesegnete Madonna an, an deren großes Geheimnis wir uns heute erinnern.
Ich habe einige von euch gehört, die sich an Ephesus und die um jene Basilika herum erleuchteten Lampen erinnerten, die ich mit eigenen Augen gesehen habe, natürlich nicht damals, sondern vor kurzem, und die an die Verkündigung des Dogmas der göttlichen Mutterschaft Marias erinnern.
Nun, mit der Anrufung Marias, mit dem Blick alle zusammen auf den gesegneten Jesus, ihren Sohn, denkt an das, was mit euch ist, was in euren Familien ist, an Freude, Frieden und auch ein bisschen an Kummer und Trauer, und nehmt den großen Segen mit offener Seele auf.
Das Ereignis, das sich mir heute Abend bietet, wird mir immer im Gedächtnis bleiben, wie auch in eurem. Erweisen wir dem Eindruck dieses Abends unsere Ehre. Mögen unsere Gefühle immer so sein, wie wir sie jetzt vor dem Himmel und vor der Erde ausdrücken: Glaube, Hoffnung, Nächstenliebe, Gottesliebe, Bruderliebe; und dann alle zusammen, so gestärkt im heiligen Frieden des Herrn, zu den Werken des Guten!
Wenn ihr nach Hause zurückkehrt, werdet ihr eure Kinder sehen. Schenkt euren Kindern eine Liebkosung und sagt ihnen: „Dies ist die Liebkosung des Papstes“. Ihr werdet einige Tränen zum Trocknen finden. Tut etwas, sagt ein gutes Wort. Der Papst ist bei uns besonders in den Stunden der Trauer und Bitternis.
Und dann finden wir alle zusammen wieder zum Leben, indem wir singen, seufzen, weinen, aber immer voller Vertrauen in Christus, der uns hilft und zuhört, unseren Weg fortzusetzen und immer wieder neu aufzunehmen.

WE MARCH TOGETHER
CATHOLIC
JEWS
PROTESTANT
N.A.A.C.P.

Martin Luther King jr.

Washington, 28. August 1963

„I have a dream“

An einem warmen Augusttag 1963 kommen über 250 000 Menschen aus allen Teilen der USA nach Washington, um am Marsch für Arbeit und Freiheit teilzunehmen. In der Hoffnung der afroamerikanischen Gemeinschaft ist die Meile vom Washington Monument bis zum Lincoln Memorial die letzte Etappe auf einem langen, mühevollen Weg zur vollen Anerkennung ihrer Würde. Die Sklaverei war hundert Jahre früher abgeschafft worden, aber im ganzen Land hatte sich schon bald eine ebenso hassenswerte Form von Diskrimination durchgesetzt: die Rassentrennung. Nach den dramatischen Auseinandersetzungen zwischen Polizei und Demonstranten wenige Monate vorher in Birmingham, Alabama, ist die Spannung sehr hoch, ebenso wie das Aufgebot an Ordnungskräften. Von den ersten Momenten der Demonstration an ist jedoch klar, dass der 28. August ein großer Tag für eine Bewegung werden würde, die sich Gewaltfreiheit auf ihre Fahnen geschrieben hatte: Es werden weder Auseinandersetzungen noch Unfälle verzeichnet. Zu Füßen des Lincoln Memorial, unter dem Blick der Statue des amerikanischen Präsidenten, der 1863 mit der Emanzipationsproklamation die Befreiung von Millionen Sklaven besiegelte, traten mehrere Redner und zahlreiche Künstler auf, darunter die Gospellegende Mahalia Jackson, Joan Baez mit dem Lied We shall overcome und ein ganz junger Bob Dylan. Die Erwartung der Menge richtete sich jedoch ganz auf den letzten Redner, der das Wort ergreifen sollte: Martin Luther King jr. Mehr als jeder andere konnte dieser Mann Millionen von Afroamerikanern, die an den Rand der Gesellschaft gedrängt waren, eine Stimme verleihen und in ihnen die Hoffnung auf eine bessere Zukunft wecken. Die intensive Anteilnahme und der inspirierte Ton des Reverend waren die Mittel, die einer der mitreißendsten Botschaften von Frieden, Liebe und Gleichheit in der Geschichte Form verliehen. Sein „Traum“ ist der von einer gerechteren Gesellschaft auf der Grundlage gerade jener Werte, die in der Unabhängigkeitserklärung und der Verfassung der Vereinigten Staaten von Amerika wurzeln, die aber viele Bürger und Politiker vergessen zu haben scheinen. Dank des Fernsehens erreichte die Rede von Martin Luther King Millionen amerikanischer Häuser und bewegte das Gewissen von vielen. Die Beschlüsse über den Civil Rights Act 1964 und den Voting Rights Act 1965 besiegelten das Ende der Rassentrennung und den Beginn einer neuen Ära für die afroamerikanische Gemeinschaft und für das ganze Land.

"

Es ist jetzt die Zeit, sich aus dem dunklen und trostlosen Tal der Rassentrennung zum sonnenbestrahlten Pfad der Rassengerechtigkeit zu erheben.

"

Ich freue mich, dass ich mich diesem heutigen Ereignis anschließen kann, das in der Geschichte als größte Demonstration für Freiheit in der Geschichte unserer Nation vermerkt werden wird.
Vor einem Jahrhundert unterschrieb ein berühmter Amerikaner, in dessen symbolischen Schatten wir heute stehen, die Freiheitsproklamation. Dieser bedeutungsvolle Erlass kam als heller Leitstern der Hoffnung zu Millionen von Sklaven dunkler Hautfarbe, die in den Flammen der vernichtenden Ungerechtigkeit versengt wurden. Er kam als ein freudiger Tagesanbruch am Ende der langen Nacht ihrer Gefangenschaft. Aber einhundert Jahre später ist die farbige Bevölkerung immer noch nicht frei. Einhundert Jahre später ist das Leben der farbigen Bevölkerung leider immer noch von den Handfesseln der Rassentrennung und den Ketten der Diskriminierung eingeschränkt. Einhundert Jahre später lebt die farbige Bevölkerung immer noch auf einer einsamen Insel der Armut in der Mitte eines weiten Ozeans des materiellen Wohlstandes. Einhundert Jahre später vegetiert die farbige Bevölkerung immer noch an den Rändern der amerikanischen Gesellschaft dahin und befindet sich im Exil in ihrem eigenen Land. Wir sind daher heute hierhergekommen, um diesen beschämenden Zustand zu verdeutlichen.
In einem gewissen Sinn sind wir in die Hauptstadt unseres Landes gekommen, um einen Scheck einzulösen. Als die Architekten unserer Republik die grandiosen Worte der Verfassung und der Unabhängigkeitserklärung schrieben, unterzeichneten sie einen Schuldschein, dessen Erbe jeder Amerikaner sein sollte. Dieser Schuldschein war ein Versprechen, dass allen Menschen, ja, farbigen Menschen wie auch weißen Menschen, die „unveräußerlichen Rechte" von „Leben, Freiheit und dem Streben nach Glück" garantiert seien. Es ist heute offensichtlich, dass Amerika diesen Schuldschein nicht eingelöst hat, und zwar in Hinsicht auf seine farbigen Bürger.
[...] Wir sind auch zu diesem heiligen Ort gekommen, um Amerika an die dringlichen Forderungen der Gegenwart zu erinnern. Dies ist nicht die Zeit, sich den Luxus der Abkühlung zu gestatten oder das Beruhigungsmittel der Allmählichkeit einzunehmen. Es ist jetzt die Zeit, die Versprechen der Demokratie zu verwirklichen. Es ist jetzt die Zeit, sich aus dem dunklen und trostlosen Tal der Rassentrennung zum sonnenbestrahlten Pfad der Rassengerechtigkeit zu erheben. Es ist jetzt die Zeit, unsere Nation von den Treibsänden der rassistischen Ungerechtigkeit zum festen Felsen der Gemeinschaft aller Menschen zu erhöhen. Es ist jetzt die Zeit, die Gerechtigkeit zu einer Realität für alle Kinder Gottes zu machen. Es wäre fatal für unsere Nation, die Dringlichkeit des Moments zu übersehen.

(94-95)

Am 28. August 1963 wendet sich Martin Luther King anlässlich des Marsches für Arbeit und Freiheit an die Menschenmenge auf der National Mall in Washington, D. C., USA.

[...] Im Prozess, den gerechten Platz zu erreichen, dürfen wir nicht ungerechter Taten schuldig werden. Versuchen wir nicht, unseren Durst nach Freiheit zufriedenzustellen, indem wir vom Becher der Bitterkeit und des Hasses trinken. Wir müssen unseren Kampf immer auf der hohen Ebene der Würde und Disziplin führen. Wir dürfen nicht erlauben, dass unser kreativer Protest in physische Gewalt degeneriert. Wir müssen uns immer wieder zu den majestätischen Höhen erheben und physische Gewalt mit der Macht der Seele konfrontieren.

Die wunderbare neue Kampfbereitschaft, welche die Gemeinschaft der farbigen Menschen umgibt, darf nicht zum Misstrauen gegenüber allen weißen Menschen führen. Viele unserer weißen Brüder haben nämlich erkannt, wie ihre Anwesenheit hier bezeugt, dass ihr Schicksal mit unserem Schicksal verbunden ist. Sie haben auch erkannt, dass ihre Freiheit unentwirrbar mit unserer Freiheit verbunden ist. Wir können nicht allein gehen. Während wir gehen, müssen wir ein Gelöbnis ablegen, dass wir immer weiter marschieren werden. Wir können nicht umkehren.

[...] Wir können niemals zufrieden sein, solange die grundsätzliche Mobilität der farbigen Menschen darin besteht, sich von einem kleineren in ein größeres Ghetto zu bewegen. Wir können niemals zufrieden sein, solange unsere Kinder ihres Selbstbewusstseins und ihrer Würde mit Schildern „Nur für Weiße" beraubt werden. Wir können niemals zufrieden sein, solange der Farbige in Mississippi kein Wahlrecht hat und der Farbige in New York überzeugt ist, dass er nichts hat, für das es sich zu wählen lohnt. Nein! Nein, wir sind nicht zufrieden, und wir werden nicht zufrieden sein, bis die Gerechtigkeit wie ein Gewässer und Rechtschaffenheit wie ein mächtiger Strom herunterquellen. [...] So sage ich Ihnen, dass ich immer noch einen Traum habe, obwohl wir den Schwierigkeiten von heute und morgen entgegensehen. Es ist ein Traum, der seine Wurzel tief im amerikanischen Traum hat.

Ich habe einen Traum, dass sich diese Nation eines Tages erheben und der wahren Bedeutung seines Glaubensbekenntnisses gerecht wird: „Wir halten die folgenden Wahrheiten für selbsterklärend: dass alle Menschen gleich geschaffen sind."

Ich habe einen Traum, dass eines Tages die Söhne von früheren Sklaven und die Söhne von früheren Sklavenbesitzern auf den roten Hügeln von Georgia sich am Tisch der Bruderschaft gemeinsam niedersetzen können.

Ich habe einen Traum, dass eines Tages selbst der Staat Mississippi, ein Staat, der in der Hitze der Ungerechtigkeit und der Unterdrückung schmort, zu einer Oase der Freiheit und Gerechtigkeit wird.

"

Ich habe einen Traum, dass meine vier kleinen Kinder eines Tages in einer Nation leben werden, in der sie nicht wegen der Farbe ihrer Haut, sondern nach dem Wesen ihres Charakters beurteilt werden.

"

MARTIN LUTHER KING JR. (1929–1968)

1948 Beginnt sein Studium der Theologie.

1954 Wird Pastor der baptistischen Kirche in Montgomery, Alabama, und tritt der Bürgerrechtsbewegung NAACP bei (Nationale Organisation für die Förderung farbiger Menschen).

1955 Leitet den Boykott der öffentlichen Verkehrsmittel in Montgomery als Protest gegen die Rassentrennung.

1957 Wird zum Präsidenten der SCLC (Konferenz christlicher Führer des Südens) gewählt, sein Foto kommt auf das Titelbild des Magazins *Time*.

1963 Wird in Birmingham wegen der Teilnahme an einem gewaltfreien Protest verhaftet: In seiner Zelle schreibt er den berühmten *Brief aus dem Gefängnis von Birmingham*.

1964 Erhält den Friedensnobelpreis.

1968 Wird am 4. April in Memphis, Tennessee, ermordet.

Blick von oben auf die riesige Menschenmenge von über 250 000 Personen, die an der Bürgerrechtskundgebung vor dem Lincoln Memorial in Washington D. C., USA, teilnimmt.

Ich habe einen Traum, dass meine vier kleinen Kinder eines Tages in einer Nation leben werden, in der sie nicht wegen der Farbe ihrer Haut, sondern nach dem Wesen ihres Charakters beurteilt werden.
Heute habe ich einen Traum!
Ich habe einen Traum, dass eines Tages unten in Alabama mit den brutalen Rassisten, mit einem Gouverneur, von dessen Lippen Worte des „Eingreifens“ und der „Aufhebung“ tropfen, dass eines Tages wirklich in Alabama kleine schwarze Jungen und Mädchen mit kleinen weißen Jungen und weißen Mädchen als Schwestern und Brüder Hände halten können.
Heute habe ich einen Traum!
Ich habe einen Traum, dass eines Tages jedes Tal erhöht und jeder Hügel und Berg erniedrigt werden. Die unebenen Plätze werden flach und gewundene Wege gerade, „und die Herrlichkeit des Herrn soll offenbart werden und alles Fleischgewordene wird es miteinander sehen.“ Dies ist unsere Hoffnung. Dies ist der Glaube, mit dem ich in den Süden zurückgehen werde. Mit diesem Glauben werden wir den Berg der Verzweiflung behauen, einen Stein der Hoffnung. Mit diesem Glauben werden wir in der Lage sein, die nervenaufreibende Zwietracht unserer Nation in eine schöne Symphonie der Brüderlichkeit zu verwandeln. Mit diesem Glauben werden wir gemeinsam arbeiten können, gemeinsam beten können, gemeinsam kämpfen können, gemeinsam in das Gefängnis gehen können, um gemeinsam für die Freiheit aufzustehen mit dem Wissen, dass wir eines Tages frei sein werden.
[...] Von jedem Berghang lass die Glocken der Freiheit läuten.
Wenn dies geschieht, und wenn wir erlauben, dass die Glocken der Freiheit läuten und wenn wir sie von jedem Dorf und jedem Weiler, von jedem Staat und jeder Stadt läuten lassen, werden wir diesen Tag schneller erleben, wenn alle Kinder Gottes, schwarzer Mann und weißer Mann, Juden und Christen, Protestanten und Katholiken Hände halten und die Worte des alten Spirituals der Farbigen: „Endlich frei! Endlich frei! Danke Gott, Allmächtiger, wir sind endlich frei!“ singen können.

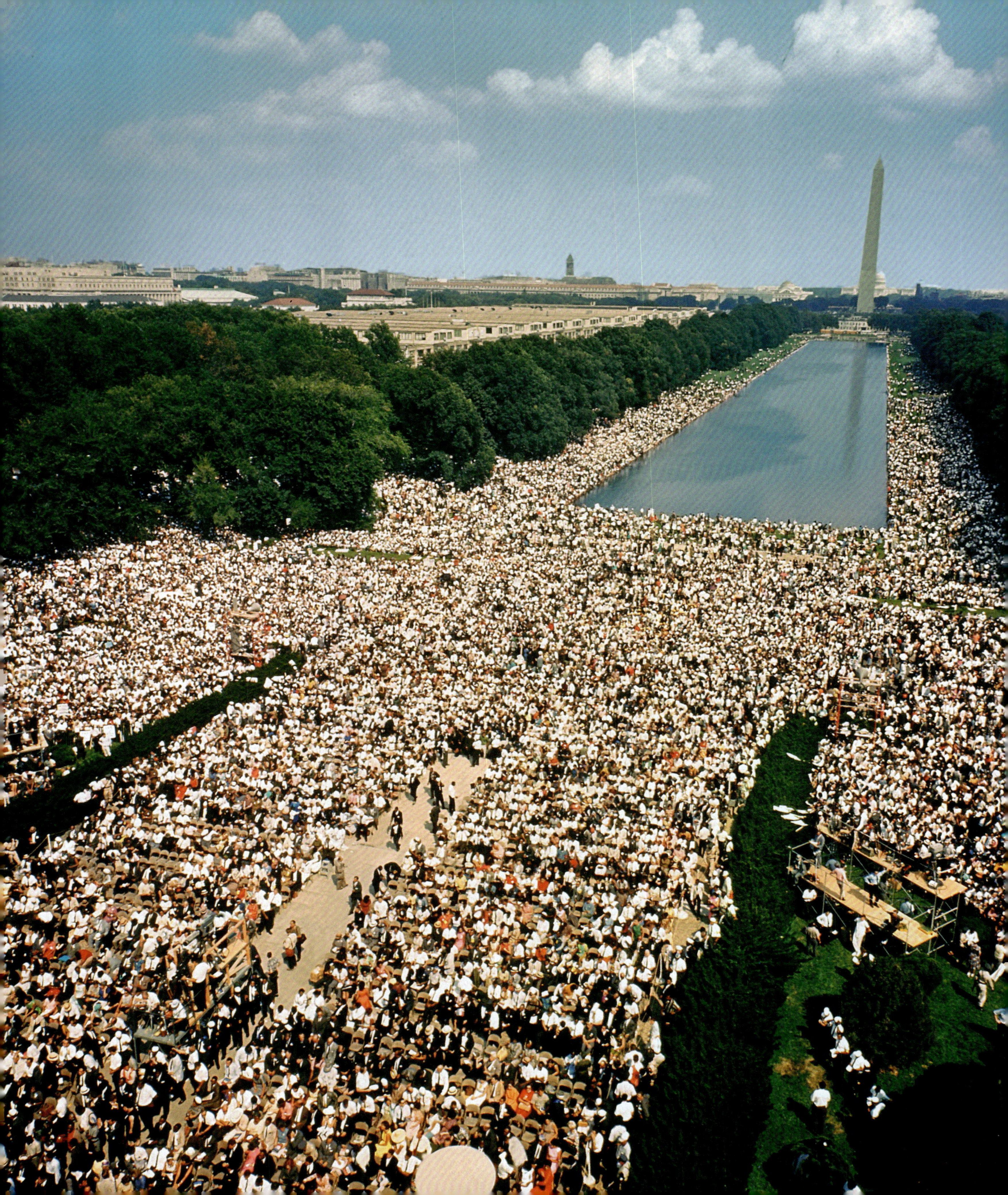

Malcolm X

Der Wahlzettel oder die Kugel: Rede über Wahlrecht und bewaffneten Aufstand

Cleveland, 3. April 1964

Von der Kanzel der Cory Methodist Church in Cleveland benennt der afroamerikanische Leader und Aktivist Malcolm X mit einem Wortspiel zwei Szenarien und eine Alternative: „the ballot or the bullet“, Wahlen oder Kugeln. Die Wahl zum US-Präsidenten muss im November 1964 stattfinden: Der Favorit ist Lyndon B. Johnson, der die Präsidentschaft nach dem Mord an Kennedy übernommen hatte und nun für die Demokraten kandidiert. Die soziale Situation im Land ist sehr kompliziert, das Thema der Rassendiskriminierung ist zeitweise explosiv. Das Gesetz über die Bürgerrechte, dessen Entwurf Kennedy unterstützt hatte, wurde in den letzten Monaten mehrfach verzögert und die Genehmigung aufgehalten. Obwohl in Repräsentantenhaus und Senat eine klare demokratische Mehrheit herrscht, wollen immer noch viele Weiße die alten Privilegien in Verbindung mit der Hautfarbe bewahren, was den Unmut in der afroamerikanischen Bevölkerung zuspitzt. Malcolm X ist selbst auf der Suche nach seinem Weg, seiner Identität: Anfang des Jahres hat er die Nation of Islam verlassen, um eine eigene Bewegung zu gründen, denn er ist nicht damit einverstanden, dass den Mitgliedern die direkte Beteiligung an der politischen Debatte verboten ist. Malcolm X ist dagegen überzeugt, dass eine aktive Beteiligung der Afroamerikaner an der Politik des Landes notwendig ist, und öffnet sich zum Teil für die Ideen der Bürgerrechtsbewegung, die von dem charismatischen Martin Luther King geleitet wird, obwohl er ihn früher scharf kritisiert hatte. Die islamische Religion ist also kein unverzichtbares Element für den Kampf gegen die Rassendiskriminierung mehr: Obwohl er sich weiter als Moslem bekennt, ruft Malcolm X die Anhänger jeder Religion auf, sich zusammenzuschließen, und drängt sie mit seinem üblichen, gemäßigten und gleichzeitig impulsiven Feuer an, bewusster am politischen Prozess teilzunehmen. Es handelt sich um einen klaren Kurswechsel, wenn auch nicht ganz: Viele der Ideen, die er in der militanten Zeit in der Nation of Islam entwickelt hat, sind noch sehr lebendig. Wie die eines schwarzen Nationalismus, wenn sie auch in einer weicheren Version erscheint, die nicht mehr auf die Verfassung einer schwarzen, autonomen Nation abzielen soll, sondern auf Autonomie auf lokaler Ebene in Gemeinschaften mit afroamerikanischer Mehrheit. Und vor allem ist es der Rückgriff auf Gewalt im Kampf für die Bürgerechte, auf die Malcolm X nicht bereit ist zu verzichten: Wenn wir das, was wir fordern, nicht auf friedlichem, demokratischem Wege erreichen, so verlangt er, werden wir zu den Waffen greifen.

Der afroamerikanische Führer und Aktivist Malcolm X hält 1963 eine Rede, in der er beginnt, sich von der Nation of Islam zu distanzieren, um seine eigene Bewegung zu gründen: die Muslim Mosque, Inc. (Muslimische Moschee e.V.).

"

So ist heute der Islam zwar meine religiöse Philosophie, aber meine politische, wirtschaftliche und soziale Philosophie ist der schwarze Nationalismus.

"

An diesem Nachmittag wollen wir sprechen über den Wahlzettel oder die Kugel. Der Wahlzettel oder die Kugel erklärt sich von selbst. Aber bevor wir einsteigen, und da dies das Jahr des Wahlzettels oder der Kugel ist, möchte ich einige Dinge klären, die sich auf mich persönlich beziehen, meinen eigenen persönlichen Standpunkt betreffend.
Ich bin noch immer Muslim. So ist es, meine Religion ist noch immer der Islam. [...] Ich bin ein muslimischer Pfarrer. Und ich glaube nicht daran, heutzutage an einer Front zu kämpfen, sondern an allen Fronten. Der Islam ist meine Religion, aber ich glaube, meine Religion ist meine persönliche Sache. Sie regelt mein persönliches Leben, meine persönlichen Moralvorstellungen. Und meine religiöse Philosophie besteht persönlich zwischen mir und dem Gott, an den ich glaube, genauso wie die religiöse Philosophie von diesen anderen Sache zwischen ihnen und dem Gott ist, an den sie glauben, und das ist so der beste Weg. Würden wir hier über Religion diskutieren, würden wir von Anfang an zu viele Differenzen haben und könnten uns niemals zusammentun. So ist heute der Islam zwar meine religiöse Philosophie, aber meine politische, wirtschaftliche und soziale Philosophie ist der schwarze Nationalismus.
[...] So bedeutet die politische Philosophie des schwarzen Nationalismus nur eines, dass wir ein Programm fortführen werden, ein politisches Programm des Umlernens, um unserem Volk die Augen zu öffnen, um uns politisch bewusst, politisch erwachsen werden zu lassen. Und dann – wann immer wir bereit sind, unseren Wahlzettel abzugeben, wird dieser Wahlzettel abgegeben für einen Menschen der Gemeinde, der im Kern das Gute für die Gemeinde möchte.
Die wirtschaftliche Philosophie des schwarzen Nationalismus bedeutet nur eines, dass wir die Wirtschaft unserer Gemeinde besitzen, betreiben und kontrollieren. [...] Die wirtschaftliche Philosophie des schwarzen Nationalismus bedeutet, dass wir an einem Programm des Umlernens beteiligt werden müssen, um unser Volk zu lehren, dass es wichtig ist zu wissen: Wenn ihr euren Dollar außerhalb der Gemeinde, in der ihr lebt, ausgebt, dann wird die Gemeinde, in der ihr euer Geld ausgebt, reicher und reicher, während die Gemeinde, aus der ihr euer Geld bringt, ärmer und ärmer wird.
[...] So muss unser Volk nicht nur umlernen, wie wichtig es ist, den schwarzen Handel zu unterstützen, sondern dem Schwarzen selbst muss die Wichtigkeit bewusst gemacht werden, sich selbständig zu machen. Und wenn ihr und ich uns einmal selbständig gemacht haben, besitzen und betreiben wir zumindest den Handel in unserer Gemeinde.

[...] Sie attackieren mich nicht, weil ich Muslim bin. Sie attackieren mich, weil ich schwarz bin. Sie attackierten uns alle aus demselben Grund. Derselbe Feind macht uns das Leben zur Hölle. Wir alle sind im selben Sack, im selben Boot. Wir erleiden politische Unterdrückung, wirtschaftliche Ausbeutung und soziale Erniedrigung. Alles dies von demselben Feind. Die Regierung hat uns gegenüber versagt. Das kann man nicht leugnen. Jedes Mal, wenn ihr, die ihr im 20. Jahrhundert, 1964, lebt, und singend herumlauft „Wir werden obsiegen", hat die Regierung euch gegenüber versagt. Das ist Teil dessen, was bei euch falsch läuft, ihr singt zu viel. Heute ist es an der Zeit, aufzuhören zu singen und zu beginnen zu schlagen. Ihr könnt nicht lauter singen für die Freiheit. Aber ihr könnt euch schlagen für die Freiheit. Cassius Clay kann singen. Aber das Singen half ihm nicht, Schwergewichts-Weltmeister zu werden. Das Schlagen half ihm. Diese Regierung hat demnach uns gegenüber versagt. Die Regierung selbst hat uns gegenüber versagt. Und die weißen Liberalen, die sich als unsere Freunde dargestellt haben, haben uns gegenüber versagt.
[...] Ich spreche als ein Opfer von Amerikas sogenannter Demokratie. Ihr und ich haben niemals Demokratie gesehen. Alles, was wir gesehen haben, ist Heuchelei. [...] Wir litten nur unter Amerikas Heuchelei. Und die Generation, die jetzt aufkommt, kann dies sehen. Und sie hat keine Angst, es zu sagen. Wenn du ins Gefängnis kommst, na und? Wenn du schwarz bist, wurdest du im Gefängnis geboren. Wenn du schwarz bist, wurdest du im Gefängnis geboren, im Norden genauso wie im Süden.
[...] Das ist es, warum ich sage, es ist der Wahlzettel oder die Kugel. Es ist Freiheit oder Tod. Es ist Freiheit für jeden oder Freiheit für niemanden. Amerika befindet sich heute in einer einzigartigen Situation. Historisch betrachtet sind Revolutionen blutig, oh ja, sie sind es. Es gab nie eine blutlose Revolution. Oder eine gewaltlose Revolution. Das kommt nicht einmal in Hollywood vor. Es gibt keine Revolution, in der ihr euren Feind liebt. Und es gibt keine Revolution, in der ihr das System der Ausbeutung anbettelt, um euch in es zu integrieren. Revolutionen überwinden Systeme. Revolutionen zerstören Systeme. Eine Revolution ist blutig, aber Amerika ist in einer einzigartigen Position. Es ist das einzige Land in der Geschichte, das in der Position ist, tatsächlich einbezogen zu sein in eine blutlose Revolution. Die Russische Revolution war blutig, die Chinesische Revolution war blutig, die Französische Revolution war blutig, die Kubanische Revolution war blutig. Und es gab nichts Blutigeres als die Amerikanische Revolution. Aber heute kann dieses Land einbezogen sein in eine Revolution, die kein Blutvergießen ist. Alles, was es tun muss, ist,

"

Wir alle sind ... im selben Boot. Wir erleiden politische Unterdrückung, wirtschaftliche Ausbeutung und soziale Erniedrigung. Alles dies von demselben Feind.

"

MALCOLM X
(1925–1965)

1938 Kommt in ein Waisenhaus, nachdem seine Mutter für psychisch labil erklärt wurde. Der Vater war sieben Jahre zuvor von weißen Suprematisten ermordet worden.

1946 Haft im Gefängnis in Boston, wo er zum ersten Mal mit den Lehren der Nation of Islam in Berührung kommt.

1950 Zeichnet ab jetzt mit dem Namen Malcolm X und löscht seinen ursprünglichen Nachnamen definitiv aus – als Symbol für ein Erbe, das ihn mit einer Sklavenvergangenheit verband.

1953 Wird zum Prediger des Tempels Nummer 2 in der Nation of Islam ernannt.

1964 Erklärt seine Trennung von der Nation of Islam und gründet eine neue Bewegung.

1965 Wird während einer öffentlichen Rede in Manhattan von drei Mitgliedern der Nation of Islam ermordet.

jedem schwarzen Menschen in diesem Land alles zu geben, was ihm zusteht, alles. [...] Also ist es der Wahlzettel oder die Kugel. Heute kann unser Volk erkennen, dass wir einer Regierungsverschwörung gegenüberstehen. Die Regierung hat also uns gegenüber versagt. Die Senatoren, die das Gesetz verschleppen, betreffen eure und meine Rechte, das ist die Regierung. Sagt nicht, es sind Senatoren des Südens, dies ist die Regierung. Es ist die Regierung, die verschleppt. Es ist nicht ein Anhänger der Rassentrennung, der verschleppt, es ist die Regierung, die verschleppt. Jede Art von Tätigkeit, die im Kongress oder im Senat stattfindet, ist die Regierung. Jede Art von Herumtrödeln ist die Regierung. Jede Art von Herumschleichen ist die Regierung. Jede Art von Tun, das konzipiert ist, um zu verzögern oder euch und mir vorzuenthalten, genau jetzt die vollen Rechte zu bekommen, ist die Regierung, die verantwortlich ist.

[...] So sage ich abschließend, der einzige Weg, wie wir es lösen können: Wir müssen einig sein. Wir müssen zusammenarbeiten in Einigkeit und Harmonie. Und der schwarze Nationalismus ist der Schlüssel. Wie werden wir den Hang überwinden, dem Anderen an den Hals zu gehen, der immer in unserer Nachbarschaft existiert? Und der Grund, dass dieser Hang besteht – die Strategie des Weißen war immer: Teile und herrsche. Er teilt uns, um uns zu beherrschen. Er erzählt euch, dass ich für Trennung bin, und ihr für Integration, und lässt uns weiter gegeneinander kämpfen. Nein, ich bin nicht für Trennung, und ihr seid nicht für Integration, wofür ihr und ich seid, ist die Freiheit. Nur dass ihr denkt, dass Integration euch die Freiheit bringen wird, ich denke, dass die Trennung mir Freiheit bringen wird. Wir beide haben dasselbe Ziel, wir haben nur verschiedene Wege, es zu erreichen.

Auf diesem Foto von 1965 unterhält sich Malcolm X mit einer Frau im Temple 7, einem Halal-Restaurant in Harlem, das von afroamerikanischen Muslimen besucht wird.

Nelson Mandela

Pretoria, 20. April 1964

„Ich bin bereit zu sterben“: Verteidigungsplädoyer während des Rivonia-Prozesses

Mehr als ein Verteidigungsplädoyer ist die Rede von Nelson Mandela am 20. April 1964 im Gerichtssaal, in dem er verurteilt wird, eine Abhandlung über die Rechte und Pflichten der Bürger und des Staates. Redegewandt und leidenschaftlich entwickelt er eine erbarmungslose, dramatische Analyse der Lebensbedingungen der schwarzen Südafrikaner, die die übergroße Mehrheit der Bevölkerung darstellen, der Ungerechtigkeiten und Missbräuche, die sie erleiden, der unterschiedslosen, straflosen Massaker. In Südafrika, das von einer weißen Minderheit regiert wird, gilt nämlich seit 1948 die Apartheid, die Rassentrennung, die es dunkelhäutigen Bürgern zum Beispiel verwehrt, bestimmte Stadtgebiete zu betreten oder dieselben öffentlichen Einrichtungen wie die Weißen zu nutzen. Starke Einschränkungen beherrschen auch das Bildungswesen und den Zugang Menschen mit dunklerer Hautfarbe zur Arbeitswelt. Mandela, der bereits eine fünfjährige Haftstrafe abgesessen hatte, weil er einen Streik organisiert und unrechtmäßig im Ausland gewesen war, sitzt nicht allein auf der Anklagebank. Mit ihm sind weitere Anführer des African National Congress (der Partei, die für das Ende der Rassentrennung kämpft) angeklagt, weiße Aktivisten wie Lionel Bernstein, Mitglied der Kommunistischen Partei Südafrikas, und Mitglieder von Umkhonto we Sizwe, dem bewaffneten Arm des African National Congress, der Sabotageakte gegen strategisch wichtige Industrieziele und andere Infrastrukturen durchgeführt hatte und verboten worden war.
Lebenslängliche Haft für Nelson Mandela, der insgesamt 27 Jahre im Gefängnis sein wird. Im Wesentlichen schließen sich die Richter den Anklagen des Staatsanwalts an: Angriff auf den Rechtsstaat (er hatte sich für schuldig erklärt und die Verantwortung für Aktionen des Umkhonto we Sizwe übernommen), Versuch, Südafrika in ein kommunistisches Land zu verwandeln. Mandelas Verweise auf die Allgemeinen Menschenrechte – „Der Wille des Volkes bildet die Grundlage für die Autorität der öffentlichen Gewalt“ – oder auf den gewaltfreien Kampf, den Mahatma Gandhi für die Befreiung Indiens von der britischen Kolonialherrschaft vertrat, sind nutzlos; nutzlos ist die Betonung, dass das westliche demokratische System mit kapitalistischer Prägung für ihn das leuchtende Beispiel ist, dem er folgen würde. Vor der opferreichen Zukunft, die ihn erwartet, zögert er nicht zu wiederholen, dass er für seine Ideale „zu sterben bereit“ ist – nichts wird ihn einschüchtern, nichts wird ihn von seinen Zielen abbringen.

Der südafrikanische Präsident Nelson Mandela, Friedensnobelpreisträger 1993, hält eine Taube in der Hand.

"

Wir wollen unseren gerechten Anteil an ganz Südafrika; wir wollen Sicherheit und eine Rolle in der Gesellschaft.

"

Ich habe einen Universitätsabschluss und praktizierte mehrere Jahre als Rechtsanwalt in Zusammenarbeit mit Oliver Tambo. Ich bin ein verurteilter Gefangener, der fünf Jahre inhaftiert war, weil er das Land ohne Erlaubnis verlassen hatte und Ende Mai 1961 zum Streik aufgerufen hatte.

Der von den Afrikanern erlebte Mangel an Menschenwürde ist eine direkte Folge der Politik der weißen Vorherrschaft. Sie impliziert die Unterlegenheit der Farbigen. Die Gesetzgebung zur Aufrechterhaltung der weißen Vormachtstellung verstärkt diese Idee. Die einfachen Arbeiten werden in Südafrika ausnahmslos von Afrikanern ausgeführt. Wenn er etwas transportieren oder reinigen muss, sieht sich der Weiße um, um einen Afrikaner zu suchen, der das für ihn erledigt, unabhängig davon, ob der Afrikaner ihm wirklich zu Diensten steht oder nicht. Mit dieser Einstellung neigen Weiße dazu, Afrikaner als eine andere Tierart zu betrachten. Sie betrachten sie nicht als Menschen, die eine Familie haben, sie erkennen nicht, dass sie Emotionen haben und sich verlieben wie Weiße, dass sie mit ihren Frauen und Kindern zusammen sein wollen, so wie Weiße mit ihrer Familie zusammen sein wollen, die angemessen verdienen wollen, um angemessen für ihre Familien sorgen, sie ernähren, kleiden und zur Schule schicken zu können. Und welcher Hausdiener oder Gärtnergehilfe oder Knecht kann jemals auf Erfolg hoffen?

Nationale Passgesetze, die für Afrikaner die am meisten verhassten Gesetze in Südafrika sind, machen jeden Afrikaner zu jeder Zeit zum möglichen Ziel einer Polizeikontrolle. Ich bezweifle, dass es in Südafrika nur einen Afrikaner gibt, der nicht von der Polizei wegen seines Passes schikaniert wurde. Auf der Grundlage der nationalen Passgesetze werden jedes Jahr Hunderttausende Afrikaner ins Gefängnis geschickt. Noch schlimmer ist die Tatsache, dass die Passgesetze Mann und Frau getrennt halten und zur Zerstörung des Familienlebens führen.

Armut und die Zerstörung des Familienlebens führen zu Sekundäreffekten. Kinder durchstreifen die Straßen der Townships, weil sie keine Schule haben oder kein Geld, um zur Schule zu gehen, oder keine Eltern, die prüfen, ob sie zur Schule gehen, weil beide Elternteile (wenn es zwei sind) arbeiten müssen, um das Überleben der Familie zu sichern. Dies führt zu einer Katastrophe moralischer Grundsätze, zu einer alarmierenden Zunahme der Gesetzlosigkeit und zu einer wachsenden Gewalt, die sich nicht nur in der Politik, sondern überall ausbreitet. Das Leben in den Townships ist gefährlich. Es gibt keinen Tag, ohne dass jemand erstochen oder sonst wie angegriffen wird. Und die Gewalt der Townships dringt in die Wohngebiete der Weißen. Die Leute haben Angst, nachts alleine auszugehen. Diebstahl und Einbruch in Häusern nehmen zu, obwohl diese Verbrechen jetzt mit der

"

Ich schätzte das Ideal einer demokratischen und freien Gesellschaft, in der alle Menschen in Harmonie und mit gleichen Chancen zusammenleben.

"

Todesstrafe geahndet werden. Die Todesstrafe kann die Pest nicht heilen.
[...] Afrikaner wollen ein Gehalt, das ihnen das Leben ermöglicht. Die Afrikaner wollen die Arbeit tun, zu der sie fähig sind, und keine Arbeit, zu der die Regierung sie für fähig erklärt. Wir wollen die Chance haben, dort zu leben, wo wir Arbeit finden, und nicht aus einem Gebiet vertrieben werden, weil wird dort nicht geboren wurden. Wir wollen die Möglichkeit haben, Land an den Orten zu besitzen, an denen wir arbeiten, und nicht gezwungen sein, in gemieteten Häusern zu leben, die wird niemals als unsere eigenen empfinden werden. Die Afrikaner wollen Teil der Bevölkerung sein und nicht nur in Ghettos leben. Afrikanische Männer möchten, dass ihre Frauen und Kinder dort mit ihnen leben, wo sie arbeiten, und dass sie nicht gezwungen werden, ein unnatürliches Dasein in Männerheimen zu führen. Unsere Frauen wollen mit ihren Männern zusammen sein und nicht in einem Zustand ständiger Witwenschaft in den Reservaten zurückbleiben. Wir wollen nach elf Uhr nachts ausgehen können und uns nicht wie Kinder auf ihre Zimmer beschränken. Wir möchten die Möglichkeit haben, in unserem eigenen Land zu reisen und Arbeit zu suchen, wo wir wollen, und nicht dort, wohin wir vom Arbeitsamt verwiesen werden. Wir wollen unseren gerechten Anteil an ganz Südafrika; wir wollen Sicherheit und eine Rolle in der Gesellschaft. Wir wollen vor allem gleiche politische Rechte, denn ohne sie sind unsere Nachteile dauerhaft. Ich weiß, dass dies den Weißen dieses Landes als revolutionär erscheinen wird, weil die Mehrheit der Wähler aus Afrikanern bestehen wird. Und das führt dazu, dass Weiße Angst vor der Demokratie haben.
Aber diese Angst darf nicht den Weg zur einzigen Lösung versperren, die Harmonie zwischen Ethnien und Freiheit für alle garantiert. Es ist nicht wahr, dass die Gewährung des Stimmrechts für alle zur ethnischen Herrschaft führen wird. Die auf der Hautfarbe basierende politische Trennung ist völlig künstlich, und wenn sie verschwindet, verschwindet auch die Dominanz einer Gruppe über eine andere. Der ANC kämpft seit 50 Jahren gegen Rassismus. Wenn er gewinnt, ändert sich diese Richtlinie nicht. Dafür kämpft der ANC. Dieser Kampf ist wirklich national. Es ist ein Kampf des afrikanischen Volkes, inspiriert von seinen Leiden und Erfahrungen. Es ist ein Kampf, um das Recht zu leben.
Im Laufe meiner Existenz habe ich mich diesem Kampf des afrikanischen Volkes verschrieben. Ich habe gegen die Herrschaft der Weißen und gegen die Herrschaft der Schwarzen gekämpft. Ich schätzte das Ideal einer demokratischen und freien Gesellschaft, in der alle Menschen in Harmonie und mit gleichen Chancen zusammenleben. Es ist ein Ideal, für das ich zu leben hoffe und das ich zu erreichen hoffe. Aber wenn nötig, ist es ein Ideal, für das ich zu sterben bereit bin.

NELSON MANDELA
(1918–2013)

1942 Beitritt zum African National Congress.

1956 Wird wegen Landesverrat verhaftet.

1958 Zweite Ehe mit Winnie Madikizela (von der er sich 1992 trennt).

1963 Wird ein zweites Mal verhaftet in der Liliesleaf Farm in Rivonia, Johannesburg.

1964 Verurteilung zu lebenslänglicher Haft.

1990 Wird auf Befehl des südafrikanischen Präsidenten Frederik de Klerk freigelassen.

1993 Gewinnt zusammen mit de Klerk den Friedensnobelpreis „für die friedliche Beendigung des Apartheit-Regimes".

1994 Wird der erste schwarze Präsident Südafrikas (bleibt bis 1999 im Amt).

2004 Verkündet seinen Rückzug aus dem politischen Leben.

2013 Stirbt mit 95 Jahren am 5. Dezember in seinem Haus in Johannesburg.

Nelson Mandela zieht sich 2004 aus dem politischen Leben zurück, nachdem er wichtige bürgerliche Auszeichnungen und Ehrenbürgerschaften aus verschiedenen Ländern der Welt erhalten hatte.

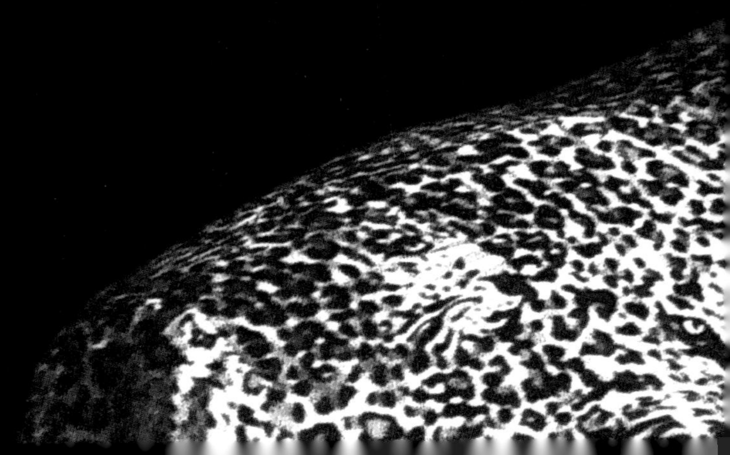

Ernesto „Che“ Guevara

Rede vor der Vollversammlung der Vereinten Nationen

New York, 11. Dezember 1964

Es ist der 11. Dezember 1964, als Ernesto Guevara vor die UNO-Vollversammlung tritt: Der gebürtige Argentinier ist Industrieminister Kubas und einer der Protagonisten der Revolution, die fünf Jahre früher die *Barbudos* von Fidel Castro an die Macht gebracht hatte. Sein Gesicht ist noch kaum bekannt (das bekannte Foto war bereits aufgenommen, liegt aber noch in einer Schublade bei dem Fotografen Alberto Korda); Kuba steht allerdings schon seit 15 Jahren im Mittelpunkt des geopolitischen Gleichgewichts der Erde. Die Welt, in zwei Blöcke geteilt und vom Wettrüsten bedroht, hat soeben die schwerste Krise des Kalten Kriegs überwunden: die Kubakrise wegen der von der Sowjetunion auf kubanischem Gebiet stationierten Raketen, nach der gescheiterten Invasion der vom CIA geschulten Söldner in der Schweinebucht. In Indochina erlebt man die militärische Eskalation der USA, die derweil auch an ihren eigenen „Vorgarten“ denken, d. h. an das Amerika südlich vom Rio Bravo, wo sie Staatsstreiche unterstützen oder dubiose Politiker begünstigen.
Guevara wirft den USA diese Haltung als „Gendarm der Freiheit“ vor, unterstreicht die kulturellen und sprachlichen Bindungen, die alle Länder Lateinamerikas im Kampf gegen das „Joch des nordamerikanischen Kolonialismus“ einen, verurteilt das Wirtschaftsembargo gegen Kuba, fordert, dass der Imperialismus (wie er die US-Außenpolitik definiert) den Ländern der Dritten Welt, die zum großen Teil in der vor Kurzem entstandenen Bewegung der Blockfreien Staaten zusammengeschlossen sind, volle Unabhängigkeit und Souveränität lassen solle. Guevara sagt eine nahe Zukunft voraus, in der Indianer, Bauern, Arbeiter und Intellektuelle ihre Geschichte selbst schreiben und für immer die Ketten der Unterdrückung zerbrechen werden: „Diese Menschheit sagt ‚Genug‘!“
Im folgenden Jahr beschloss Guevara, Kuba für immer zu verlassen, denn „andere Länder der Welt erfordern den Beitrag meiner bescheidenen Kräfte“. Er kämpfte im Kongo und versuchte dann in Bolivien, ein revolutionäres Feuer zu entzünden, schätzte allerdings die soziale Situation im Land und das internationale Gleichgewicht falsch ein. Hier ereilt ihn der Tod als tragischer Epilog eines abenteuerlichen Lebens: Er war Asthmatiker, hatte aber nie aufgehört, Rugby zu spielen; noch als Jugendlicher war er auf dem Motorrad aufgebrochen, um durch Südamerika zu reisen; mit 28 Jahren schiffte er sich in Mexiko mit Fidel Castro auf einer Yacht ein, um ein Land zu befreien, das er noch nie gesehen hatte. Er sollte dann Staatsmann, Minister und Präsident der Nationalbank Kubas werden – aber die institutionellen Rollen waren nicht das Richtige für ihn.

Ernesto „Che“ Guevara während der Debatte mit dem US-Diplomaten Adlai Stevenson bei der Generalversammlung der Vereinten Nationen am 11. Dezember 1964 in New York, USA.

"

Wie kann sich jemand als Gendarm der Freiheit aufspielen, der seine eigenen Kinder ermordet und sie täglich wegen ihrer Hautfarbe diskriminiert ... ?

"

[...] Wenn wir unsere Stimme zusammen mit allen Völkern der Welt erheben, um für allgemeine und vollständige Abrüstung, für die völlige Vernichtung aller Atomwaffen und für die Abschaffung aller Versuche mit Atomwaffen einzutreten, dann erachten wir es auch für notwendig, dafür einzutreten, dass auch die territoriale Integrität der Nationen respektiert werden muss, dass auch dem bewaffneten Arm des Imperialismus Einhalt geboten werden muss, der nicht minder gefährlich ist, wenn er nur konventionelle Waffen ergreift.
[...] Wir möchten lediglich darauf verweisen, dass in Bezug auf Kuba die Vereinigten Staaten von Amerika nicht die expliziten Empfehlungen dieser Konferenz befolgten und dass kürzlich die nordamerikanische Regierung auch den Verkauf von Medikamenten nach Kuba verboten hat, womit sie sich endgültig der humanitären Maske entledigte, mit der sie den aggressiven Charakter der Handelsblockade gegen das kubanische Volk zu kaschieren versuchte.
[...] Wir wollen den Sozialismus aufbauen; wir erklären uns zu Anhängern derjenigen, die für den Frieden kämpfen; wir sind Mitglied der Gruppe der Blockfreien Länder, auch wenn wir Marxisten-Leninisten sind, weil die Blockfreien ebenso wie wir gegen den Imperialismus kämpfen. Wir wollen Frieden, wir wollen für unser Volk ein besseres Leben erreichen, und deshalb versuchen wir bis zum äußersten, nicht auf die Provokationen der Yankees hereinzufallen, aber wir kennen die Mentalität ihrer Regierung; sie will uns einen hohen Preis zahlen lassen für diesen Frieden.
Wir antworten, dass dieser Preis seine Grenze in unserer Würde findet.
[...] Wir möchten erneut erläutern, dass unsere Besorgnis um Lateinamerika gegründet ist auf die uns vereinenden Verbindungen: die Sprache, die wir sprechen; die Kultur, die wir aufrechterhalten; die gemeinsame Liebe, die wir hatten. Nichts anderes bewegt uns als die Befreiung Lateinamerikas vom Joch des nordamerikanischen Kolonialismus. Falls eines der hier anwesenden Länder sich dazu entscheiden würde, die Beziehungen zu Kuba wieder aufzunehmen, wären wir dazu bereit auf der Grundlage der Gleichheit und nicht mit der Meinung, dass die Anerkennung unseres Landes als ein freies Land der Welt ein Geschenk an unsere Regierung sei, denn diese Anerkennung erreichten wir mit unserem Blut während der Tage des Befreiungskrieges, und wir erlangten sie mit unserem Blut bei der Verteidigung unserer Strände angesichts einer Invasion der Yankees.
[...] Die Imperialisten bereiten sich darauf vor, die amerikanischen Völker zu unterdrücken; sie bereiten zudem die Internationale des Verbrechens vor. Die Vereinigten Staaten intervenieren

in Amerika im Namen der Institutionen der Freiheit. Es wird der Tag kommen, an dem diese Versammlung eine größere Reife erlangen wird und sie von der Regierung Nordamerikas Garantien für das Leben der schwarzen und lateinamerikanischen Bevölkerung verlangen wird, die in diesem Land lebt; die Mehrheit von ihnen Nordamerikaner durch Geburt oder Adoption. Wie kann sich jemand als Gendarm der Freiheit aufspielen, der seine eigenen Kinder ermordet und sie täglich wegen ihrer Hautfarbe diskriminiert, der die Mörder der Schwarzen in Freiheit lässt und sie auch noch beschützt und der die schwarze Bevölkerung bestraft, weil sie ihre legitimen Rechte als freie Menschen einfordert?

Wir verstehen, dass diese Versammlung nicht in der Lage ist, Erklärungen über diese Tatsachen zu verlangen, aber es muss ganz deutlich gesagt werden, dass die Regierung der Vereinigten Staaten nicht der Anwalt der Freiheit, sondern der Bewahrer der Ausbeutung und der Unterdrückung der Völker der Welt und eines guten Teils der eigenen Bevölkerung ist.

[...] Meine Herren Delegierten: Kuba, frei und unabhängig, ohne an jemanden mit Ketten gefesselt zu sein, ohne ausländische Investitionen auf seinem Boden, ohne Prokonsuln, die seine Politik orientieren, kann hier vor dieser Versammlung mit erhobenem Haupt sprechen und die Berechtigung der Worte demonstrieren, mit denen es bezeichnet wird: „Freies Territorium Amerikas". Unser Beispiel wird Früchte tragen, so wie das in gewisser Weise bereits in Guatemala, Kolumbien und Venezuela der Fall ist. Es gibt keinen kleinen Feind und keine vernachlässigbare Kraft, denn es gibt keine isolierten Völker mehr. So steht es in der Zweiten Deklaration von Havanna: „Kein Volk Amerikas ist schwach, denn es ist Teil einer Familie von zweihundert Millionen Brüdern, die das gleiche Elend zu ertragen haben und die gleichen Gefühle hegen, die denselben Feind haben und die alle von einer besseren Zukunft träumen; sie verfügen über die Solidarität aller ehrbaren Männer und Frauen der Welt."

Dieses vor uns liegende Epos wird geschrieben werden von den hungernden Massen der Indianer, von den landlosen Bauern und den ausgebeuteten Arbeitern, von den fortschrittlichen Massen, von den ehrlichen und brillanten Intellektuellen, von denen es so viele gibt in diesen leidgeprüften Ländern unseres Lateinamerikas. Kämpfe der Massen und der Gedanken, dieses Epos, das unsere vom Imperialismus misshandelten und verachteten Völker voranbringen wird; unsere bis heute unbekannten Völker, die zu erwachen beginnen. Sie betrachteten uns als impotente und unterwürfige Herde, und nun erschrecken sie vor dieser Herde, einer gigantischen Herde von

"

Denn die große Menschheit sagte „Genug!" und begann sich zu wandeln. Und ihr Weg ... wird nicht enden, bis er die wahre Unabhängigkeit erkämpft hat ...

"

Der kubanische Industrieminister nimmt an der Fernsehsendung Face the Nation teil, die 1964 von CBS, New York, USA, ausgestrahlt wird.

zweihundert Millionen Lateinamerikanern, die sich bereits als Totengräber des monopolistischen Yankee-Kapitals abzeichnen.
Die Stunde ihrer Forderungen, die von ihnen selbst bestimmte Stunde, wird jetzt präzise von einem Ende des Kontinents bis zum anderen angekündigt. Diese anonyme Masse, dieses farbige, stille, ruhige Amerika, die auf dem ganzen Kontinent mit der gleichen Traurigkeit und Enttäuschung singt; diese anonyme Masse beginnt definitiv ihre eigene Geschichte zu bestimmen, beginnt sie mit ihrem Blut zu schreiben, beginnt sie zu erleiden und zu sterben, weil jetzt auf den Feldern und den Bergen, in den zerklüfteten Tälern ihrer Sierras, in den weiten Ebenen und Urwäldern, zwischen der Einsamkeit oder der Geschäftigkeit der Städte, an den Küsten der großen Ozeane und Flüsse die Erde zu beben beginnt, diese Erde voller Herzen und geballter Fäuste, die darauf brennen, für das Eigene zu sterben und ihre Rechte zu erobern, die ihnen fünfhundert Jahre lang von dem einen oder dem anderen vorenthalten wurden. Jetzt muss die Geschichte die Armen Amerikas berücksichtigen, die Ausgebeuteten und Ausgeplünderten, die jetzt beschlossen haben, für alle Ewigkeit ihre Geschichte selber zu schreiben. Man sieht sie bereits an manchen Tagen zu Fuß auf dem endlosen Weg über Hunderte von Kilometern, um zu dem regierenden „Olymp" zu gelangen und dort ihre Rechte einzufordern. Man sieht sie bereits, bewaffnet mit Steinen, Stöcken, Macheten, da und dort Ländereien besetzend, ihre Hacken auf den ihnen gehörenden Boden einschlagend, den sie mit ihrem Leben verteidigen; man sieht sie, wie sie ihre Schilder, ihre Fahnen und ihre Losungen tragen, die im Winde flattern zwischen den Bergen oder auf den Weiten der Ebenen. Und diese Welle erschütternden Grolles und der Forderung nach Gerechtigkeit angesichts der missachteten Rechte, diese Welle, die auf dem Boden Lateinamerikas beginnt, sich zu erheben, diese Welle wird kein Ende finden. Diese Welle wird Tag für Tag wachsen. Denn diese Welle besteht aus jenen, die in jeder Hinsicht die Mehrheit bilden, die mit ihrer Arbeit den Reichtum schaffen, die Werte schaffen, die das Rad der Geschichte bewegen und die jetzt aus dem langen brutalisierenden Schlaf erwachen, zu dem sie gezwungen wurden.
Denn die große Menschheit sagte „Genug!" und begann sich zu wandeln. Und ihr Weg, ein Weg der Giganten, wird nicht enden, bis er die wahre Unabhängigkeit erkämpft hat, für die bereits oft erfolglos gestorben wurde.

ERNESTO „CHE" GUEVARA (1928–1967)

1951 Mit Freund Alberto Granado reist er auf dem Motorrad durch Südamerika.

1953 Schließt sein Medizinstudium in Buenos Aires ab.

1954 In Guatemala nimmt er an der erfolglosen Verteidigung der revolutionären Regierung von Jacobo Árbenz teil, der durch einen von der CIA organisierten Putsch gestürzt wird.

1954 Lernt in Mexiko Fidel Castro kennen.

1956 Er ist einer der 82 Revolutionäre, die auf Kuba landen, um die Diktatur von Batista zu stürzen.

1959 Einzug in Havanna an der Spitze einer Rebellengruppe: Die Revolution hat gesiegt.

1965 Kämpft im Kongo für die antikolonialistische Bewegung im Geiste von Patrice Lumumba.

1967 Anführer einer Guerillagruppe in Bolivien: Er wird verwundet und verhaftet und am 9. Oktober kaltblütig ermordet.

Salvador Allende

Rede am Tag des Staatsstreiches durch Pinochet

Santiago de Chile, 11. September 1973

Eine der dramatischsten Reden der Geschichte: ein Präsident, der in seinem Büro mit wenigen Getreuen belagert ist, in Erwartung, dass die für den Putsch verantwortlichen Streitkräfte eindringen. Die kurze politische Erfahrung des Sozialisten Salvador Allende an der chilenischen Regierung endet abrupt wie seine Worte, die von Geräuschen von draußen überdeckt werden, während die Armee mit militärischen Manövern die Straßen Santiagos besetzt. Es sind Worte der Anklage und des Vertrauens: Anklage der Verräter, des ausländischen Kapitals und des Imperialismus, Vertrauen in das Volk, die Arbeiter, die jungen Menschen, in die Geschichte, die Demokratie.

Dies ist der Epilog zum einzigen Experiment eines friedlichen Weges zum Sozialismus, das es je gegeben hat – und das Jahr 1973 ist eine dichte Kette von Ereignissen, die zum tragischen Ende im September führen. In weniger als drei Jahren hat die Regierung der Koalition Unidad Popular, die Allende unterstützt, die Agrar- und Gesundheitsreform sowie Unterstützung für die ärmeren Schichten und die indigenen Gemeinschaften eingeleitet. Die Verstaatlichung von Industriebetrieben, Kupferminen, Banken und Verkehr wird allerdings von der amerikanischen Regierung mit immer größerem Misstrauen gesehen: Sie hatte versucht, Allendes Wahl zu boykottieren, aus Angst vor einer Achse mit Kuba und anderen sozialistischen Ländern in Lateinamerika, und finanziert nun mit Unterstützung der CIA die Opposition im Hinblick auf einen Putsch. Dazu kommen das Embargo, Kapitalflucht, die galoppierende Inflation, Streiks und die Opposition im Kongress, die die Wirtschaft in die Knie zwingen und die Unzufriedenheit steigern.

Das Land ist am Rande eines Bürgerkriegs, aber Allende zählt noch auf die Unterstützung im Volk und verteidigt die Demokratie bis zum Ende.

Als im Morgengrauen des 11. September die Kämpfe in Santiago beginnen, begibt Allende sich in sein Büro im Präsidentenpalast Moneda. Von hier überträgt Radio Magallanes, der einzige regierungstreue Sender, nachdem die anderen von den Bomben der Luftwaffe zerstört wurden, seine letzten Worte an das Volk. Allende nimmt um 9:10 Uhr das Mikrofon, seine Rede dauert sechs Minuten, gefolgt von einem der symbolischen Lieder der chilenischen Revolution: El pueblo unido jamás será vencido. Um 10:20 Uhr schweigt auch Radio Magallanes. Kurz darauf stirbt Allende durch Suizid, aber seine Beseitigung war längst geplant; mit ihm soll jener Traum eines demokratischen Sozialismus zerstört werden, der inzwischen, auch durch die Exilchilenen und ihre Musik, ebenfalls Europa erreicht hat.

Der Sozialist Salvador Allende wird im November 1970 der 29. Präsident Chiles. Zwei Jahre später erhält er den Lenin-Friedenspreis.

"

Meine Worte sind nicht bitter, aber von Enttäuschung gezeichnet, und sie werden die moralische Bestrafung für diejenigen sein, die den von ihnen geleisteten Eid verraten haben ...

"

SALVADOR ALLENDE (1908–1973)

1931 Wird zusammen mit anderen Studenten verhaftet, die gegen die Diktatur von Ibáñez del Campo kämpfen.

1932 Schließt sein Medizinstudium an der Universität Chile mit einer Arbeit über Mentale Gesundheit und Verbrechertum ab.

1933 Gehört zu den Gründern der Sozialistischen Partei Chiles.

1937 Wird zum Abgeordneten gewählt.

1939–1941 Minister für Gesundheit und Sozialpolitik unter der Präsidentschaft von Aguirre Cerda.

1945 Wird zum Senator gewählt.

1952, 1958, 1964 Kandidiert drei Mal erfolglos für die Volksfront bei den Präsidentenwahlen.

1968 Wird Präsident des Senats.

1970 Wird als Kandidat der linken Koalition Unidad Popular mit den Stimmen des Kongresses zum Präsidenten der Republik gewählt.

1973 Tod am 11. September als Opfer des Putsches, mit dem Augusto Pinochet an die Macht kommt.

Landsleute:
Dies wird sicherlich die letzte Gelegenheit sein, bei der ich mich an Sie wenden kann. Die Luftwaffe hat die Sendemasten von Radio Portales und Radio Corporación bombardiert. Meine Worte sind nicht bitter, aber von Enttäuschung gezeichnet, und sie werden die moralische Bestrafung für diejenigen sein, die den von ihnen geleisteten Eid verraten haben ... Chilenische Soldaten, Oberbefehlshaber, Admiral Merino, der sich selbst ernannt hat, sowie ein schleichender General Mendoza ... der erst gestern seine Loyalität und Treue gegenüber der Regierung gezeigt hatte, wurde auch zum Generaldirektor der Polizei ernannt. Angesichts dieser Tatsachen kann ich den Arbeitern nur sagen: Ich werde nicht aufgeben! In einem historischen Übergang bezahle ich mit meinem Leben die Loyalität der Menschen. Und ich sage Ihnen, dass ich sicher bin, dass das Saatgut, das wir dem Gewissen von Tausenden und Abertausenden von Chilenen liefern, nicht endgültig geerntet werden kann. Sie haben die Kraft, sie können uns überwältigen, aber sie beenden die sozialen Prozesse weder mit Verbrechen noch mit Gewalt. Die Geschichte gehört uns, und die Menschen machen sie. Arbeiter meiner Heimat: Ich möchte Ihnen für die Treue danken, die Sie immer hatten, für das Vertrauen, das Sie einem Mann entgegengebracht haben, der nur ein Mittler großer Sehnsüchte nach Gerechtigkeit war und der auf seinem Wort bestand, dass er die Verfassung und das Gesetz respektieren würde, und das auch tat. In diesem letzten Moment, dem letzten, in dem ich Sie ansprechen kann, möchte ich, dass Sie die Lektion nutzen. Das fremde Kapital und der Imperialismus schufen zusammen mit reaktionären Kräften das Klima für die Streitkräfte, um ihre Tradition zu brechen, die Schneider ihnen beigebracht und Comandante Araya bestätigt hatte, Opfer derselben gesellschaftlichen Schicht, die heute darauf wartet, mit fremder Hilfe die Macht zurückzugewinnen und ihre Farmen und Privilegien weiter zu verteidigen.

"

Das Volk muss sich verteidigen, aber nicht opfern. Die Menschen sollten nicht zerstört oder ins Chaos geführt werden, aber sie können sich auch nicht demütigen.

"

Ich wende mich vor allem an die bescheidene Frau unseres Landes, die Bäuerin, die an uns geglaubt hat; an die Arbeiterin, die am meisten gearbeitet hat, an die Mutter, die von unserer Sorge um die Kinder wusste. Ich wende mich an die Elite des Landes, an die patriotische Elite, an alle, die seit Tagen gegen die von den Berufsverbänden geförderten Aufstände und Genossenschaften arbeiten, um auch die Vorteile zu verteidigen, die eine kapitalistische Gesellschaft einigen gewährt. Ich wende mich an die Jugend, an diejenigen, die sangen, die ihre Freude und ihren Kampfgeist gaben. Ich spreche den Mann aus Chile an, den Arbeiter, den Bauern, den Intellektuellen, die Verfolgten ... denn in unserem Land war der Faschismus schon oft zu sehen, sprengte Brücken in die Luft, zerschnitt die Eisenbahnlinie, zerstörte Öl- und Gaspipelines, unter dem Schweigen derjenigen, die verpflichtet gewesen wären, einzugreifen: Auch sie waren kompromittiert. Die Geschichte wird sie verurteilen.

Sicherlich wird Radio Magallanes still sein und das leise Metall meiner Stimme wird Sie nicht erreichen. Es ist egal, Sie werden es weiter hören. Ich werde immer bei Ihnen sein. Ich werde immer bei Ihnen sein, zumindest werde ich als würdiger Mann in Erinnerung bleiben, der den loyalen Arbeitern treu war. Das Volk muss sich verteidigen, aber nicht opfern. Die Menschen sollten nicht zerstört oder ins Chaos geführt werden, aber sie können sich auch nicht demütigen. Arbeiter meines Landes: Ich habe Vertrauen in Chile und sein Schicksal. Andere Männer werden diesen grauen und bitteren Moment überwinden, in dem der Verrat siegen will. Wisset immer wieder, dass viel früher als später die großen Alleen wieder geöffnet werden, in denen der freie Mann eine bessere Gesellschaft aufbaut.

Es lebe Chile! Es lebe das Volk! Es leben die Arbeiter! Dies sind meine letzten Worte und ich bin sicher, dass mein Opfer nicht umsonst sein wird. Ich bin mir sicher, dass es zumindest eine moralische Lehre geben wird, die Verbrechen, Feigheit und Verrat bestraft.

Mutter Teresa

Rede anlässlich der Verleihung des Friedensnobelpreises

Oslo, 10. Dezember 1979

Als ihr der Friedensnobelpreis verliehen wurde, am 10. Dezember 1979, gehörte Mutter Teresa zu den berühmtesten Menschen der Welt. Legendär wurden im kollektiven Gedächtnis die Fotos von den Begegnungen der kleinen, weißgekleideten Nonne mit den Großen der Erde – vom US-Präsidenten Ronald Reagan bis zum brüderlichen Freund Karol Wojtyla, der kurz zuvor Papst Johannes Paul II. geworden war. Mutter Teresa wurde in Skopje, das damals zum Osmanischen Reich gehörte, als Anjezë Gonxhe Bojaxhiu in eine albanische Familie geboren. Bereits zu Lebzeiten galt sie als Heilige. Sie gründete die Gemeinschaft der Missionarinnen der Nächstenliebe und machte mit ihrem Engagement für die Unterstützung und Pflege der Armen in Kalkutta die Medien und die Kirche aufmerksam, sodass ihr religiöser Orden sich auf allen Kontinenten verbreiten konnte, zuerst in Lateinamerika, dann in Afrika. Die Schwedische Akademie verlieh Mutter Teresa den Preis „für ihre Arbeit im Kampf gegen Armut und Elend, die auch eine Bedrohung für den Frieden darstellen" – ein Einsatz, der auch vom Zweiten Vatikanischen Konzil (1962–1965) bestätigt und befürwortet wurde.
Und so ist das Thema Armut der Schwerpunkt ihrer Rede bei der Preisverleihung: Mutter Teresa geht auf die Bühne, gehüllt in den weißen Sari mit hellblauem Rand, die Tracht der Missionarinnen der Nächstenliebe. Bevor sie zu sprechen beginnt, legt sie mehrfach die Hände zum Gebet zusammen. Sie ist bewegt, aufgeregt. Ihre kleine, magere Figur, das von Falten gezeichnete Gesicht, die Augen, die Elend und Schmerz der Welt aus der Nähe gesehen haben, scheinen im Saal des Osloer Rathauses fehl am Platze zu sein. Das formelle Publikum, das der Zeremonie beiwohnt, Spiegel eines wohlhabenden Europas, steht im Kontrast zu der Schlichtheit dieser Frau, die beschlossen hat, im Kontakt mit Leprakranken und Leidenden zu leben, die von Krankenhäusern abgewiesen oder von der Familie auf der Straße ausgesetzt werden. Dieser Unterschied zeigt sich auch in der festen Entscheidung von Mutter Teresa, auf das traditionelle Nobelbankett zu verzichten und die Ausgaben, die die Feierlichkeiten verursacht hätten, den Armen in Kalkutta zukommen zu lassen, denn „irdische Vergütungen sind nur wichtig, wenn sie dazu dienen, den Bedürftigen der Welt zu helfen". Den Armen gilt ihre Rede, in der sie auch persönliche Erfahrungen berichtet: Mutter Teresa, die sich selbst bescheiden als „kleinen Stift in den Händen Gottes" bezeichnet, betont immer wieder, dass die Liebe zu Hause anfängt und es nicht so wichtig ist, wie viel ein Mensch tut, sondern wie viel Liebe er in sein Handeln steckt.

Mutter Teresa, albanische Ordensfrau und Gründerin der Kongregation der Missionare der Nächstenliebe, 1969 in Kalkutta, Indien, in einer Aufnahmestelle für Bedürftige und Sterbende.

"

Herr, mache mich zu einem Weg deines Friedens. Auf dass ich Liebe bringe, wo es Hass gibt. Auf dass ich den Geist der Vergebung bringe, wo etwas falsch ist.

"

Lasst uns alle zusammen Gott für diesen schönen Anlass danken, bei dem wir alle gemeinsam die Freude an der Verbreitung des Friedens, die Freude an der gegenseitigen Liebe und die Freude darüber verkünden können, dass die Ärmsten der Armen unsere Brüder und Schwestern sind. Als wir uns hier versammelt haben, um Gott für dieses Geschenk des Friedens zu danken, habe ich Ihnen allen das Gebet für den Frieden gegeben, das der heilige Franz von Assisi vor vielen Jahren gebetet hat, und ich frage mich, ob er das Bedürfnis empfunden hat, wofür wir heute beten. Ich denke, Sie haben alle das Papier? Wir werden es zusammen sagen.

Herr, mache mich zu einem Weg deines Friedens. Auf dass ich Liebe bringe, wo es Hass gibt. Auf dass ich den Geist der Vergebung bringe, wo etwas falsch ist. Auf dass ich Harmonie bringe, wo es Zwietracht gibt. Auf dass ich die Wahrheit bringe, wo ein Fehler vorliegt. Auf dass ich Glauben bringe, wo Zweifel bestehen. Auf dass ich Hoffnung bringe, wo Verzweiflung ist. Auf dass ich Licht bringe, wo Schatten sind. Auf dass ich Freude bringe, wo Traurigkeit ist.

Herr, gib, dass ich lieber danach suche zu trösten als getröstet werden, zu verstehen, als verstanden zu werden, zu lieben, als geliebt zu werden. Denn indem man sich selbst vergisst, findet man. Durch Vergebung wird einem vergeben. Durch den Tod erwacht man zum ewigen Leben. Amen.

Gott liebte die Welt so sehr, dass er seinen Sohn gab und ihn einer Jungfrau gab, der seligen Jungfrau Maria, und sie ging in dem Moment, in dem er in ihr Leben kam, in Eile, um ihn anderen zu geben. Und was hat sie dann gemacht? Sie erledigte die Arbeit der Magd, nur so. Verbreitete einfach diese Freude des Liebens, um zu dienen. Und Jesus Christus liebte dich und liebte mich und gab sein Leben für uns, und als ob das nicht genug für ihn wäre, sagte er immer wieder: Liebe, wie ich dich geliebt habe, wie ich dich jetzt liebe, und wie wir lieben müssen, um im Geben zu lieben. Denn er gab sein Leben für uns. Und er gibt weiter und er gibt weiter überall in unserem eigenen Leben und im Leben anderer.

[...] Um diese Liebe füreinander und heute, wenn ich diese Belohnung erhalten habe, bin ich persönlich höchst unwürdig, und da ich mich zur Armut bekannt habe, um die Armen verstehen zu können, entscheide ich mich für die Armut unseres Volkes. Aber ich bin dankbar und ich freue mich sehr, sie im Namen der Hungrigen, Nackten, Obdachlosen, Verkrüppelten, Blinden, Leprakranken und all jener Menschen zu erhalten, die sich unerwünscht, ungeliebt und vernachlässigt fühlen, weggeworfen von der Gesellschaft, Menschen, die zur Last der Gesellschaft geworden sind und für die sich alle schämen. In ihrem Namen nehme ich die Auszeichnung entgegen. Und ich bin

sicher, dass diese Auszeichnung eine verständnisvolle Liebe zwischen den Reichen und den Armen hervorrufen wird. Und darauf hat Jesus so sehr bestanden, deshalb kam Jesus auf die Erde, um den Armen die frohe Botschaft zu verkünden.

[...] Ich vergesse nie, wie ich einen Mann von der Straße holte. Er war mit Maden bedeckt. Sein Gesicht war das einzige, was frei war. Und doch sagte dieser Mann, als wir ihn zum Sterben zu uns nach Hause brachten, nur einen Satz: Ich habe wie ein Tier auf der Straße gelebt, aber ich werde sterben wie ein Engel, in Liebe und Fürsorge, und er ist wunderschön gestorben. Er ging zu Gott nach Hause, denn der Tod ist nichts anderes, als zu Gott nach Hause zu gehen. Und dass er diese Liebe genossen hatte, dass er gewollt war, dass er geliebt war, dass im letzten Moment jemand bei ihm war, brachte ihm diese Freude in sein Leben.

Und eines möchte ich mit Ihnen allen teilen: Der größte Zerstörer des Friedens ist heute der Schrei des unschuldigen ungeborenen Kindes. Denn wenn eine Mutter ihr eigenes Kind im Mutterleib ermorden kann, was hindert dich und mich daran, uns gegenseitig zu töten? Auch in der Schrift steht geschrieben: „Auch wenn Mutter ihr Kind vergessen könnte – ich werde dich nicht vergessen – ich habe dich in meine Handfläche graviert." Auch wenn die Mutter vergessen könnte, werden heute Millionen ungeborener Kinder getötet. Und wir sagen nichts. In den Zeitungen lesen Sie Zahlen von diesem und jenem, der getötet und zerstört wird, aber niemand spricht von den Millionen Kleinen, die für dasselbe Leben wie Sie und ich, für das Leben Gottes gezeugt wurden, und wir sagen nichts, wir erlauben es. Für mich sind die Nationen, die die Abtreibung legalisiert haben, die ärmsten Nationen. Sie haben Angst vor dem Kleinen, sie haben Angst vor dem ungeborenen Kind, und das Kind muss sterben, weil sie kein Kind mehr ernähren, kein Kind mehr erziehen wollen; das Kind muss sterben. Und hier bitte ich Sie, im Namen dieser Kleinen, denn es war dieses ungeborene Kind, das die Gegenwart Jesu erkannte, als Maria kam, um Elisabeth, ihre Cousine, zu besuchen. Wie wir im Evangelium lesen, erkannte in dem Moment, in dem Maria das Haus betrat, der Kleine im Mutterleib vor Freude den Friedensfürsten. Lassen Sie uns daher hier und heute einen starken Beschluss fassen. Wir werden jedes kleine Kind, jedes ungeborene Kind retten und ihnen die Chance geben, geboren zu werden. Und was wir tun, wir bekämpfen Abtreibung durch Adoption, und der gute Gott hat das Werk so schön gesegnet, dass wir Tausende von Kindern gerettet haben, und Tausende von Kindern haben ein Zuhause gefunden, wo sie geliebt werden, gesucht werden, behütet werden. [...] Wir haben hier in Norwegen die Möglichkeit, Sie haben Gottes Segen, es liegt in Ihrer Hand. Aber ich

„Ich bin dankbar und ich freue mich sehr, sie im Namen der Hungrigen, Nackten, Obdachlosen, Verkrüppelten, Blinden, Leprakranken ... zu erhalten ...“

MUTTER TERESA VON KALKUTTA (1910–1997)

1928 Noviziat bei den Loretoschwestern, einem Zweig der Ordensgemeinschaft Blessed Virgin Mary.

1929 Kommt als Missionarin nach Indien und wird nach Darjeeling am Himalaja geschickt.

1931–1946 Lebt in Kalkutta in der Saint Mary's High School.

1937 Legt das ewige Glaubensgelübde ab und nimmt den Namen Mutter Teresa an.

1950 Gründet die Gemeinschaft der Missionarinnen der Nächstenliebe.

1952 Einweihung des Hospizes Kalighat Haus für die Sterbenden.

1961 Die Leprakolonie Shanti Nagar für die Pflege von Leprakranken entsteht.

1965 In Venezuela wird das erste Haus der Missionarinnen der Nächstenliebe außerhalb Indiens eröffnet.

1979 Friedensnobelpreis.

2003 Wird von Papst Johannes Paul II. seliggesprochen.

2016 Papst Franziskus unterzeichnet die Kanonisierung.

Mutter Teresa versucht 1979, einen Kranken in Kalkutta zu trösten; im selben Jahr erhält sie den Friedensnobelpreis.

bin mir sicher, dass wir in den Familien und in vielen unserer Häuser keinen Hunger nach einem Stück Brot haben, aber vielleicht gibt es jemanden in der Familie, der unerwünscht, ungeliebt, vernachlässigt, vergessen ist, es gibt keine Liebe. Liebe fängt zu Hause an. Und Liebe, um wahr zu sein, muss weh tun.

Ich vergesse nie ein kleines Kind, das mir eine sehr schöne Lektion erteilte. In Kalkutta hatten die Kinder gehört, dass Mutter Teresa keinen Zucker für ihre Kinder hatte, und dieser kleine Hindu-Junge, vier Jahre alt, ging nach Hause und sagte seinen Eltern: „Ich werde drei Tage lang keinen Zucker essen, ich werde Mutter Teresa meinen Zucker geben.“ Wie viel ein kleines Kind geben kann. Nach drei Tagen brachten sie ihn in unser Haus, und es gab diesen Kleinen, der kaum meinen Namen aussprechen konnte, er liebte mit großer Liebe, er liebte, bis es schmerzte. Und das ist es, was ich vor dich bringe, um einander zu lieben, bis es weh tut, aber vergiss nicht, dass es viele Kinder, viele Kinder, viele Männer und Frauen gibt, die nicht das haben, was du hast. Und denk daran, sie zu lieben, bis es weh tut. Vor einiger Zeit – dies wird für Sie sehr seltsam klingen – habe ich ein Kind Gottes von der Straße geholt, und ich konnte dem Mädchen ansehen, dass es hungrig war. Gott allein weiß, wie viele Tage es nichts gegessen hatte. Also gab ich ihm ein Stück Brot. Und dann fing die Kleine an, Brotkrümel für Brotkrümel zu essen. Und ich sagte zu ihr: Iss das Brot, iss das Brot! Und sie sah mich an und sagte: „Ich habe Angst, das Brot zu essen, weil ich Angst habe, wenn es aufgegessen ist, werde ich wieder hungrig sein.“

[...] Und so ist mein Gebet für Sie, dass diese Wahrheit das Gebet in unsere Häuser bringen wird, und aus dem Saatkorn des Gebets können wir lernen, dass Christus in den Armen lebt. Und wenn wir wirklich glauben, werden wir anfangen zu lieben. Und wir werden natürlich lieben, wir werden versuchen, etwas zu tun. Erst in unserem eigenen Haus, dann beim Nachbarn nebenan, in dem Viertel, in dem Land, in dem wir leben, auf der ganzen Welt. Und lasst uns alle an diesem einen Gebet teilnehmen. Gott macht uns Mut, das ungeborene Kind zu beschützen, denn das Kind ist das größte Geschenk Gottes an eine Familie, an eine Nation und an die ganze Welt. Gott segne Sie!

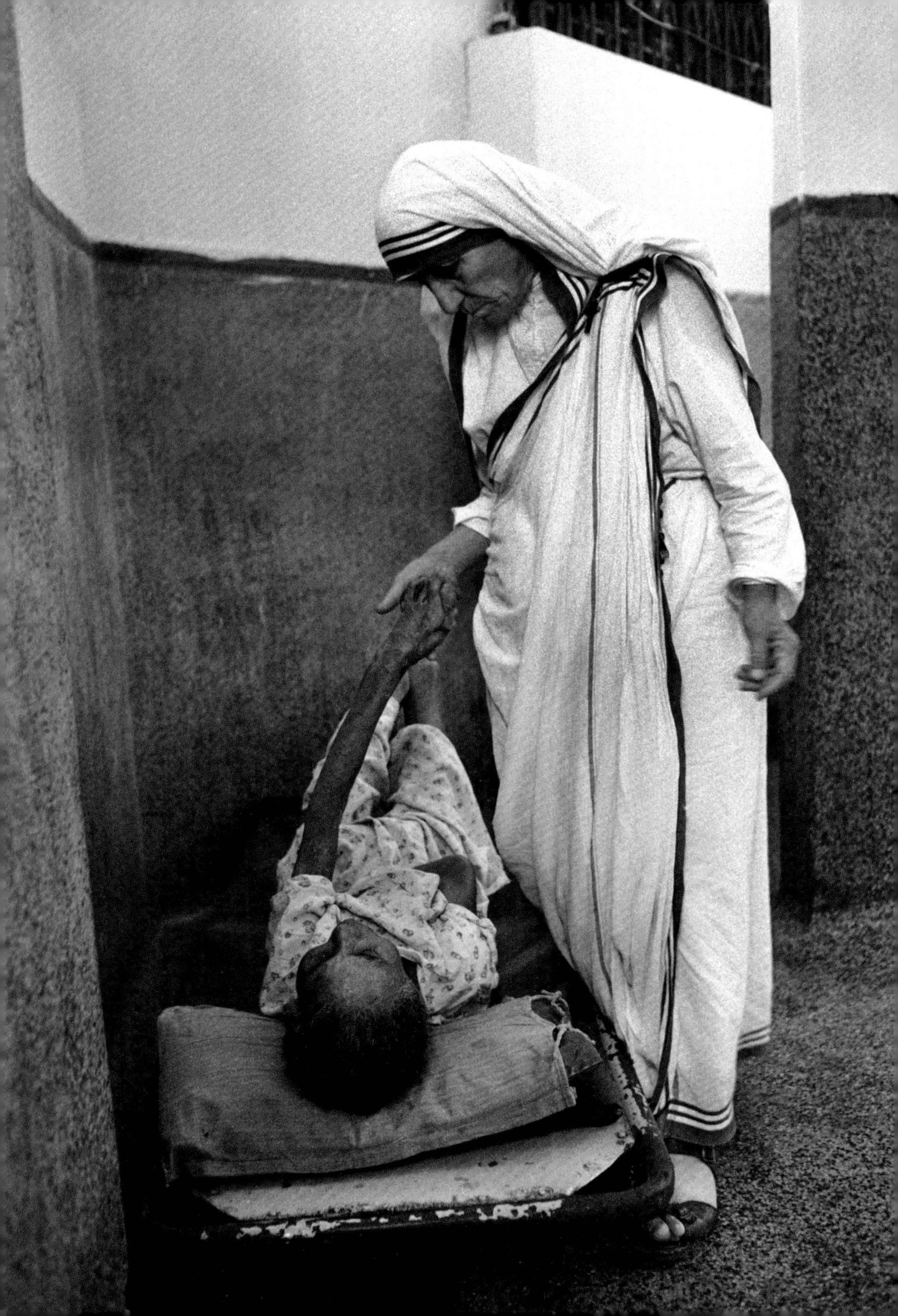

Thomas Sankara

Rede vor der Vollversammlung der Vereinten Nationen

New York, 4. Oktober 1984

In der UNO-Vollversammlung steht am 4. Oktober 1984 die Rede des Präsidenten von Burkina Faso, Thomas Sankara, auf dem Programm. Praktisch weiß man kaum etwas über sein Land noch über ihn. Die Bühne betritt ein etwa dreißigjähriger Mann in Militäruniform, der Französisch spricht. Aber wo liegt Burkina Faso eigentlich genau? Bis vor wenigen Monaten war es als Obervolta bekannt, ein kleiner Landstreifen am Rande der Sahara ohne Zugang zum Meer, der viele Monate im Jahr von einem trockenen Wind gepeitscht wird. Hier, so beginnt Sankara, will das Volk nicht mehr vor Hunger und Durst sterben, nach zwanzig Jahren der Unabhängigkeit, die zu nichts geführt haben. Die Entwicklungshilfe aus dem Ausland trägt nicht wirklich zur Entwicklung bei: Die Modelle, die von, wie er sie bezeichnet, „Scharlatanen" auferlegt werden, funktionieren nicht und müssen geändert werden.
Man muss ein neues Kapitel beginnen, und dies ist auch in der katastrophalen Lage von Burkina Faso möglich, wo eins von fünf Kindern nicht länger als ein Jahr lebt und nur 2 % der Bevölkerung lesen und schreiben können. Wo der Zugang zu Trinkwasser den meisten verwehrt ist und zwei Mahlzeiten am Tag Luxus sind. Sankara spricht von Bescheidenheit, Strenge, moralischer Integrität, und zeigt sich gleichzeitig solidarisch mit allen, die in anderen Ländern dasselbe Elend erleiden, deren Grundrechte im Namen des Profits von wenigen mit Füßen getreten werden. Seine ersten einfachen, notwendigen Maßnahmen waren: Die Kinder zur Schule schicken, sie impfen, damit sie nicht an Masern sterben, das noch geltende Feudalsystem auf dem Land und die Verflechtung der Privilegien von vielen staatlichen Beamten abschaffen, Häuser bauen für die, die in ungesunden Baracken am Stadtrand leben.
Mit Stolz und Hoffnung betritt Burkina Faso die Weltbühne, auf der sich zwei große Blöcke gegenüberstehen, während sich am Rand die Dritte-Welt-Länder abmühen. Eine ehemalige Kolonie, die ohne Zögern und Scham von den stärkeren geplündert wird, die dabei enorme Summen in die Waffenherstellung investieren – und mit diesen Todesgeräten die Rohstoffe kontrollieren, die dem Wohlstand des Westens dienen. Drei Jahre später wird Sankara ermordet: Er wurde von vielen, nicht nur in Afrika, misstrauisch beäugt, denn sein Beispiel begann, neue afrikanische Generationen zu inspirieren; seine Verurteilung der Heuchelei und Arroganz der Mächtigen der Erde kann nicht länger toleriert werden. Der Aufbau einer „gerechteren Welt ohne Krieg", die Synthese seines Denkens, ist aufgeschoben. Auf unbestimmte Zeit.

Thomas Sankara, Präsident von Burkina Faso, während des Besuchs des französischen Präsidenten François Mitterrand am 18. November 1986 in Ouagadougou, Burkina Faso.

"

Wir haben bisher die andere Wange hingehalten. Die Ohrfeigen wurden verdoppelt. Aber das Herz des Bösewichts wurde nicht weicher.

"

Ich komme hierher, um Ihnen die brüderliche Begrüßung eines Landes von 274 000 km² zu bringen, in dem sich sieben Millionen Kinder, Frauen und Männer nunmehr weigern, an Unwissenheit, Hunger und Durst zu sterben, und dennoch können sie nicht leben, obwohl sie auf ein Vierteljahrhundert seit Bestehen als souveräner UN-Staat zurückblicken.
[...] Ich gebe hier nicht vor, Dogmen zu formulieren. Ich bin weder ein Messias noch ein Prophet. Ich habe keinerlei Wahrheitsanspruch. Mein einziger Wunsch ist ein doppeltes Bestreben: Erstens, in der Lage zu sein, in einfacher, eindeutiger und klarer Sprache im Namen meines Volkes, des Volkes von Burkina Faso, zu sprechen; zweitens, auf meine Weise die Worte des „großen Volkes der Entrechteten" ausdrücken zu können, derer, die der Welt angehören, die man arglistig ‚Dritte Welt' getauft hat. Und Ihnen, auch wenn ich es nicht schaffe, mich wirklich verständlich zu machen, die Gründe zu nennen, warum wir rebellieren müssen.
[...] Unsere Präsenz in der Dritten Welt anzuerkennen, heißt, um es mit José Marti zu sagen, „zu bekräftigen, dass wir auf unserer Wange jeden Schlag spüren, der einem Menschen dieser Welt, gleich welchem Menschen, versetzt wird". Wir haben bisher die andere Wange hingehalten. Die Ohrfeigen wurden verdoppelt. Aber das Herz des Bösewichts wurde nicht weicher. Sie haben die Wahrheit der Gerechten mit Füßen getreten. Sie haben das Wort Christi verraten. Sie verwandelten sein Kreuz in eine Keule. Und nachdem sie seinen Rock angezogen hatten, zerschlugen sie unsere Körper und unsere Seelen. Sie haben seine Botschaft verdunkelt. Sie haben ihn verwestlicht, während wir ihn als universelle Befreiung empfangen haben. Dann öffneten sich unsere Augen für den Klassenkampf. Es wird keine Ohrfeigen mehr geben.
Wir müssen verkünden, dass es für unsere Völker keine Erlösung geben kann, wenn wir nicht radikal allen Modellen den Rücken zukehren, die Scharlatane gleich welcher Art zwanzig Jahre lang versucht haben, uns zu verkaufen. [...] Wir waren die magische Synthese, der Inbegriff aller Katastrophen, die auf die so genannten „Entwicklungsländer" niedergegangen sind. Das bezeugt die ausländische Hilfe, die so oft zur Schau gestellt und zu Unrecht als Allheilmittel präsentiert wurde. Sehr wenige Länder wurden wie meines mit Hilfe aller Art überschwemmt. Diese Hilfe hätte theoretisch unsere Entwicklung fördern sollen. Im ehemaligen Obervolta werden wir aber vergeblich nach jeglichen Anzeichen für eine mögliche Entwicklung suchen. [...] Unser wirtschaftliches Ziel ist es, dafür zu sorgen, dass der Kopf und die Arme jedes Burkinabé mindestens so viel erfinden und herstellen können, dass es für zwei Mahlzeiten pro Tag und Trinkwasser reicht.

Wir schwören, wir verkünden, dass jetzt in Burkina Faso nichts mehr ohne die Teilnahme der Burkinabé geschehen wird. Nichts, was nicht zuvor von uns entschieden und entwickelt wurde.
Es wird keinen Versuch mehr geben, unsere Bescheidenheit und unsere Würde in Frage zu stellen.
Gestärkt durch diese Gewissheit möchten wir, dass unser Wort auf alle Menschen ausgedehnt wird, die in ihrer Haut leiden, auf alle Menschen, die von einer Minderheit von Menschen oder von einem System, das sie unterdrückt, in ihrer Würde missachtet werden.
Gestatten Sie mir zu sagen, dass ich nicht nur im Namen meines geliebten Burkina Faso spreche, sondern auch im Namen aller, die leiden, wo auch immer es sei.
Ich spreche für die Millionen von Menschen, die in Ghettos leben, weil sie schwarzhäutig oder anderen Kulturen angehören und einen Status haben, der dem eines Tieres kaum überlegen ist.
[...] Ich spreche für Frauen auf der ganzen Welt, die unter einem Ausbeutungssystem leiden, das von Männern auferlegt wird. Was uns betrifft, so sind wir bereit, Vorschläge aus der ganzen Welt, die es uns ermöglichen, die volle Entwicklung der burkinischen Frauen zu erreichen, anzunehmen.
Im Gegenzug teilen wir mit allen Ländern die positiven Erfahrungen, die wir mit Frauen machen, die jetzt auf allen Ebenen des Staatsapparats und des sozialen Lebens in Burkina Faso präsent sind. Frauen, die mit uns kämpfen und proklamieren, dass der Sklave, der seinen Aufstand nicht tragen kann, kein Mitleid mit seinem Schicksal verdient. Dieser Sklave ist allein für sein Unglück verantwortlich, wenn er sich von der verdächtigen Herablassung eines Herren täuschen lässt, der vorgibt, ihn zu befreien. Nur der Kampf befreit, und wir appellieren an unsere Schwestern aller Ethnien, einen Angriff zur Eroberung ihrer Rechte zu starten.
Ich spreche im Namen aller Mütter unserer entrechteten Länder, die ihre Kinder an Malaria und Durchfall sterben sehen, ohne zu wissen, dass es einfache Mittel gibt, sie zu retten, die die Wissenschaft der multinationalen Konzerne ihnen nicht bietet: Sie investiert nämlich lieber in Kosmetiklabors und Schönheitschirurgie für die Launen einiger Frauen und Männer, deren Eitelkeit durch den Kalorienüberschuss ihrer zu üppigen und so regelmäßigen Mahlzeiten bedroht ist, dass sie Ihnen – oder vielmehr uns, den Menschen der Sahelzone – Schwindel verursachen würden. Diese einfache Mittel, die von der WHO und UNICEF empfohlen wurden, haben wir beschlossen, zu übernehmen und zu verbreiten.
Ich spreche auch im Namen der Kinder. Dieses arme Kind, das hungrig ist und verstohlen den Überfluss in einem Geschäft für Reiche anschaut. Das Geschäft ist durch Panzerglas geschützt.

"

Ich bin hierher gekommen, um alle zu bitten, dass wir unsere Anstrengungen bündeln, um die Überheblichkeit der Menschen, die im Unrecht sind, ... zu beenden ...

"

THOMAS SANKARA
(1949–1987)

1970–1972 Studium an der Militärakademie in Antsirabe, Madagaskar.

1981–1982 Bekleidet das Amt des Informationsministers.

1983 Am 4. August wird er nach einem friedlichen Staatsstreich mit 33 Jahren Präsident.

1984 Obervolta ändert den Namen in Burkina Faso, „Land des aufrichtigen Menschen".

1987 Am 8. März spricht er in der Universität in der Hauptstadt Ouagadougou zu den Frauen und ermutigt sie zum Kampf für die Emanzipation, die den Frauen in einer stark männlich geprägten Gesellschaft verwehrt wird.

1987 Am 29. Juli fordert er in einer Rede vor der Organisation für Afrikanische Einheit in Addis Abeba, Äthiopien, die Länder der Dritten Welt dazu auf, ihre Auslandsschulden nicht zu bezahlen. Drei Monate später wird er ermordet.

Präsident Thomas Sankara in Ouagadougou, Burkina Faso, 1986. Ein Jahr später wird er im Alter von 37 Jahren ermordet.

Das Glas durch ein einbruchsicheres Gitter. Und das Gitter wird von einem Polizisten bewacht, der mit Helm, Handschuhen und Schlagstock bewaffnet ist. Dieser Polizist wurde dort vom Vater eines anderen Kindes eingesetzt, das hier einkaufen wird, weil es alle Garantien für Repräsentativität des kapitalistischen Systems und seiner Normen vorweist.

[...] Mein Land ist ein Konzentrat aller Unglücke der Völker, eine schmerzhafte Synthese aller Leiden der Menschheit, aber auch und gerade der Hoffnungen unserer Kämpfe. Deshalb zittere ich im Namen der Kranken, die den Horizont einer Wissenschaft, die von Waffenhändlern monopolisiert wird, ängstlich hinterfragen. Meine Gedanken richten sich an alle, die von der Zerstörung der Natur betroffen sind, und an diese dreißig Millionen Menschen, die jedes Jahr sterben, von der gewaltigen Waffe des Hungers gebrochen.

[...] Herr Vorsitzender, ich bin Tausende von Kilometern gereist. Ich bin hierher gekommen, um alle zu bitten, dass wir unsere Anstrengungen bündeln, um die Überheblichkeit der Menschen, die im Unrecht sind, und das traurige Schauspiel der hungernden Kinder zu beenden, damit die Unwissenheit verschwindet und der legitime Aufstand der Völker siegt, sodass die Waffen endlich zum Schweigen gebracht werden können und wir schließlich mit ein und demselben Willen, während wir um unser Überleben kämpfen, im Chor mit dem großen Dichter Novalis singen können: „Dann werden die Gestirne die Erde wieder besuchen, der sie gram geworden waren in jenen Zeiten der Verfinsterung; dann legt die Sonne ihren strengen Zepter nieder, und wird wieder Stern unter Sternen, und alle Geschlechter der Welt kommen dann nach langer Trennung wieder zusammen. Dann finden sich die alten verwaisten Familien, und jeder Tag sieht neue Begrüßungen, neue Umarmungen; dann kommen die ehemaligen Bewohner der Erde zu ihr zurück, in jedem Hügel regt sich neu erglimmende Asche, überall lodern Flammen des Lebens empor, alte Wohnstätten werden neu erbaut, alte Zeiten erneuert, und die Geschichte wird zum Traum einer unendlichen, unabsehlichen Gegenwart."

Vaterland oder Tod, wir werden siegen!

Richard von Weizsäcker

Rede zum 40. Jahrestag des Endes des Zweiten Weltkriegs

Bonn, 8. Mai 1985

Was bedeutet das Ende des Zweiten Weltkriegs für das Land, das den Krieg verursacht hat? Ist die Befreiung, die in anderen Ländern gefeiert wird, für Deutschland wirklich ein Sieg über die Unterdrückung oder eher nationale Niederlage? Dies sind nur einige der ungelösten Fragen, die das Gewissen eines Landes quälen, das fast ein halbes Jahrhundert nach dem Ende des Kriegs seine Vergangenheit noch nicht bewältigt hat. Sie beeinträchtigen nicht nur die gemeinsame Erinnerung, sondern die Bedeutung des Deutschseins überhaupt – und sie betreffen auch die jüngeren Generationen, die nicht an den Verbrechen der Nationalsozialisten beteiligt waren, aber die Schuld der Väter büßen müssen. Ein belastendes Erbe, das mancher eher früher als später auslöschen möchte. Zu diesen gehört Kanzler Helmut Kohl, dessen Besuch auf dem Militärfriedhof Bitburg zum 40. Jahrestag der Kapitulation Deutschlands einen großen Skandal hervorruft, denn dort sind auch Soldaten der Waffen-SS begraben. Kohls spätere Rechtfertigungen erzeugen weiteren Unmut, da man im Grundsatz eine Rehabilitation für die Soldaten des Reichs herausliest. Es ist an der Zeit, dass Deutschland sich mit seiner Geschichte beschäftigt, aber ist der von Kohl aufgezeigte Weg der richtige? Soll die Vergangenheit begraben werden, indem man die Schuld verbirgt und Opfer und Täter gleichstellt?

Die Antwort kommt vom Bundespräsidenten Richard von Weizsäcker. Er ist eine beispielhafte Persönlichkeit, da er in sich die Widersprüche der Nachkriegszeit in Deutschland vereint: Er hatte in der Wehrmacht gedient, als Hilfsverteidiger seinen Vater in den Nürnberger Prozessen verteidigt und ist nun der führende Repräsentant der demokratischen Institutionen. Weizsäcker lehnt die Rhetorik des Selbstmitleids ab, die die Deutschen nicht als Schuldige, sondern als Märtyrer der Geschichte sieht und leicht in eine gefährliche revisionistische Sicht abrutscht. Sicher, für das Land bedeutete das Kriegsende die Teilung, Unterwerfung unter ausländische Mächte und das Ende der imperialistischen Utopie, an die ein ganzes Volk geglaubt hatte, aber Verdrängung oder Opferhaltung führen leicht zu einer Wiederholung vergangener Fehler. Deshalb muss die historische Verantwortung für die Verbrechen der am Nationalsozialismus Beteiligten ausdrücklich anerkannt werden.

Eine kollektive Schuld ist allerdings abzulehnen: Die Schuld von einigen darf nicht allen angelastet werden, und Deutschsein bedeutet nicht, Nationalsozialist zu sein. Ein Freispruch für die neuen Generationen, die aber verpflichtet sind, nicht zu vergessen und im Gegenteil die Erinnerung zu einem schützenden Bollwerk zu machen.

Richard von Weizsäcker war Bürgermeister von Berlin (1981-1984), Bundespräsident der Bundesrepublik Deutschland (1984-1990) und erster Bundespräsident des wiedervereinigten Deutschlands (1990-1994).

"

Der Völkermord an den Juden ist beispiellos in der Geschichte. Die Phantasie der Menschen mochte für Art und Ausmaß der Vernichtung nicht ausreichen.

"

Viele Völker gedenken heute des Tages, an dem der Zweite Weltkrieg in Europa zu Ende ging. Seinem Schicksal gemäß hat jedes Volk dabei seine eigenen Gefühle. Sieg oder Niederlage, Befreiung von Unrecht und Fremdherrschaft oder Übergang zu neuer Abhängigkeit, Teilung, neue Bündnisse, gewaltige Machtverschiebungen – der 8. Mai 1945 ist ein Datum von entscheidender historischer Bedeutung in Europa. Wir Deutsche begehen den Tag unter uns, und das ist notwendig. Wir müssen die Maßstäbe allein finden. Schonung unserer Gefühle durch uns selbst oder durch andere hilft nicht weiter. [...] Der 8. Mai ist für uns Deutsche kein Tag zum Feiern. Die Menschen, die ihn bewusst erlebt haben, denken an ganz persönliche und damit ganz unterschiedliche Erfahrungen zurück. Der eine kehrte heim, der andere wurde heimatlos. Dieser wurde befreit, für jenen begann die Gefangenschaft. Viele waren einfach nur dafür dankbar, dass Bombennächte und Angst vorüber und sie mit dem Leben davongekommen waren. Andere empfanden Schmerz über die vollständige Niederlage des eigenen Vaterlandes. Verbittert standen Deutsche vor zerrissenen Illusionen, dankbar andere Deutsche vor dem geschenkten neuen Anfang. [...] Die meisten Deutschen hatten geglaubt, für die gute Sache des eigenen Landes zu kämpfen und zu leiden. Und nun sollte sich herausstellen: Das alles war nicht nur vergeblich und sinnlos, sondern es hatte den unmenschlichen Zielen einer verbrecherischen Führung gedient.

Und dennoch wurde von Tag zu Tag klarer, was es heute für uns alle gemeinsam zu sagen gilt: Der 8. Mai war ein Tag der Befreiung. Er hat uns alle befreit von dem menschenverachtenden System der nationalsozialistischen Gewaltherrschaft. [...] Wir haben wahrlich keinen Grund, uns am heutigen Tag an Siegesfesten zu beteiligen. Aber wir haben allen Grund, den 8. Mai 1945 als das Ende eines Irrweges deutscher Geschichte zu erkennen, das den Keim der Hoffnung auf eine bessere Zukunft barg. [...]

Am Anfang der Gewaltherrschaft hatte der abgrundtiefe Hass Hitlers gegen unsere jüdischen Mitmenschen gestanden. Hitler hatte seinen Hass der Öffentlichkeit nie verschwiegen, sondern das ganze Volk zum Werkzeug dieses Hasses gemacht. [...] Der Völkermord an den Juden ist beispiellos in der Geschichte. Die Phantasie der Menschen mochte für Art und Ausmaß der Vernichtung nicht ausreichen. Aber in Wirklichkeit trat zu den Verbrechen selbst der Versuch allzu vieler [...], nicht zur Kenntnis zu nehmen, was geschah. Es gab viele Formen, das Gewissen ablenken zu lassen, nicht zuständig zu sein, wegzuschauen, zu schweigen. Schuld oder Unschuld eines ganzen Volkes gibt es nicht. Schuld ist, wie Unschuld, nicht kollektiv, sondern persönlich. Jeder, der die Zeit mit vollem Bewusstsein erlebt hat, frage sich heute im Stillen selbst nach seiner Verstrickung. Der ganz überwiegende Teil unserer heutigen Bevölkerung war zur damaligen Zeit entweder im Kindesalter oder noch gar nicht geboren. Kein fühlender Mensch erwartet von ihnen, ein Büßerhemd zu

"

Schuld oder Unschuld eines ganzen Volkes gibt es nicht. Schuld ist, wie Unschuld, nicht kollektiv, sondern persönlich.

"

tragen, nur weil sie Deutsche sind. Aber die Vorfahren haben ihnen eine schwere Erbschaft hinterlassen. Es geht nicht darum, Vergangenheit zu bewältigen. Das kann man gar nicht. Sie lässt sich ja nicht nachträglich ändern oder ungeschehen machen. Wer aber vor der Vergangenheit die Augen verschließt, wird blind für die Gegenwart. Wer sich der Unmenschlichkeit nicht erinnern will, der wird wieder anfällig für neue Ansteckungsgefahren. „Das Vergessenwollen verlängert das Exil, und das Geheimnis der Erlösung heißt Erinnerung." Diese oft zitierte jüdische Weisheit will wohl besagen, dass der Glaube an Gott ein Glaube an sein Wirken in der Geschichte ist. Die Erinnerung ist die Erfahrung vom Wirken Gottes in der Geschichte. Sie ist die Quelle des Glaubens an die Erlösung. Diese Erfahrung schafft Hoffnung, sie schafft Glauben an Erlösung, an Wiedervereinigung des Getrennten, an Versöhnung. Wer sie vergisst, verliert den Glauben. [...] Hitler wollte die Herrschaft über Europa, und zwar durch Krieg. Die Sowjetunion nahm den Krieg anderer Völker in Kauf, um sich am Ertrag zu beteiligen. Die Initiative zum Krieg aber ging von Deutschland aus. [...] Der Neuanfang in Europa nach 1945 hat dem Gedanken der Freiheit und Selbstbestimmung Siege und Niederlagen gebracht. Für uns gilt es, die Chance des Schlussstrichs unter eine lange Periode europäischer Geschichte zu nutzen, in der jedem Staat Frieden nur denkbar und sicher schien als Ergebnis eigener Überlegenheit und in der Frieden eine Zeit der Vorbereitung des nächsten Krieges bedeutete. [...] Hatten sich bei Kriegsende viele Deutsche noch darum bemüht, ihren Pass zu verbergen oder gegen einen anderen einzutauschen, so ist heute unsere Staatsbürgerschaft ein angesehenes Recht. Wir dürfen uns der Entwicklung dieser vierzig Jahre dankbar erinnern, wenn wir das eigene historische Gedächtnis als Leitlinie für unser Verhalten in der Gegenwart und für die ungelösten Aufgaben, die auf uns warten, nutzen.

- Wenn wir uns daran erinnern, dass Geisteskranke im Dritten Reich getötet wurden, werden wir die Zuwendung zu psychisch kranken Bürgern als unsere eigene Aufgabe verstehen.

- Wenn wir uns erinnern, wie rassisch, religiös und politisch Verfolgte, die vom sicheren Tod bedroht waren, oft vor geschlossenen Grenzen anderer Staaten standen, werden wir vor denen, die heute wirklich verfolgt sind und bei uns Schutz suchen, die Tür nicht verschließen.

- Wenn wir uns der Verfolgung des freien Geistes während der Diktatur besinnen, werden wir die Freiheit jedes Gedankens und jeder Kritik schützen, so sehr sie sich auch gegen uns selbst richten mag.

Wir Deutschen sind ein Volk und eine Nation. Wir fühlen uns zusammengehörig, weil wir dieselbe Geschichte durchlebt haben. [...] Nicht ein Europa der Mauern kann sich über Grenzen hinweg versöhnen, sondern ein Kontinent, der seinen Grenzen das Trennende nimmt. Wir haben die Zuversicht, dass der 8. Mai nicht das letzte Datum unserer Geschichte bleibt, das für alle Deutschen verbindlich ist.

RICHARD VON WEIZSÄCKER (1920–2015)

1920–1936 Lebt in der Schweiz und Dänemark, da der Vater Diplomat ist.

1939–1945 Militärdienst; sein Regiment wird an die Ostfront geschickt.

1944 Mit mehreren Kameraden wird er, wenn auch in einer Nebenrolle, des gescheiterten Attentats auf Hitler angeklagt.

1947–1948 Während der Nürnberger Prozesse verteidigt er seinen Vater, der wegen Kriegsverbrechen angeklagt ist.

1954 Tritt der CDU bei.

1964 Wird Vorsitzender der Synode der Evangelischen Kirche in Deutschland.

1969 Wird Mitglied im Bundestag.

1981 Wird zum Bürgermeister von Berlin gewählt.

1984 Wird zum Präsidenten der Bundesrepublik Deutschland ernannt. Seine Amtszeit dauert zehn Jahre.

Am 6. Oktober 1987 begrüßt der deutsche Bundespräsident Aussiedler bei seinem Besuch des Grenzdurchgangslagers Friedland anlässlich dessen 30. Tätigkeitsjahres.

Ronald Reagan

„Herr Gorbatschow, reißen Sie diese Mauer nieder!“

Westberlin, 12. Juni 1987

Nur wenige Politiker haben das Urteil der Zeitgenossen und der Nachwelt so polarisiert wie Ronald Reagan. Seine Figur ist umstritten: So gehört er noch heute zu den beliebtesten US-Präsidenten in der öffentlichen Meinung Amerikas (nicht nur bei Konservativen) und gleichzeitig zu den von Historikern und Forschern am stärksten kritisierten.
Seine entscheidende Rolle für das Ende des Kalten Kriegs kann man jedoch nicht in Zweifel ziehen. Ihr Symbol, die Berliner Mauer, hatte im Frühling 1987 fast das siebenundzwanzigste Jahr erreicht. Sie war ab August 1961 errichtet worden und sofort nicht nur Mittel der physischen und politischen Teilung, die der deutschen Stadt aufgezwungen wurde, sondern auch Symbol für die Spaltung, die am Eisernen Vorhang entlang durch Europa und die ganze Welt verläuft: auf der einen Seite der kommunistische Block, auf der anderen die NATO-Länder. Diese Teilung sollte jedoch nicht von Dauer sein. Dank des neuen politischen Kurses von Michail Gorbatschow wird die Sowjetunion nun zu einem dialogbereiten Partner: Reagans Rede fand mitten in einer Reihe von Treffen zwischen beiden Regierungschefs über die Abrüstung der in Europa stationierten Kernwaffen statt. Aber der amerikanische Präsident – er ist zum 750. Jubiläum der Stadtgründung in Berlin – will die Chance ergreifen, Moskau mit seiner Verantwortung zu konfrontieren.
Reagans Ansatz ist direkt, eine ausdrückliche Herausforderung an die politische Spitze der rivalisierenden Macht, von der er den Beweis fordert, dass die proklamierten Reformen nicht nur sterile Propaganda sind. Die Mauer dient dabei als Metapher für die augenscheinlich unüberwindbaren ideologischen und wirtschaftlichen Differenzen zwischen dem prosowjetischen Block und den Ländern, die für Demokratie und freie Marktwirtschaft gesorgt haben, also laut Reagan die Grundwerte des American Way of Life. Diese Unterschiede müssen überwunden werden, wenn man einen globalen Frieden will. Die markanteste Passage in Reagans Rede war Gegenstand von heftigen Auseinandersetzungen in seinem Team: Es befürchtete eine diplomatische Krise, die die Entspannungspolitik der vorangegangenen Jahrzehnte gefährdet hätte, aber der Wille des Präsidenten setzte sich durch. Die Rede rief tatsächlich pikierte Reaktionen unter den führenden Kommunisten der DDR hervor, die sie für unnütz provokant hielten, während sie im Westen lau aufgenommen wurde. Sie wurde dann zwei Jahre später, als die Mauer fiel, hochaktuell und machte Reagan zu einer der prägenden Figuren der damaligen Zeit.

Der amerikanische Präsident Ronald Reagan am 12. Juni 1987 bei seiner berühmten Rede vor dem Brandenburger Tor in Berlin.

"

Vor dem Brandenburger Tor ist jeder Mann ein von seinem Bruder getrennter Deutscher.

"

Vor 24 Jahren hat Präsident John F. Kennedy Berlin besucht und vor dem Rathaus zu den Menschen dieser Stadt und der ganzen Welt gesprochen. Nun, seitdem sind zwei Präsidenten in ihrer jeweiligen Amtszeit nach Berlin gekommen. Ich selbst statte heute meinen zweiten Besuch in dieser Stadt ab. Wir amerikanischen Präsidenten kommen nach Berlin, weil wir gerade an diesem Ort von der Freiheit sprechen müssen. Aber ich gestehe, dass es noch andere Dinge sind, die uns hierher geführt haben: das Gefühl für Geschichte in dieser Stadt, die mehr als 500 Jahre älter ist als unsere eigene Nation. Die Schönheit des Grunewalds und des Tiergartens. Am meisten aber Ihr Mut und Ihre Entschlossenheit. Vielleicht hat der Komponist Paul Lincke die amerikanischen Präsidenten richtig eingeschätzt. Wissen Sie, ich komme heute hierher wie so viele Präsidenten vor mir, weil, wo ich auch hingehe und was ich auch tue: „Ich hab' noch einen Koffer in Berlin."

[...] Hinter mir steht eine Mauer, die die freien Sektoren dieser Stadt umschließt, ein Teil der massiven Schranken, die den gesamten Kontinent Europa spalten. Von der Ostsee nach Süden durchschneiden diese Barrieren Deutschland mit einer Schmach aus Stacheldraht, Stahlbeton, Hunden und Wachtürmen. Weiter südlich mag es keine sichtbare Mauer geben, keine offensichtliche Mauer, aber die bewaffneten Wachen und Kontrollpunkte bleiben eine Einschränkung des Reiserechts, immer noch ein Instrument, um Männern und Frauen den Willen eines totalitären Staates aufzuzwingen. Aber hier in Berlin erscheint die Mauer deutlich, eine Wunde in der Stadt. Hier, wo Zeitungsfotos und Fernsehbildschirme den unauslöschlichen Eindruck dieser brutalen Teilung eines Kontinents in der Vorstellung der ganzen Welt hinterlassen. Vor dem Brandenburger Tor ist jeder Mann ein von seinem Bruder getrennter Deutscher. Jeder Mann ist ein Berliner, der gezwungen ist, auf eine Wunde zu schauen. [...] Wo es vor vierzig Jahren nur Ruinen gab, steht heute in West-Berlin die beeindruckendste Industrieproduktion aller Städte in Deutschland. Bürogebäude, schöne Häuser und Wohnungen, üppige Boulevards und eine riesige Fläche von Wiesen und Parks. Dort, wo die Kultur einer Stadt zerstört zu sein schien, gibt es heute zwei große Universitäten, Orchester und eine Oper, unzählige Theater und Museen. Wo Bedarf herrschte, ist heute Überfluss: Essen, Kleidung, Autos, der fantastische Luxus auf dem Kudamm. Aus der Verwüstung, aus der totalen Ruine

haben Sie Berliner in Freiheit eine Stadt wieder aufgebaut, die wieder zu den größten der Welt gehört. Die Sowjets hatten vielleicht andere Pläne. Aber Freunde, es gibt einige Dinge, auf die die Sowjets nicht zählen können: Berliner Herz, Berliner Humor, ja, und Berliner Schnauze.
1950 hatte Chruschtschow angekündigt: „Wir werden euch vernichten.“ Aber im Westen sehen wir heute eine freie Welt, die ein Wohlstandsniveau erreicht hat, das in der gesamten Menschheitsgeschichte beispiellos ist. In der kommunistischen Welt sehen wir Versagen, technologische Rückständigkeit, den Rückgang der Gesundheitsstandards und immer noch den Bedarf an lebenswichtigen Produkten: Es gibt zu wenig Nahrung. Die Sowjetunion ist auch heute noch nicht in der Lage, sich selbst zu ernähren. Vierzig Jahre später lautet daher die große und unvermeidliche Schlussfolgerung unter den Augen der ganzen Welt: Freiheit führt zu Wohlstand. Freiheit verwandelt die alte Feindschaft zwischen Nationen in gegenseitigen Respekt und Frieden. Freiheit ist Sieg. Die Sowjets selbst können beginnen, die Bedeutung der Freiheit zu verstehen. Wir haben viele Stimmen aus Moskau über eine neue Reform- und Offenheitspolitik gehört. Einige politische Gefangene wurden freigelassen. Einige ausländische Fernsehsender sind nicht mehr verdeckt. Einige Unternehmen dürfen mit größerer Freiheit von staatlicher Kontrolle operieren. Sind dies die Anfänge tiefgreifender Veränderungen im Sowjetstaat? Oder sind es symbolische Gesten, die nur dazu dienen, falsche Hoffnungen im Westen zu wecken oder das sowjetische System zu stärken, ohne es wirklich zu ändern? Wir begrüßen Veränderungen und Eröffnungen, denn wir glauben, dass Freiheit und Sicherheit Hand in Hand gehen. Wir glauben, dass nur die Zunahme der menschlichen Freiheit die Sache des Weltfriedens stärken kann.
Es gibt jedoch einen einzigen Schritt, den die Sowjets machen können, und das wäre eindeutig, ein Schritt, der die Sache der Freiheit und des Friedens vollständig fördern könnte. Sekretär Gorbatschow, wenn Sie den Frieden anstreben, wenn Sie den Wohlstand der Sowjetunion und ganz Osteuropas anstreben, wenn Sie die Liberalisierung anstreben, kommen Sie zu diesem Tor! Herr Gorbatschow, öffnen Sie dieses Tor! Herr Gorbatschow, reißen Sie diese Mauer nieder!
[...] Heute gedeiht die Stadt trotz der Herausforderungen, die mit der schwerfälligen

"

Die totalitäre Welt erzeugt Rückständigkeit, weil sie dem Geist Gewalt antut, weil sie den natürlichen Impuls des Menschen behindert, zu erschaffen, sich zu freuen, Glauben zu haben.

"

RONALD REAGAN (1911–2004)

1932 Bachelor of Arts in Wirtschaft und Soziologie am Eureka College.

1937 Beginnt eine Karriere als Schauspieler, erst im Film, dann im Fernsehen.

1962 Tritt offiziell der Republikanischen Partei bei.

1964 Wird zu einem der Sprecher der Republikanischen Partei.

1967–1975 Für zwei Amtszeiten wird er zum Gouverneur Kaliforniens gewählt.

1981–1989 Wird zum 40. Präsidenten der USA gewählt und führt eine liberalistische Wirtschaftspolitik ein, die als Reaganomics bezeichnet wird; dabei werden die öffentlichen Ausgaben und der staatliche Einfluss auf die Wirtschaft reduziert.

1981 Am 30. März wird er bei einem Attentat verletzt.

1985 Die Reagan-Administration wird von der Iran-Contra-Affäre erschüttert.

1985–1988 Insgesamt fünf Begegnungen mit Michail Gorbatschow, um über das Wettrüsten zu sprechen.

2004 Nach dem Rückzug ins Privatleben an Alzheimer erkrankt, stirbt er am 5. Juni in Los Angeles.

Am 12. Juni 1987 betrachtet US-Präsident Reagan die Berliner Mauer vom Balkon des Deutschen Bundestages aus.

Präsenz dieser Mauer verbunden sind. Was hält Sie hier? Es ist sicher eine großartige Sache, als Beispiel für die eigene Stärke, den eigenen herrlichen Mut genommen zu werden. Aber ich glaube, dass es etwas Tieferes gibt und dass es um das Aussehen, die Sensibilität und die Lebensweise Berlins geht, nicht nur um Sentimentalität. Niemand kann lange in Berlin leben, ohne die Ernüchterung ganz aufzugeben. Etwas, das die Schwierigkeiten des Lebens in Berlin gesehen hat, sich aber dazu entschlossen hat, sie zu akzeptieren, etwas, das diese gute und stolze Stadt im Gegensatz zu einer schwerfälligen totalitären Präsenz, die sie umgibt, weiter aufbaut. Etwas, das mit einer kraftvollen und feierlichen Stimme „Ja" zu dieser Stadt, „Ja" zur Freiheit, „Ja" zur Zukunft sagt. Ich möchte betonen, dass das, was Sie an Berlin bindet, Liebe ist, eine tiefe und beständige Liebe.

Vielleicht bringt uns dies zur Wurzel des Problems, zum radikaleren Unterschied zwischen Ost und West. Die totalitäre Welt erzeugt Rückständigkeit, weil sie dem Geist Gewalt antut, weil sie den natürlichen Impuls des Menschen behindert, zu erschaffen, sich zu freuen, Glauben zu haben. Der Totalitarismus glaubt, dass sogar die Symbole der Liebe und des Glaubens ein Affront sind. Vor Jahren, bevor die DDR mit dem Wiederaufbau ihrer Kirchen begann, wurde ein weltliches Bauwerk errichtet: der Fernsehturm am Alexanderplatz. Seitdem bemühen sich die Behörden, den ihrer Meinung nach wichtigsten Defekt des Turms zu beheben, indem sie versuchen, an der Glaskugel im oberen Teil einzugreifen und alle möglichen Farben und Chemikalien zu verwenden. Selbst heute noch, wenn die Sonne auf diese Kugel trifft, die ganz Berlin beherrscht, zieht das reflektierte Licht ein Kreuz. Hier in Berlin können die Symbole der Liebe, die Symbole des Glaubens nicht unterdrückt werden, so wie es nicht möglich ist, diese Stadt zu unterdrücken. Als ich vor kurzem aus dem Reichstag schaute, einer wahren Verkörperung der Einheit Deutschlands, bemerkte ich einige grob gesprühte Worte an der Wand, vielleicht von einem jungen Berliner. „Diese Mauer wird fallen. Glauben wird Realität". Ja, in ganz Europa wird diese Mauer fallen. Sie kann dem Glauben nicht standhalten, sie kann der Wahrheit nicht standhalten. Die Mauer kann der Freiheit nicht standhalten. [...] Danke, und Gott segne Sie.

Peter Zeeman

Michail Gorbatschow

New York, 07. Dezember 1988

Rede vor der Vollversammlung der Vereinten Nationen zum Reformprozess in der Sowjetunion

Als Michail Gorbatschow 1985 zum Generalsekretär der Kommunistischen Partei ernannt wird, ist die Sowjetunion längst ein Riese auf tönernen Füßen. Eine aufgeblähte Bürokratie, eine Führungsklasse, die nur mit Mühe Neuerungen zulässt, und eine erfolglose Außenpolitik scheinen den unaufhaltsamen Niedergang zu fördern, während der Rüstungswettlauf mit den USA das Land an den Rand des finanziellen Zusammenbruchs führt. Ein breites Programm an strukturellen Reformen, das alle Bereiche des staatlichen Gefüges betrifft, ist unaufschiebbar. Die Schlagworte des neuen, vom Kreml eingeleiteten Kurses werden auch im Westen schnell berühmt: Perestroika („Umstrukturierung") und Glasnost („Transparenz") bezeichnen die neue Öffnung für die Demokratisierung und wirtschaftliche Liberalisierung und die Gewährung einer größeren Meinungsfreiheit, um die Bevölkerung in den Wandel einzubeziehen und einen „sozialistischen Rechtsstaat" zu schaffen. Aber den deutlichsten Bruch zeigen die Initiativen des Generalsekretärs in der Außenpolitik. Jahrzehntelang hatte die Welt mit Sorge auf die Spannungen zwischen den beiden Supermächten geblickt und eine militärische Eskalation befürchtet, während Gorbatschow nun gerade dem bisherigen Feind, den USA, die Hand hinstreckt und eine Entspannung der Beziehungen beider Länder im Namen eines gemeinsamen Engagements für die atomare Abrüstung fördert. Die Rede vor der UN-Generalversammlung bietet dem sowjetischen Regierungschef die Chance, die Grundsätze seiner Politik darzulegen: Anerkennung des Rechts auf Selbstbestimmung, Bereitschaft zur Zusammenarbeit jenseits ideologischer Teilungen, Interesse am Schicksal der ganzen Erde. Am selben Tag zwingt ihn ein verheerendes Erdbeben in Armenien zur Rückkehr in die Heimat: In dieser Notsituation wird er um die Entsendung amerikanischer Kontingente bitten und damit noch einmal die Absicht beweisen, den Isolationismus seiner Vorgänger zu beenden. Die radikale soziale und politische Erneuerung führte zu einer Freisetzung von Energien, die zuvor unter der eisernen Kontrolle des Regimes standen, und dies hatte Folgen, die auch ein gewiefter, erfahrener Politiker nicht hätte vorhersehen können, darunter das Ende der Sowjetunion selbst und die Entstehung eines neuen Russlands. Dies sieht zwar anders aus als Gorbatschow erhoffte, aber seine Verdienste wurden von den Zeitgenossen anerkannt: So wurde ihm der Nobelpreis verliehen, weil er den Kalten Krieg im Bemühen um den Weltfrieden zu einem friedlichen Ende geführt hatte.

Michail Gorbatschow, Generalsekretär der Kommunistischen Partei der ehemaligen Sowjetunion, bei einem Besuch in der Bundesrepublik Deutschland im Juni 1989.

"

Wir sind heute in eine Ära eingetreten, in der Fortschritt auf den Interessen der gesamten Menschheit beruhen wird.

"

Zwei große Revolutionen, die Französische Revolution von 1789 und die Russische Revolution von 1917, haben einen starken Einfluss auf die tatsächliche Natur des historischen Prozesses ausgeübt und den Verlauf der Weltereignisse radikal verändert. Beide haben, jede auf ihre Weise, dem Fortschritt des Menschen einen gigantischen Impuls gegeben. Sie sind es auch, die in vielerlei Hinsicht die Denkweise geprägt haben, die im öffentlichen Bewusstsein noch immer vorherrscht.
Das ist ein sehr großer geistiger Reichtum, aber heute taucht vor uns eine andere Welt auf, für die es notwendig ist, verschiedene Wege in die Zukunft zu suchen, zu suchen – natürlich unter Berufung auf gesammelte Erfahrungen – aber auch die radikalen Unterschiede zu sehen zwischen dem, was gestern war und dem, was heute stattfindet.
Die Neuheit der Aufgaben und gleichzeitig ihre Schwierigkeit sind nicht darauf beschränkt. Wir sind heute in eine Ära eingetreten, in der Fortschritt auf den Interessen der gesamten Menschheit beruhen wird. Das Bewusstsein erfordert, dass auch die Weltpolitik von der Priorität der Werte aller Menschen bestimmt wird.
[...] Weiterer weltweiter Fortschritt ist nur noch durch die Suche nach einem Konsens der gesamten Menschheit auf dem Weg zu einer neuen Weltordnung möglich. Wir sind an einer Grenze angelangt, an der kontrollierte Spontanität zu einer Sackgasse führt. Die Weltgemeinschaft muss lernen, den Prozess so zu gestalten und zu lenken, dass die Zivilisation erhalten, für alle sicher und für das normale Leben angenehmer wird.
[...] Daran führt kein Weg vorbei, aber es führt auch kein Weg daran vorbei, einen Interessenausgleich innerhalb eines internationalen Rahmens zu finden, der zu einer Bedingung für das Überleben und den Fortschritt geworden ist. Wenn Sie über all dies nachdenken, werden Sie zu dem Schluss kommen, dass wir, wenn wir die Lehren der Vergangenheit und die Realitäten der Gegenwart berücksichtigen wollen, mit der objektiven Logik der Weltentwicklung rechnen müssen. Es besteht die Notwendigkeit der Suche – und des gemeinsamen Strebens – nach einem Ansatz zur Verbesserung der internationalen Situation und zum Aufbau einer neuen Welt.
[...] Wahlfreiheit ist ein universelles Prinzip, von dem es keine Ausnahmen geben sollte. Wir sind nicht einfach durch gute Gründe zu dem Schluss gekommen, dass dieses Prinzip unveränderlich ist. Wir wurden durch eine unparteiische Analyse der objektiven Prozesse unserer Zeit dorthin geführt. Die zunehmende Vielfalt der sozialen Entwicklung in verschiedenen Ländern wird in diesen Prozessen immer stärker spürbar. Dies betrifft sowohl das kapitalistische als auch das sozialistische System.

Dies zeigt auch die Vielfalt gesellschaftspolitischer Strukturen, die sich in den letzten Jahrzehnten aus nationalen Befreiungsbewegungen entwickelt hat. Diese objektive Tatsache setzt den Respekt für die Ansichten und Standpunkte anderer Menschen, Toleranz, die Bereitschaft, Erscheinungen zu sehen, die anders sind, jedoch nicht unbedingt schlecht oder feindselig sein müssen, sowie die Fähigkeit voraus, zu lernen, nebeneinander zu leben und dabei unterschiedlich zu bleiben und sich nicht bei jedem Thema einig zu werden.
[...] Dies sind unsere Überlegungen zur natürlichen Ordnung der Dinge in der Welt an der Schwelle zum 21. Jahrhundert. Wir behaupten natürlich nicht, die unfehlbare Wahrheit zu vertreten, aber nachdem wir die früheren Realitäten – Realitäten, die wieder entstanden sind – einer strengen Analyse unterzogen haben, sind wir zu dem Schluss gekommen, dass wir genau nach solchen Ansätzen gemeinsam einen Weg suchen müssen, die Vorherrschaft der gemeinsamen menschlichen Idee über die unzähligen Vielzahl von Zentrifugalkräften zu erreichen, die Vitalität einer Zivilisation zu bewahren, die als einzige im Universum möglich ist. [...] Unser Land erlebt einen wahrhaft revolutionären Aufschwung. [...] Um die Gesellschaft in die Umsetzung der Umstrukturierungspläne einzubeziehen, musste sie wahrhaft demokratischer gestaltet werden. Im Zeichen der Demokratisierung umfasste die Umstrukturierung jetzt Politik, Wirtschaft, geistiges Leben und Ideologie. Wir haben eine radikale Wirtschaftsreform eingeleitet, Erfahrungen gesammelt und übertragen ab dem neuen Jahr die gesamte Volkswirtschaft auf neue Formen und Arbeitsmethoden.
[...] Wir sind mehr als zuversichtlich. Wir haben sowohl die Theorie als auch die Politik und die Avantgarde, eine Partei umzustrukturieren, die sich auch selbst entsprechend den neuen Aufgaben und den radikalen Veränderungen in der Gesellschaft umstrukturiert. Und das Wichtigste: Alle Völker und alle Generationen von Bürgern in unserem großen Land befürworten Umstrukturierungen.
[...] Die Sowjetunion hat beschlossen, ihre Streitkräfte zu reduzieren. In den nächsten zwei Jahren wird sich ihre zahlenmäßige Stärke um 500 000 Personen verringern, und auch das Volumen konventioneller Waffen wird erheblich verringert. Diese Kürzungen werden einseitig vorgenommen, unabhängig von den Verhandlungen über das Mandat für das Wiener Treffen. [...] Mit diesem Gesetz möchten wir ebenso wie mit all unseren Maßnahmen zur Entmilitarisierung der internationalen Beziehungen die Weltgemeinschaft auf ein weiteres aktuelles Problem aufmerksam machen, nämlich den Übergang von einer Rüstungswirtschaft zu einer Abrüstungswirtschaft. Ist die Umstellung der Rüstungsindustrie realistisch?

"

Wahlfreiheit ist ein universelles Prinzip, von dem es keine Ausnahmen geben sollte.

"

MICHAIL GORBATSCHOW

(1931–)

1950 Beitritt zur KPdSU (Kommunistische Partei der Sowjetunion).

1955 Schließt das Studium der Rechtswissenschaft an der Staatlichen Universität Moskau ab.

1967 Abschluss als Agrarbetriebswirt an der Universität Stawropol.

1970 Tritt als Abgeordneter in den Obersten Sowjet der Sowjetunion ein.

1980 Wird als Vollmitglied in das Politbüro des Zentralkomitees der KPdSU aufgenommen.

1985 Wird zum Generalsekretär der KPdSU ernannt und leitet einen wirtschaftlichen und sozialen Reformplan ein, der als „Perestroika" bekannt ist.

1985 Am 19. November begegnet er beim Gipfeltreffen in Genf zum ersten Mal dem amerikanischen Präsidenten Ronald Reagan.

1990 Friedensnobelpreis.

1991 Nach der Auflösung der Sowjetunion tritt er am 25. Dezember vom Amt des Staatschefs zurück.

[...] Schließlich kann ich mich auf US-amerikanischem Boden, aber auch aus anderen verständlichen Gründen, dem Thema unserer Beziehungen zu diesem großen Land zuwenden. [...] Die Beziehungen zwischen der Sowjetunion und den Vereinigten Staaten von Amerika erstrecken sich über fünfeinhalb Jahrzehnte. Die Welt hat sich verändert, ebenso die Natur, die Rolle und der Ort dieser Beziehungen in der Weltpolitik. Zu lange standen sie unter dem Banner der Konfrontation und manchmal der Feindseligkeit, entweder offen oder verborgen. In den letzten Jahren konnten die Menschen auf der ganzen Welt aufatmen, da sich die Substanz und die Atmosphäre der Beziehungen zwischen Moskau und Washington verbessert hatten.
[...] Beide Seiten besitzen die größten und raffiniertesten militärischen Geheimnisse. Aber sie haben die Grundlage gelegt und entwickeln ein System der gegenseitigen Überprüfung sowohl im Hinblick auf die Zerstörung als auch auf die Begrenzung und das Verbot der Rüstungsproduktion. Sie sammeln Erfahrungen für künftige bilaterale und multilaterale Abkommen. Wir schätzen das.
[...] Die Vererbung von Trägheit aus der Vergangenheit funktioniert weiterhin. Tiefe Widersprüche und die Wurzeln vieler Konflikte sind geblieben. Die grundlegende Tatsache bleibt, dass die Bildung der Friedensperiode unter den Bedingungen des Bestehens und der Rivalität verschiedener sozioökonomischer und politischer Systeme stattfinden wird. Der Sinn unserer internationalen Bemühungen und einer der wichtigsten Grundsätze des neuen Denkens besteht jedoch gerade darin, dieser Rivalität die Qualität eines vernünftigen Wettbewerbs unter den Bedingungen der Achtung der Wahlfreiheit und des Interessenausgleichs zu verleihen.
[...] Man möchte glauben, dass unsere gemeinsamen Bemühungen, die Ära der Kriege, der Konfrontation und der regionalen Konflikte, der Aggression gegen die Natur, des Terrors von Hunger und Armut sowie des politischen Terrorismus zu beenden, mit unseren Hoffnungen vergleichbar sein werden. Dies ist unser gemeinsames Ziel, und nur gemeinsam können wir es erreichen. Ich danke Ihnen.

Mit seinem Besuch in Finnland in Begleitung seiner Frau im Oktober 1989 bestätigt der Sowjetführer Michail Gorbatschow einen Kurswechsel in der sowjetischen Politik in Osteuropa, der sich bald mit dem Fall der Berliner Mauer manifestieren wird.

Benazir Bhutto

Rede anlässlich der Vierten Weltfrauenkonferenz

Peking, 4. September 1995

Benazir Bhutto ist in der zweiten Amtszeit Premierministerin von Pakistan, als sie am 4. September 1995 in Peking bei der vierten Weltfrauenkonferenz spricht. Dabei wird auch dank des Engagements der Zivilgesellschaft eine mutige, fortschrittliche Erklärung für die Förderung der Geschlechtergleichheit und der Menschenrechte in aller Welt unterzeichnet. Außerdem wird eine Aktionsplattform genehmigt, die kritische Themen aufzeigt, für die man sich engagieren soll: Einführung von Gesetzen, Sozialpolitik, Strategien und Aktionsprogramme für Frauen jeden Alters, Stärkung der institutionellen Verfahren und Förderung von Methoden, die die positive Rolle und den entscheidenden Beitrag der Frauen zum sozialen, politischen und Wirtschaftsleben anerkennen.

In diesem Umfeld ergreift Benazir Bhutto das Wort. Sie will sich persönlich für diese Themen einsetzen, obwohl sie sich der Schwierigkeiten bewusst war, als sie ideell in die Spuren ihres Vaters Zulfikar Ali Bhutto trat, der erst von General Muhammad Zia-ul-Haq in einem Putsch abgesetzt und dann hingerichtet worden war. Mit nur 35 Jahren war sie 1988 die erste Frau in der ganzen islamischen Welt, die zur Premierministerin gewählt wurde. Ihre Regierung dauert allerdings nur zwanzig Monate: Wie ihr Vater wurde sie 1990 nach der Auseinandersetzung mit dem Präsidenten Ghulam Ishaq Khan abgesetzt, dem sie vorwarf, für den Konservativen Nawaz Sharif Partei zu ergreifen. 1993 gewann die Pakistanische Volkspartei erneut die Wahlen und Benazir Bhutto kehrte für drei Jahre an die Macht zurück. Die Situation wurde allerdings so kritisch, dass sie aus Angst um ihr Leben gezwungen war, das Land zu verlassen. Mutig und entschieden kehrte sie 2007 nach Pakistan zurück, wurde aber in einem Attentat während des Wahlkampfs ermordet.

In ihrer Rede entwirft Benazir Bhutto ein modernes Pakistan, in dem die Frau eine wesentliche Rolle einnimmt: ein ungewöhnlicher Standpunkt in einem Kontext, in dem immer und in jedem Fall der Mann entscheidet, auch über die instrumentelle, verzerrte Auslegung des Korans. Was die Frauenemanzipation noch komplizierter macht, ist auch das herrschende doppelte Rechtssystem, das bürgerliche Recht und das islamische Recht mit der *Scharia*. Die Lebensbedingungen der Frau in Pakistan hängen zudem vom sozialen Stand, der jeweiligen Religion, dem Bildungsgrad, der wirtschaftlichen Unabhängigkeit und dem Lebensraum – Stadt oder Land – ab. Eigentlich war die Gleichstellung der Geschlechter in Pakistan seit 1973 von der Verfassung garantiert, die aber keine Anwendung fand.

Ein eindrucksvolles Porträt von Benazir Bhutto im Jahr 1988, die genau in diesem Jahr, zwei Jahre nach ihrer Rückkehr aus dem britischen Exil, Premierministerin ihres Landes wurde.

"

Frauen werden auf der ganzen Welt die Rechte verweigert, egal ob sie entwickelt sind oder sich entwickeln.

"

Meine lieben Schwestern, meine Damen und Herren! Es gibt eine moralische Krise, welche die Welt erfasst, eine Krise der Ungerechtigkeit und Untätigkeit, eine Krise des Schweigens und der Einwilligung. Die Krise wird durch Jahrhunderte und Generationen von Unterdrückung und Repression verursacht. Diese Konferenz geht daher über Politik und Wirtschaft hinaus. Wir haben es mit einer grundlegenden moralischen Frage zu tun. Dies ist ein wahrhaft historischer Anlass.
[...] Bei dieser feierlichen Gelegenheit stehe ich Ihnen nicht nur als Ministerpräsidentin, sondern auch als Frau und Mutter zur Seite – eine Frau, die stolz auf ihr kulturelles und religiöses Erbe ist, eine Frau, die sensibel gegenüber den Hindernissen für Gerechtigkeit und uneingeschränkte Teilhabe ist, die sich in fast jeder Gesellschaft auf Erden immer noch den Frauen entgegenstellen.
Als erste Frau, die jemals eine islamische Nation angeführt hat, fühle ich eine besondere Verantwortung gegenüber Frauenfragen und gegenüber allen Frauen. Und als muslimische Frau fühle ich eine besondere Verantwortung, der Propaganda einer Handvoll Menschen, die im Islam Frauen einen zweitklassigen Status verleihen, entgegenzuwirken. Das ist nicht wahr. [...] Die muslimischen Frauen haben eine besondere Verantwortung bei der Unterscheidung zwischen islamischen Lehren und sozialen Tabus, die sich aus den Traditionen einer patriarchalischen Gesellschaft ergeben. Dies ist eine Unterscheidung, die Anhänger des Obskurantismus nicht sehen möchten. Denn Dunkelmänner glauben an Diskriminierung. Diskriminierung ist der erste Schritt zur Diktatur und zur Machtübernahme. [...] Bei der Unterscheidung zwischen islamischen Lehren und sozialen Tabus müssen wir uns daran erinnern, dass der Islam Ungerechtigkeiten verbietet. Ungerechtigkeit gegen Menschen, gegen Nationen, gegen Frauen.
Er lehnt es ab, Ethnie, Hautfarbe und Geschlecht als Grundlage für die Unterscheidung zwischen Mitmenschen zu sehen. Er verankert die Frömmigkeit als einziges Kriterium für die Beurteilung der Menschheit. Er behandelt Frauen als eigenständige Menschen, nicht als Habseligkeiten.
[...] Der Heilige Prophet (Friede sei mit ihm) selbst heiratete eine berufstätige Frau. Und der erste Konvertit zum Islam war eine Frau, Bibi Khadija. Der Prophet Muhammad (Friede sei mit ihm) verurteilte nachdrücklich die Praxis des weiblichen Kindermords im vorislamischen Arabien und setzte ihr ein Ende. Der

Heilige Koran lautet: „Wenn einem von ihnen die Nachricht von der Geburt eines Mädchen gebracht wird, verdunkelt sich sein Gesicht und er ist voller innerer Trauer. Was für eine Schande verbirgt er selbst vor seinem Volk wegen der schlechten Nachrichten, die er hatte. Soll er es bei Leiden und Verachtung behalten oder im Staub vergraben? Ah! was für eine schlechte Wahl sie doch treffen".

Meine Damen und Herren! Wie wahr diese Worte auch heute noch klingen. Wie viele Frauen werden in ihren Familien „behalten" mit „Leiden und Verachtung" und wachsen mit emotionalen Narben und Belastungen auf. Wie tragisch ist es, dass die vorislamische Praxis des weiblichen Kindesmords immer noch eine Welt heimsucht, die wir als modern und zivilisiert betrachten. Mädchen werden oft ausgesetzt oder abgetrieben.

[...] Die Rechte, die der Islam muslimischen Frauen gab, wurden zu oft verweigert. Und Frauen werden auf der ganzen Welt die Rechte verweigert, egal ob sie entwickelt sind oder sich entwickeln. Überall auf der Welt sind Frauen häuslicher Gewalt ausgesetzt. [...] Wir müssen also zusammenarbeiten, um nicht nur die Einstellungen von Männern, sondern auch die von Männern und Frauen zu ändern. Frauen sind Opfer einer Kultur der Ausgrenzung und der männlichen Dominanz geworden. Heute leiden mehr Frauen als Männer unter Armut, Benachteiligung und Diskriminierung. Eine halbe Milliarde Frauen sind Analphabetinnen. 70 Prozent der Kinder, denen die Grundschulbildung verweigert wird, sind Mädchen.

[...] Als ich aufwuchs, wurden Frauen nicht ausgebildet. Ich war das erste Mädchen in meiner Familie, das zur Universität ging und für ihr Studium ins Ausland ging. Jetzt ist es zur Regel geworden, dass Mädchen an Universitäten und im Ausland ausgebildet werden, wenn sich die Familien das leisten können. Ich habe in meinem Leben viele Veränderungen erlebt.

Aber ich hoffe, dass sich noch viel mehr Änderungen ergeben.

[...] Heute kann es auf dieser Welt im Kampf für die Befreiung der Frauen keine Neutralität geben. Aber meine lieben Schwestern, wir haben gelernt, dass Demokratie allein nicht ausreicht. Entscheidungsfreiheit allein garantiert keine Gerechtigkeit. Gleichberechtigung wird nicht nur durch politische Werte definiert.

"

Wir müssen eine Welt gestalten, die frei von Ausbeutung und Misshandlung von Frauen ist. Eine Welt, in der Frauen die Möglichkeit haben [...] auf höchste Ebenen aufzusteigen.

"

BENAZIR BHUTTO (1953–2007)

1973 Studienabschluss in Politikwissenschaften in Harvard.

1977 Wird nach dem Putsch von Diktator Zia-ul-Haq unter Hausarrest gestellt.

1984 Ausreiseerlaubnis und Reise nach England, wo sie im Exil Führerin der Pakistanischen Volkspartei wird.

1988 Wird als erste Frau in einem islamischen Land zur Premierministerin gewählt.

1990 August: Sie wird abgesetzt und der Korruption angeklagt.

1993 Wiederwahl zur Chefin einer Koalitionsregierung, die drei Jahre dauert.

1998 Wird gezwungen, ins Exil zu gehen.

2007 Rückkehr in die Heimat nach Jahren im Ausland, u. a. in London und Dubai. Sie kandidiert für die Wahl im Folgejahr. Es finden zwei Attentate auf sie statt: Beim zweiten stirbt sie zusammen mit weiteren dreiundzwanzig Menschen.

Benazir Bhutto, umgeben von einer Menschenmenge, während des Wahlkampfs im pakistanischen Bundesstaat Punjab im Jahr 1988.

Soziale Gerechtigkeit ist eine Triade der Freiheit, der Gleichheit, der Selbstbestimmung: Gerechtigkeit ist politische Freiheit. Gerechtigkeit ist wirtschaftliche Unabhängigkeit. Gerechtigkeit ist soziale Gleichheit.
[...] Aber neue Wolken verdunkeln den Horizont. Das Ende des Kalten Krieges hätte Frieden und eine Ära des Fortschritts für Frauen einläuten sollen. Bedauerlicherweise hat die Zunahme regionaler Spannungen und Konflikte unsere Bestrebungen widerlegt. Frauen und Mädchen waren nach wie vor die unmittelbarsten Opfer dieser Konflikte – die hilflosesten und damit die am meisten missbrauchten.
Der Einsatz von Vergewaltigung als Kriegswaffe und Instrument der „ethnischen Säuberung" ist ebenso verdorben wie verwerflich. Die Entfaltung dieses endlosen Übels in verschiedenen Teilen der Welt, einschließlich Jammu und Kaschmir sowie Bosnien und Herzegowina, hat das Gewissen der gesamten internationalen Gemeinschaft erschüttert. Das Ausmaß der Tragödie stellt unsere anderen Probleme in den Schatten – so dringlich sie auch sein mögen. Diese Konferenz muss daher ihre uneingeschränkte Solidarität mit unseren Schwestern und Töchtern ausdrücken, die Opfer von bewaffneten Konflikten, Unterdrückung und Brutalität sind. Ihr Unglück muss unsere erste Priorität sein.
Meine Damen und Herren! Ich komme zu Ihnen, um von den Kräften zu sprechen, die das neue Jahrzehnt, das neue Jahrhundert, das neue Jahrtausend prägen müssen. Wir müssen eine Welt gestalten, die frei von Ausbeutung und Misshandlung von Frauen ist. Eine Welt, in der Frauen die Möglichkeit haben, in Politik, Wirtschaft, Diplomatie und anderen Lebensbereichen auf höchste Ebenen aufzusteigen. Wo es keine misshandelten Frauen gibt. Wo Ehre und Würde in Krieg und Konflikt geschützt sind. Wo wir wirtschaftliche Freiheit und Unabhängigkeit haben. Wo wir gleichberechtigte Partner in Frieden und Entwicklung sind. Eine Welt, die sich gleichermaßen für die wirtschaftliche und politische Entwicklung einsetzt. Eine Welt, die den freien Märkten ebenso verpflichtet ist wie der Frauenemanzipation.

Renzo Piano

Rede anlässlich der Verleihung des Pritzker-Preises für Architektur

Washington, 17. Juni 1998

Am 17. Juni 1998 sind die Säle und Gärten des Weißen Hauses in Washington gedrängt voll mit über 600 Gästen aus aller Welt, darunter einigen der größten Talente der zeitgenössischen Architektur: Der renommierte Pritzker-Preis wird verliehen. Seit 1979 zeichnet er jedes Jahr einen Architekten aus, der mit seinem Schaffen bedeutende Beiträge für die Menschheit und die Umwelt geleistet hat. Zum zweiten Mal kommt diese Ehre einem Italiener zu, dem Genuesen Renzo Piano.
Dies ist ein Höhepunkt in der schon dreißigjährigen Karriere, in der Piano legendäre Bauwerke schuf: das Centre Georges Pompidou in Paris, das NEMO Science Center in Amsterdam, den Internationalen Flughafen Kansai in Osaka, das Hochhaus Aurora Place in Sydney, die Menil Collection in Houston und nicht zuletzt der Wiederaufbau des Potsdamer Platzes in Berlin und die vielen Projekte, die zur grundlegenden Erneuerung seiner Geburtsstadt Genua beitrugen. Der rote Faden, der in Aussehen und Funktion so verschiedene Gebäude vereint, ist die perfekte Synthese aus Kunst, Technik, Technologie und das konstante Streben nach Schönheit, das nach den Worten von Frank Lloyd Wright den Architekten sogar dem Dichter annähert.
Piano wird auf der Bühne von First Lady Hillary Clinton und den Ovationen des Publikums empfangen und geht zum Podium, das geschmückt ist mit dem Bronzemedaillon der Pritzker-Gewinner, in dem die drei Grundsätze der Architektur nach Vitruv eingraviert sind: Festigkeit, Nützlichkeit, Schönheit. Er hält eine intensive Rede, und schon in den ersten Worten wird klar, dass die Architektur selbst im Mittelpunkt steht. „Aber was genau ... ist Architektur?“, fragt er. Eine Kunst und gleichzeitig eine Wissenschaft im Dienste der Gesellschaft und der zukünftigen Generationen, die „Dinge hervorbringt, die einem Zweck dienen“, aber gleichzeitig auch Emotionen zu wecken vermag. Der Architekt ist nicht nur Dichter und Wissenschaftler, er muss auch Forscher sein und dem Instinkt, der Kreativität und der Inspiration in neue, geheimnisvolle Gebiete folgen. Er muss sich seiner Wurzeln und seiner Vergangenheit bewusst sein, ohne dass diese einen Ballast auf dem Weg in die Zukunft und zum Fortschritt darstellen. Zwanzig Jahre später ist die Karriere von Renzo Piano, gesäumt von neuen Meisterwerken und renommierten Ehrungen, alles andere als abgeschlossen, und er ist auf der ständigen Suche nach neuen Wegen, die es zu beschreiten gilt. Noch heute sind seine Leitmotive die Ideale Leichtigkeit, Originalität, Schönheit und Nachhaltigkeit.

Renzo Piano im September 2018 anlässlich einer Ausstellung seiner bedeutendsten Projekte an der Royal Academy in London.

"

Schließlich mischt Architektur die Dinge: Geschichte und Geographie, Anthropologie und Umwelt, Wissenschaft und Gesellschaft. Und sie spiegelt unweigerlich all diese Aspekte.

"

Herr Präsident, Frau Clinton, Herr und Frau Pritzker, es ist natürlich eine große Ehre für mich, den Pritzker-Preis 1998 zu erhalten. Und vor allem möchte ich mich bei den Mitgliedern der Jury bedanken. Sie haben eine enorme Verantwortung übernommen, als sie die Türen des Tempels für jemanden wie mich, der stets außerhalb desselben lebte, geöffnet haben. Ich bin sehr glücklich, stolz und dankbar, der Architekt des Jahres zu sein – was auch immer das bedeutet.

[...] Aber was genau ist ein Architekt? Was ist Architektur? Ich bin seit dreißig Jahren in diesem Gewerbe und fange gerade erst an zu verstehen, was dies bedeutet. Zunächst einmal ist Architektur eine Dienstleistung im wahrsten Sinne des Wortes. Es ist eine Kunst, die Dinge hervorbringt, die einem Zweck dienen. Es ist aber auch eine sozial gefährliche Kunst, denn es ist eine aufgezwungene Kunst. Ein schlechtes Buch können Sie weglegen. Sie können vermeiden, schlechte Musik zu hören. Aber Sie können dem Anblick des hässlichen Hochhauses gegenüber Ihrem Haus nicht ausweichen. Architektur zwingt völliges Eintauchen in Hässlichkeit auf; es gibt dem Benutzer keine Chance. Und das ist eine ernste Verantwortung – für jetzt und für zukünftige Generationen. Und Architektur ist ein alter Beruf, vielleicht der älteste der Welt. oder der zweitälteste, wenn Sie so wollen, etwa wie Jagen, Fischen, Landwirtschaft, Erkundung der Meere. Dies sind die ursprünglichen Tätigkeiten des Menschen, aus denen alle anderen hervorgehen. Unmittelbar nach der Nahrungssuche kommt die Suche nach Obdach. Ab einem bestimmten Zeitpunkt war der Mensch nicht länger zufrieden mit dem, was die Natur bot, und wurde Architekt. Schließlich mischt Architektur die Dinge: Geschichte und Geographie, Anthropologie und Umwelt, Wissenschaft und Gesellschaft. Und sie spiegelt unweigerlich all diese Aspekte. [...] Architektur ist wie ein Eisberg. Nicht im Sinne der Titanic, die Sie in den Abgrund treibt, wenn Sie darauf stoßen, sondern in dem Sinne, dass sich der Rest untergetaucht im Verborgenen befindet. In den sieben Achteln des Eisbergs, die unter Wasser liegen, finden wir die Kräfte, welche die Architektur nach oben treiben und welche die Spitze entstehen lassen: Gesellschaft, Wissenschaft und Kunst. Architektur ist Gesellschaft, denn sie existiert nicht ohne Menschen, ohne deren Hoffnungen, Bestrebungen und Leidenschaften. Menschen zuzuhören ist wichtig. Und das ist für einen Architekten besonders schwierig. Denn es besteht stets die Versuchung, anderen sein eigens Design, seine eigene Denkweise oder, schlimmer noch, sein eigenen Stil aufzuzwingen. Ich glaube hingegen, dass ein behutsamer Ansatz erforderlich ist. Behutsam, aber ohne die gewisse Sturheit aufzugeben, die es Ihnen ermöglicht, Ihre eigenen Ideen vorzubringen und gleichzeitig den Ideen anderer gegenüber durchlässig zu sein. [...] Architektur ist Wissenschaft. Um ein Wissenschaftler zu sein, muss der Architekt ein Entdecker sein und einen Hang zum Abenteuer haben. Er muss die Realität

mit Neugier und Mut angehen, um sie verstehen und verändern zu können. Er muss ein „Homo Faber" im Sinne der Renaissance sein. Denken Sie an Galileo: Das Teleskop wurde erfunden, um nach Schiffen Ausschau zu halten, sicher nicht, um die Bewegung der Sterne zu studieren. Theologen kümmerten sich um die Sterne. Stattdessen wollte er den Himmel verstehen und kämpfte gegen die mächtigste Lobby seiner Zeit, um dies zu tun. Dieses Bild bedeutet für mich viel: Eine beeindruckende Lektion in der Neugier auf alles Neue, in der Unabhängigkeit des Denkens und im Erforschen des Unbekannten. Architekten müssen grenzüberschreitend leben und immer Ausschau danach halten, was es auf der anderen Seite gibt. Auch sie suchen mit dem Teleskop, was nicht in den heiligen Texten steht.

[...] Die Jury begründet die Vergabe des Preises mit einem Hinweis auf Brunelleschi, der mich gleichzeitig mit Stolz und Verlegenheit erfüllt. Er ist ein Modell, das nicht erreicht, sondern nur angestrebt werden kann. Wenn ich mich mit jemandem vergleichen soll, bevorzuge ich Robinson Crusoe, einen Entdecker, der in fremden Ländern überleben kann. Architektur ist eine Kunst. Sie ist eine Technik zur Erzeugung von Emotionen, und sie arbeitet mit ihrer ganz eigenen Sprache, gebildet aus Raum, Proportionen, Licht und Materialien (für einen Architekten ist Materie wie Klang für einen Musiker oder Worte für einen Dichter). Es gibt ein Thema, das mir sehr wichtig ist: Leichtigkeit (und natürlich nicht nur in Bezug auf die physische Masse von Objekten). Bei meinen frühen Arbeiten war es ein Spiel, eine eher naive Herausforderung formloser Räume und schwereloser Strukturen. Später wurde dies mein Weg als Architekt. In meiner Architektur versuche ich, immaterielle Elemente wie Transparenz, Leichtigkeit, die Schwingung des Lichts zu nutzen. Ich glaube, dass sie ebenso Teil der Komposition sind wie Formen und Volumen. Und wie in allen Künsten gibt es schwierige Momente. Schaffen heißt, im Dunkeln zu tappen, Bezugspunkte aufzugeben und dem Unbekannten ins Auge zu sehen. Hartnäckig, frech und stur. Ohne diese Sturheit, die ich manchmal für erhaben halte, bleibst du außerhalb der Dinge. Das Abenteuer des Denkens geht zu Ende und die Wissenschaft beginnt. Um wirklich kreativ zu sein, muss der Architekt die Widersprüche seines Berufs akzeptieren: Disziplin und Freiheit, Erinnerung und Erfindung, Natur und Technologie. Es gibt kein Entrinnen. Wenn das Leben kompliziert ist, dann ist es die Kunst umso mehr. Architektur ist all das: Gesellschaft, Wissenschaft und Kunst. Und wie der Eisberg ist sie das Ergebnis einer jahrtausendelangen Schichtung. Wie der Eisberg verändert sie kontinuierlich die Masse, wobei das Eis konstant schmilzt und neue Formen in den Gewässern vieler Ozeane ausbildet.

Architektur ist somit der Spiegel des Lebens. Deshalb sehe ich als erstes Neugier, soziale Spannung, den Wunsch nach Abenteuer. Diese Dinge halten mich immer außerhalb des Tempels. Ich bin in eine Familie

"

In meiner Architektur versuche ich, immaterielle Elemente wie Transparenz, Leichtigkeit, die Schwingung des Lichts zu nutzen.

"

RENZO PIANO

(1937–)

1964 Schließt das Architekturstudium am Polytechnikum Mailand ab.

1971 Mit kaum 34 Jahren gewinnt er den Wettbewerb mit Richard Rogers und Gianfranco Franchini für den Bau des Centre Georges Pompidou in Paris.

1981 Gründet das Atelier Renzo Piano Building Workshop (mit Büros in Genua, Paris und New York).

1988 Die Stadt Genua beauftragt ihn mit der Neugestaltung des Porto Antico.

1998 Gewinnt den renommierten Pritzker-Preis, den „Nobelpreis der Architekten".

2004 Die Fondazione Renzo Piano wird gegründet.

2006 TIME nimmt ihn in die Liste der 100 einflussreichsten Menschen der Welt auf.

2013 Der italienische Staatspräsident Giorgio Napolitano ernennt ihn zum Senator auf Lebenszeit.

2018 Legt den Entwurf für die neue Brücke über den Polcevera in Genua nach dem Einsturz der Morandi-Brücke vor.

Der berühmte italienische Architekt im Pariser Büro des internationalen Architekturbüros Renzo Piano Building Workshop, im Jahr 2015.

von Baumeistern hineingeboren worden und habe dadurch ein besonderes Verhältnis zur Kunst des „Machens". Ich habe es immer geliebt, Baustellen zu besuchen, die von Menschenhand geschaffen wurden. Eine Baustelle ist für ein Kind Zauberei: Heute sieht man einen Haufen Sand und Ziegel, eine Mauer, die für sich allein steht. Am Ende ist alles zu einem hohen, soliden Gebäude geworden, in dem Menschen leben können. Ich bin ein glücklicher Mensch: Ich habe mein Leben damit verbracht, das zu tun, wovon ich als Kind geträumt habe. […] Ich gehöre zu der Generation von Menschen, die experimentell mit ihrem Leben umgegangen sind, dabei verschiedene Bereiche erkundet, Grenzen zwischen Disziplinen ignoriert, die Karten neu gemischt haben, Risiken eingegangen sind und Fehler begangen haben. Und dies in vielen verschiedenen Bereichen. Vom Theater über Malerei zu Kino, Literatur und Musik. Ohne jemals über Kultur zu sprechen. Kultur ist ein fragiler Begriff, der wie ein Irrlicht verschwinden kann, wenn man ihn aufruft. Das lässt Sie instinktiv optimistisch aufwachsen und an die Zukunft glauben. Das ist unvermeidlich. Gleichzeitig lieben Sie Ihre Vergangenheit (als Italiener beziehungsweise Europäer haben Sie keine andere Wahl). Und so leben Sie in einer Schwebe zwischen Dankbarkeit gegenüber der Vergangenheit und einer großen Leidenschaft für Experimente, für die Erforschung der Zukunft. Die letzten Worte von Francis Scott Fitzgeralds The Great Gatsby *kommen mir in den Sinn: „So regen wir die Ruder, stemmen uns gegen den Strom – und treiben doch stetig zurück, dem Vergangenen zu." Ich finde das ein großartiges Bild, ein Emblem der menschlichen Verfassung. Die Vergangenheit ist eine sichere Zuflucht. Die Vergangenheit ist eine ständige Versuchung. Und doch ist die Zukunft der einzige Ort, an den wir gehen müssen, wenn wir wirklich irgendwohin müssen.*

Elie Wiesel

Washington, 12. April 1999

Rede über die Gefahren der Gleichgültigkeit: Lektionen aus einem gewalttätigen Jahrhundert

Es ist die Gleichgültigkeit, auf die Elie Wiesel mit dem Finger zeigt, als er am 12. April 1999 bei einem der *Millennium Evenings* spricht, einem Zyklus von Konferenzen im Weißen Haus.
Bei der Vorstellung dankt ihm First Lady Hillary Clinton dafür, die Welt gelehrt zu haben, „nie zu vergessen". Wiesel, der 1986 mit dem Friedensnobelpreis ausgezeichnet worden war, erzählt von seiner dramatischen Erfahrung als Überlebender der Schoah: Es sind anerkennende Worte für die, die damals mit dem Opfer vieler Menschenleben dazu beitrugen, den Schrecken zu beenden, die Vereinigten Staaten, aber gleichzeitig enthalten sie auch Entrüstung bei der Anklage, dass viele wussten und nicht eingriffen, um Millionen Menschen zu retten. Wie konnte man ungerührt, eben gleichgültig bleiben vor den schrecklichsten Grausamkeiten?
Seine Kindheit hat sein ganzes Leben unauslöschlich geprägt. Als er geboren wurde, 1928 in Sighet, gehörte das Städtchen zu Rumänien, während des Kriegs war es unter ungarischer Kontrolle. Aus einem der beiden von den Deutschen eingerichteten Ghettos war die Familie Wiesel am 6. Mai 1944 ins Konzentrationslager Auschwitz deportiert worden. Auf den Gleisen des Zuges, der sie dahin brachte, hatte Elie seine Mutter und seine Schwester Tzipora zum letzten Mal umarmt. Dann war er zu A-7713 geworden – diese Nummer hatten ihm die Nationalsozialisten auf den Arm tätowiert. Er war ins Arbeitslager Buna und dann nach Buchenwald geschickt worden und hatte im Januar 1945 gesehen, wie sein Vater zu Tode geprügelt wurde, wenige Wochen vor der Ankunft der amerikanischen Soldaten. Elie Wiesel war sechzehn Jahre alt. Es dauerte lange, bis es ihm gelang zu erzählen, was ihn unauslöschlich gezeichnet hatte. Er tat es mit seinem ersten Werk, dem autobiografischen Roman *Die Nacht*, das er 1959 in den Druck gab. Bis dahin hatte er versucht, das beobachtete und erlebte Grauen bei der Arbeit als Journalist in Paris zu vergessen, fortan hatte er das Schreiben in den Dienst des bürgerlichen Engagements und der Lösung humanitärer Fragen gestellt.
In der Rede im Weißen Haus unterstreicht Wiesel trotz der schlimmen Ereignisse, die das 20. Jahrhundert prägten, auch die positiven – den Niedergang der Diktaturen, die erreichten Friedensabkommen und insbesondere den jüngeren Eingriff von USA und NATO im Kosovo gegen die Grausamkeiten der jugoslawischen Armee von Slobodan Milošević. Dieses direkte Engagement vor Ort ist ein Zeichen der Hoffnung, ein Sieg über jene Gleichgültigkeit, die das zu Ende gehende Jahrhundert mehrfach beherrschte.

Der Französisch sprechende, amerikanische Schriftsteller rumänischer Herkunft Elie Wiesel im August 1996 in Paris.

"

Wir stehen an der Schwelle eines neuen Jahrhunderts, eines neuen Jahrtausends. Was wird das Erbe dieses sterbenden Jahrhunderts sein? Wie wird es im neuen Jahrtausend in Erinnerung bleiben?

"

Vor genau vierundfünfzig Jahren erwachte ein jüdischer Junge, der in einer kleinen Stadt in den Karpaten gelebt hatte, unweit von Weimar, einer von Goethe so geliebten Stadt, an einem Ort der ewigen Schande namens Buchenwald. Er war endlich frei, aber in seinem Herzen war keine Freude. Er dachte, er würde nie wieder dort sein. Er wurde am Vortag von amerikanischen Truppen befreit und erinnert sich an ihre Wut über das Schauspiel, das sie vor Augen hatten. Und selbst wenn er jetzt alt ist, wird er diesen Soldaten für diesen Zorn und auch für ihr Mitgefühl immer dankbar sein. Obwohl er ihre Sprache nicht verstand, sagten ihm ihre Augen, was er wissen musste: dass auch sie es nicht vergessen würden und dass sie es bezeugen würden. [...] Wir stehen an der Schwelle eines neuen Jahrhunderts, eines neuen Jahrtausends. Was wird das Erbe dieses sterbenden Jahrhunderts sein? Wie wird es im neuen Jahrtausend in Erinnerung bleiben? Sicher wird es in moralischen und metaphysischen Begriffen beurteilt, und sogar streng. Diese Niederlagen haben einen dunklen Schatten auf die Menschheit geworfen: zwei Weltkriege, unzählige Bürgerkriege, eine sinnlose Kette von Morden (Gandhi, die Kennedys, Martin Luther King, Sadat, Rabin), Blutbäder in Kambodscha und Nigeria, Indien und Pakistan, Irland und Ruanda, Eritrea und Äthiopien, Sarajevo und Kosovo, die Barbarei der Gulags und die Tragödie von Hiroshima. Und auf einer anderen Ebene natürlich Auschwitz und Treblinka. So viel Gewalt, so viel Gleichgültigkeit.

Was ist Gleichgültigkeit? Aus etymologischer Sicht bedeutet der Begriff „kein Unterschied". Ein ungewöhnlicher und unnatürlicher Zustand, in dem die Grenzen zwischen Licht und Dunkelheit, Sonnenaufgang und Sonnenuntergang, Verbrechen und Gerechtigkeit, Grausamkeit und Mitgefühl, Gut und Böse verschwommen sind. Was sind ihre Verläufe und ihre unvermeidlichen Folgen? Ist es eine Philosophie? Ist eine Philosophie der Gleichgültigkeit denkbar? Kann Gleichgültigkeit jemals als Tugend angesehen werden? Ist es manchmal notwendig, sie an den Tag zu legen, um gesund zu bleiben, normal zu leben, ein gutes Essen und ein Glas Wein zu genießen, während sich die Welt um uns herum in beunruhigenden Umwälzungen befindet? Gleichgültigkeit kann natürlich verlockend und sogar verführerisch sein. Es ist viel einfacher, von den Opfern wegzusehen. Es ist viel einfacher, bestimmte unerwartete Unterbrechungen unserer Arbeit, unserer Träume, unserer Hoffnungen zu vermeiden. Darüber hinaus ist es peinlich, lästig, in den Schmerz und die Verzweiflung anderer verwickelt zu sein. Für den Gleichgültigen sind seine Nachbarn jedoch ohne Bedeutung. Ihre Leben sind unbedeutend. Ihre versteckten oder sogar sichtbaren Ängste wecken kein Interesse. Gleichgültigkeit reduziert andere auf eine Abstraktion [...] Gleichgültigkeit ist schließlich gefährlicher als Wut und Hass. Wut kann manchmal eine Quelle der Kreativität sein. Auf der Welle dieses Gefühls werden große Gedichte, große Symphonien geschrieben, etwas Besonderes wird für die Liebe zur Menschheit getan, weil wir über die Ungerechtigkeiten, die wir bezeugen, wütend sind, während Gleichgültigkeit niemals kreativ ist. Sogar Hass kann manchmal eine Reaktion hervorrufen. Man bekämpft ihn. Er wird angezeigt. Er wird entwaffnet. Gleichgültigkeit löst keine Reaktion aus. Gleichgültigkeit ist keine Antwort. Gleichgültigkeit ist nicht der Anfang, es ist das Ende. Gleichgültigkeit ist daher immer auf der Seite des Feindes, zum Vorteil des Angreifers, niemals des Opfers, dessen Schmerz durch das Gefühl verstärkt wird, vergessen worden zu sein. Der politische Gefangene in seiner Zelle, das hungrige Kind, die obdachlosen Flüchtlinge: Nicht auf ihre Schwierigkeiten zu reagieren, nicht ihre Einsamkeit zu lindern, indem man ihnen einen Funken Hoffnung schenkt, bedeutet, sie aus dem menschlichen Gedächtnis zu verbannen. Und indem wir ihre Menschlichkeit leugnen, verraten wir auch unsere. Gleichgültigkeit ist also nicht nur eine Sünde, sondern auch eine Bestrafung. Und dies ist eine der wichtigsten Lehren, die wir aus den umfangreichen Experimenten ziehen müssen, die in diesem zu Ende gehenden Jahrhundert zum Guten oder Schlechten geführt haben. An dem Ort, aus dem ich komme, bestand die Gesellschaft aus drei einfachen Kategorien: den Folterern, den Opfern und den Zuschauern ... wir fühlten uns verlassen, vergessen. Alle. Unser einziger jämmerlicher Trost war zu glauben, Auschwitz und Treblinka seien eifersüchtig gehütete Geheimnisse, dass die Führer der freien Welt nicht wussten, was hinter diesen schwarzen Toren und diesem Stacheldraht vor sich ging; dass sie nicht das geringste Bewusstsein für den Krieg gegen das jüdische Volk hatten, den Hitlers Armee und seine Komplizen als Teil des Krieges gegen die Alliierten führten. Wenn sie gewusst hätten, so dachten wir, hätten diese Führer sicherlich Himmel und Erde in Bewegung versetzt, um einzugreifen. Sie hätten mit großer Empörung und Überzeugung darüber gesprochen. Sie hätten die Eisenbahnen, die nach Birkenau führten, nur einmal bombardiert, nur die Eisenbahnen. Stattdessen wissen wir jetzt, wir haben gelernt, wir haben entdeckt, dass das Pentagon wusste, dass das State Department wusste.

[...] Warum machten einige der größten amerikanischen Unternehmen bis 1942 Geschäfte mit Hitler-Deutschland? Es wurde gesagt und dokumentiert, dass die Wehrmacht die Invasion in

"

Gleichgültigkeit löst keine Reaktion aus. Gleichgültigkeit ist keine Antwort. Gleichgültigkeit ist nicht der Anfang, es ist das Ende.

"

ELIE WIESEL
(1928–2016)

1944 Wird mit seiner Familie ins Konzentrationslager Auschwitz deportiert.

1945 Nach dem Ende des Zweiten Weltkriegs kommt er in ein französisches Waisenhaus, zusammen mit zwei Schwestern, die die Schoah überlebt haben.

1955 Zieht nach New York.

1958 Veröffentlicht sein erstes Werk *Die Nacht*.

1963 Erhält die amerikanische Staatsbürgerschaft und einen Lehrstuhl in Geisteswissenschaften an der Universität Boston.

1986 Friedensnobelpreis.

1987 Tritt in Lyon als Zeuge im Prozess gegen den ehemaligen Gestapo-Offizier Klaus Barbie auf.

1993 Setzt sich dafür ein, die USA und Präsident Bill Clinton für den Krieg in Bosnien-Herzegowina zu sensibilisieren.

2007 Er wird gebeten, für die Präsidentschaft in Israel zu kandidieren, lehnt aber ab.

Elie Wiesel, einer der bedeutendsten Schriftsteller des Holocaust, erhält 1986 den Friedensnobelpreis.

Frankreich ohne das Öl aus amerikanischen Quellen nicht hätte führen können. Wie ist ihre Gleichgültigkeit zu erklären? Trotzdem, meine Freunde, hat es auch in diesem traumatischen Jahrhundert positive Ereignisse gegeben: die Niederlage des Nationalsozialismus, der Fall des Kommunismus, die Wiedergeburt Israels auf dem Boden seiner Vorfahren, das Ende der Apartheid, der Friedensvertrag Israels mit Ägypten, das Friedensabkommen in Irland. […] Dann natürlich die gemeinsame Entscheidung der Vereinigten Staaten und der NATO, in den Kosovo einzugreifen und die Opfer, die Flüchtlinge und die von einem Mann entwurzelten Menschen zu retten, dessen Verbrechen meiner Meinung nach als Verbrechen gegen die Menschlichkeit zu beurteilen sind. Diesmal ist die Welt nicht still geblieben. Diesmal haben wir reagiert. Diesmal haben wir eingegriffen. Heißt das, wir haben aus der Vergangenheit gelernt? Bedeutet das, dass sich die Gesellschaft verändert hat? Dass der Mensch weniger gleichgültig und menschlicher geworden ist?
Haben wir wirklich aus unseren Erfahrungen gelernt? Sind wir weniger unsensibel gegenüber den Schwierigkeiten von Opfern ethnischer Säuberungen und anderer Formen von Ungerechtigkeit in nah und fern? Ist die gegenwärtige und berechtigte Intervention im Kosovo, die Sie, Herr Präsident, angeführt haben, eine dauerhafte Warnung, dass Abschiebungen und Einschüchterungen von Kindern und ihren Eltern nirgendwo auf der Welt toleriert werden? Wird diese Intervention andere Diktatoren aus anderen Ländern davon abhalten, dasselbe zu tun?
Was wird aus den Kindern? Oh, klar, wir sehen sie im Fernsehen, wir lesen darüber in den Zeitungen und wir tun es mit gebrochenem Herzen. Ihr Schicksal ist immer das tragischste, unvermeidlich. Wenn Erwachsene Krieg führen, sterben Kinder. Wir sehen ihre Gesichter, ihre Augen. Hören wir ihre Bitten nicht? Fühlen wir nicht ihren Schmerz, ihre Qual? Jede Minute stirbt eines von ihnen an Krankheit, Gewalt oder Hunger. Einige von ihnen – viele – könnten gerettet werden. Und so denke ich noch einmal an den jüdischen Jungen aus den Karpaten. Er begleitete den alten Mann, zu dem ich in all den Jahren der Forschung und des Kampfes geworden bin. Und wir gehen gemeinsam dem neuen Jahrtausend entgegen, angetrieben von tiefer Angst und ungeahnten Hoffnungen.

Tester

Anita Roddick

Seattle, 27. November 1999

Rede auf dem Internationalen Globalisierungsforum

Manche glauben, dass Anita Roddick in der Geschäftswelt ein neues Paradigma aufgestellt habe, das den Menschen anstelle des Profits im Mittelpunkt sieht. Im Nachhinein lässt sich sagen, dass sie Jahrzehnte im Voraus die Notlage der Moderne erkannt hat, die unsere Erde heute durch die Widersprüche der Globalisierung an den Rand des Überlebens bringt. Ihre Rede 1999 auf dem Internationalen Globalisierungsforum hat etwas Revolutionäres: Sie fordert dazu auf, die Regeln eines wahnsinnigen Marktes zu ändern, der sich im Namen des Geldes „bewusst von den Themen Menschenrechte, Kinderarbeit oder Erhaltung der Umwelt für zukünftige Generationen" abwendet. Ein blindes System. Aber wer ist diese Frau mit dem faszinierenden Temperament, die durch die Vehemenz ihrer Aussagen überzeugt?

Bis zum Jahr 1976 ist Anita Roddick eine Frau wie viele andere aus Littlehampton im Süden Englands, Mutter zweier Töchter, mit einem Ehemann, der ständig dienstlich unterwegs ist – bis zu dem Tag, als sie sich entschließt, eine kleine Firma für Kosmetikartikel zu gründen. Ausschließlich Produkte mit natürlichen Inhaltsstoffen, einfache Etiketten, keine Werbung. Die Verpackungen müssen wegen der eingeschränkten Verfügbarkeit wiederverwendet werden. Diese knappen Regeln führen zu einem unerwarteten Zuspruch: In wenigen Monaten eröffnet eine zweite Filiale, im Jahr 2004 sind es fast 2000 Filialen weltweit mit etwa 77 Millionen Kunden. Dennoch lässt sich Anita Roddick nicht vom Erfolg blenden. Zwei wichtige Punkte haben für sie weiterhin Priorität: keine Produkttests an Tieren und ein fairer Handel mit Drittweltländern. Durch ihre Geschäfte erfährt sie aus erster Hand, wie groß die wahre moralische Einflussnahme des Handels auf die Gesellschaft ist und wie wichtig es ist, Teile des Gewinns zu reinvestieren, um die Ungleichheiten in der Welt abzubauen. Es sind die Jahre, in denen die Verschwendung des Konsums anfängt, die öffentliche Meinung zu beeindrucken. Anita Roddick hat keine Angst, der Welthandelsorganisation zu nahe zu treten, die Ausbeutung und unkontrollierbare Macht unterstützt.

Der Tod überrascht sie früh, im Jahr 2007, aber die Botschaft stirbt nicht mit ihr: Menschen vor Profit, und das wissen ihre Angestellten, das wissen diejenigen, die ihre Produkte erwerben. Es geht um ethischen Konsum. Weil Konsum in erster Linie ein politischer Akt ist und jeder Kauf eine moralische Entscheidung, die alle angeht, so wie sie selbst zu sagen liebte: „Wenn du denkst, zu klein zu sein, um ins Gewicht zu fallen, dann versuche einmal, mit einer Mücke im Zimmer einzuschlafen."

"

Es ist nicht der Handel, gegen den wir sind. Es ist Ausbeutung und ungeprüfte Macht.

"

ANITA RODDICK
(1942–2007)

1976 Eröffnet das erste Geschäft Body Shop in Brighton, UK.

1984 Body Shop wird zu einem börsennotierten Unternehmen.

1990 Stiftet die Body Shop Foundation, eine bedeutende Wohltätigkeitseinrichtung. Gründet *Children on the Edge*, eine Wohltätigkeitsorganisation für Waisenkinder in Asien und Osteuropa.

1991 Mitgründerin der Obdachlosenzeitschrift *The Big Issue*.

2006 Body Shop wird an L'Oréal verkauft: Anita Roddick bekräftigt, dass es Body Shop gelingen wird, Veränderungen der Geschäftspraktiken im erwerbenden Unternehmen herbeizuführen.

2007 Die Nachricht von einer Ansteckung mit Hepatitis C in Folge einer Bluttransfusion im Jahr 1971 wird veröffentlicht. Sie stirbt am 10. September.

(170–171)

1990 zeigt die Gründerin der Kosmetikladenkette Body Shop, die auf fairen Handel und die Unterstützung des Tierschutzes ausgerichtet ist, ihr Artikelsortiment.

Wir sind in Seattle und plädieren für ein Welthandelssystem, das die grundlegenden Menschenrechte und die Umwelt in den Mittelpunkt stellt. Wir haben die mächtigsten Konzerne der Welt gegen uns. Sie besitzen die Medien, die uns informieren – oder uns nicht informieren. Und ihnen gehören wahrscheinlich auch die Politiker. Es ist genug, um jemanden ein wenig nervös zu machen. So hier eine Frage an die Welthandelsunterhändler. Welchem System widmen Sie so viel Aufmerksamkeit, dass es Ihnen dienen soll? Wir können nach den glänzenden Türmen der Wall Street oder der City of London fragen – und nach den mächtigen Männern, die am Geldsystem basteln. Für wen arbeitet dieses System?
Schauen wir uns das genauer an. Täglich überwachen die glänzenden Türme der Hochfinanz einen weltweiten Strom von zwei Billionen Dollar. Und das Schreckliche ist, dass nur 3 Prozent davon überhaupt etwas mit Handel zu tun haben. Ganz zu schweigen vom freien Handel zwischen gleichgestellten Gemeinschaften. Es hat alles mit Geld zu tun. Der große globale Mythos, nach dem das gegenwärtige Welthandelssystem mit allem möglichen, nur nicht mit Geld zu tun habe. Die restlichen 97 Prozent der zwei Billionen sind Spekulationen. Es ist Schaum – aber Schaum mit schrecklicher Macht über das Leben der Menschen. Wir alle, reich und arm, müssen mit der Unsicherheit leben, die durch ein außer Kontrolle geratenes globales Spielcasino mit einer eingebauten Tendenz zur Instabilität verursacht wird. Weil es die Instabilität ist, die Geld für die Geldhändler schürft. Ich reise jedes Jahr viel um die Welt und spreche mit Menschen an der vordersten Front der Globalisierung: Frauen, Landwirte in der Gemeinschaft, Kinder. Ich weiß, wie unrealistisch diese Mythen sind. Nicht nur in Entwicklungsländern, sondern direkt vor unserer Nase. Wie die Kleinbauern der USA. Globalisierung bedeutet, dass die kleinen Familienbetriebe – das Herz so vieler amerikanischer Gemeinden – an die Wand gefahren werden. Wir haben ein Welthandelssystem, das für diese Art von Ungerechtigkeit blind ist. Dieses System ist praktisch unsere neue, nicht gewählte, unkontrollierbare Weltregierung. Eine, die unsere Versuche, die Dinge zu verbessern, entrechtet. Die Wahrheit ist, dass die WTO und die Gruppe nicht gewählter Handelsbeamter, die sie leiten, jetzt das oberste Gericht der Welt sind. Sie haben das Recht, lokale Gesetze und

Sicherheitsbestimmungen zu stürzen, wo immer sie sagen, dass sie „den Handel stören". Dies ist de facto eine Weltregierung, aber sie ist blind. Sie betrachtet den Maßstab des Geldes, es ist ihr aber nicht möglich, irgendetwas anderes zu sehen. Sie kann Gewinne und Verluste ausweisen, wendet sich jedoch bewusst von den Themen Menschenrechte, Kinderarbeit oder Erhaltung der Umwelt für zukünftige Generationen ab. Es ist eine Regierung ohne Herz, und ohne Herz lässt auch die Kreativität des menschlichen Geistes nach. Die Wahrheit ist, dass es beim „Freihandel" ursprünglich um die Freiheit der Gemeinschaften ging, gleichgestellt miteinander zu handeln. Es sollte nie das sein, was es heute ist. Eine Lizenz für die Großen, die Mächtigen und Reichen, die Kleinen, Schwachen und Armen unterzubuttern.

[...] Indem wir branchenübergreifend zusammenarbeiten, können wir Unternehmen vom privaten zum öffentlichen Gut machen. Noch wichtiger ist, dass wir uns auf eine Weise verstehen können, wie es noch keine Generation zuvor geschafft hat.

Lassen Sie uns das klarstellen. Es ist nicht der Handel, gegen den wir sind. Es ist Ausbeutung und ungeprüfte Macht. Unternehmen verzichten auf Gewinne, bauen auf lokaler Ebene auf und beschäftigen keine Halbsklaven in fernen Läden. Sie riskieren, Geschäfte ohne solche Verpflichtungen an billigere Konkurrenten zu verlieren und von den Brandrodungsunternehmen übernommen zu werden. Verstärkt durch das Gewicht der WTO. Unternehmen müssen eine Kraft für den sozialen Wandel sein. Es reicht nicht aus, das schreckliche Böse zu vermeiden – es muss, wir müssen, es muss aktiv Gutes bewirkt werden. Die Regeln müssen sich ändern. Wir brauchen eine radikale Alternative, bei der die Menschen vor dem Profit stehen. Wir müssen anfangen, unseren Erfolg anders zu messen.

Wenn Politiker, Unternehmen und Analysten nur das Endergebnis messen – das Wachstum des Geldes –, ist es nicht verwunderlich, dass die Welt schief läuft. Es ist nicht verwunderlich, dass die WTO halb blind ist und Brandrodungsunternehmen anerkennt, aber nicht die Menschen, die sie zerstören. Es ist nicht verwunderlich, dass das Umdrehen von Hamburgern als wertvolle Aktivität gewertet wird, aber es werden keine anderen Berufe berücksichtigt – Fürsorge, Bildung und Liebe zur Arbeit, wie wir sie alle kennen, erfordert tatkräftiges Handeln. Lassen Sie uns den Erfolg von Orten und Unternehmen daran messen, inwieweit sie das menschliche Wohlbefinden steigern. Wenn wir messen, worauf es ankommt, können wir die Revolution, die wir dringend brauchen, in Güte erleben. Das ist das wahre Fazit. Und schließlich müssen wir uns daran erinnern, dass wir bereits Macht als Verbraucher und Organisationen haben und strategische und zunehmend einflussreiche Allianzen für Veränderungen bilden. Wenn die Verbraucher nicht kaufen, kann sie nichts auf der Welt dazu bringen. Schauen Sie sich nur an, wie die europäischen Verbraucher die Biotech-Industrie an die Wand gefahren haben. Wir müssen politische Konsumenten sein, wachsame Konsumenten. Mit der Flut von Propaganda, die uns jeden Tag zur Verfügung steht, müssen wir das sein. Wir müssen weise genug sein – was auch immer sie bei den Verhandlungen entscheiden –, dass wir wissen, wo wir unsere Energie und unser Geld anlegen müssen. Egal, was uns gesagt oder getan wird, wir müssen zusammenarbeiten, um die Wahrheit aus der Zusammenarbeit für die Besten herauszuholen, nicht dem Wettbewerb um die Günstigsten anheim fallen. Indem wir unser Geld dort einsetzen, wo unser Herz schlägt, den Kauf von Produkten aus Ausbeutung ablehnen und starke strategische Allianzen eingehen, werden wir die Welt freundlicher und liebevoller gestalten.

Stephen Hawking

Cambridge (Großbritannien), 11. Januar 2002

Rede an der Universität von Cambridge anlässlich der Feierlichkeiten seines 60. Geburtstages

Die einen halten ihn für einen großen Wissenschaftler, andere wiederum für einen großen Popularisator. Stephen Hawking ist vielleicht mehr noch ein großer Aggregator, ein Begriff, der in der Informatik Software bezeichnet, die im Netz Inhalte sammelt (komplette Informationen oder auch Bruchstücke), sie ordnet und neu wieder zusammenträgt, also „aggregiert", um sie zugänglicher zu machen. In diesem Sinn ist Hawking ein großer Aggregator: Zu der Zeit, als die Quantenphysik von Newton und Einstein in die klassische Physik hereinbricht, ist er der Wissenschaftler, der die Forschungsaktivitäten begleitet, um zu dem Bild einer einheitlichen und umfassenden Vision der ständig überholten Theorien zu gelangen. Eine alles umfassende Utopie, die als die *Theorie von Allem* definiert wird, deren Anliegen es ist, zu versöhnen, was unversöhnlich scheint: die Quantenmechanik und die allgemeine Relativität.
Mit dem Universum selbst als Forschungsobjekt kann es gar nicht anders sein, als dass sich ein neuer Zusammenhang auftut, der den Menschen, die Sterne, die Galaxien, aber auch die Elementarteilchen, die Zeit, die Bewegung und die Relativität enthält. Die Unschärferelation, die in der surrealistischen Version von Hawking in der These gipfelt: „Wir sehen das Universum wie wir es sehen, weil wir existieren". Der Beitrag seiner Arbeit zu Phänomenen, die sehr revolutionär sind, gemessen an unseren Erkenntnissen, wie die schwarzen Löcher, die Multiplizität der Universen oder die Raum-Zeit, schafft die Bedingungen für ein weitverbreitetes Bewusstsein der Komplexität des Unendlichen und der Begrenztheit unserer Erkenntnisse. In seiner Rede, die er an der Universität Cambridge anlässlich der Feierlichkeiten zu seinem 60. Geburtstag hielt, legt er die Evolution seiner Forschungen dar, die er bescheiden als „kleinen Beitrag" bezeichnet. Seit mehr als zweihundert Jahren untersuchen Wissenschaftler jene Orte, an denen anscheinend unverdächtige Ereignisse stattfinden, wie die Reduzierung der Masse eines Sternes auf einen Punkt oder die Überwindung der Lichtgeschwindigkeit. Aber erst in den vergangenen Jahrzehnten wurden die Eigenschaften der schwarzen Löcher mit größerer Präzision definiert, die unser „Aggregator" weltweit verbreitet hat, auch virtuell. Wie die Hawking-Strahlung, die annimmt, dass das schwarze Loch zum Zwecke seiner Existenz „leer" sei, oder die Untrennbarkeit der Konzepte von Zeit und Raum, eine Kategorie, die lange der Science-Fiction-Welt angehörte.

"

Unser Bild vom Universum hat sich in den letzten 40 Jahren stark verändert, und ich freue mich, wenn ich einen kleinen Beitrag dazu geleistet habe.

"

(174–175)

Der britische Physiker Stephen Hawking wurde in den 1960er Jahren von einer degenerativen Krankheit betroffen, die seine motorischen Fähigkeiten zunehmend einschränkte, sodass er auf einen Elektrorollstuhl und einen Stimmsynthesizer angewiesen war.

Es hätten kurz gesagt fast 59,97 Jahre sein können. Ich hatte ein paar Tage nach Weihnachten einen Streit mit einer Mauer, und die Mauer gewann. Aber das Addenbrookes Krankenhaus hat mich sehr gut wieder zusammengeflickt.
Ich werde die ersten zwanzig meiner sechzig Jahre überspringen und die Geschichte im Oktober 1962 aufgreifen, als ich als Doktorand in Cambridge ankam. Ich hatte mich bei Fred Hoyle beworben. Fred Hoyle, der Hauptverteidiger der Steady-State-Theorie und der berühmteste britische Astronom seiner Zeit. [...] Hoyle hatte jedoch schon genug Studenten, sodass ich zu meiner großen Enttäuschung Dennis Sciama zugeteilt wurde, von dem ich noch nichts gehört hatte. Aber es war wahrscheinlich das Beste. [...] Als ich mit der Forschung begann, schienen die beiden Bereiche Kosmologie und Elementarteilchenphysik spannend zu sein. Elementarteilchen waren das aktive, sich schnell verändernde Feld, das die meisten der besten Köpfe anzog, während Kosmologie und allgemeine Relativitätstheorie dort feststeckten, wo sie sich bereits in den 1930er Jahren befanden. [...] Ich bin sehr froh, dass ich nicht mit der Erforschung von Elementarteilchen begonnen habe. Keine meiner Arbeiten aus dieser Zeit hätte überlebt. Kosmologie und Gravitation hingegen waren vernachlässigte Felder, die zu dieser Zeit reif für die Entwicklung waren. Im Gegensatz zu Elementarteilchen gab es eine genau definierte Theorie, die allgemeine Relativitätstheorie, die jedoch für unmöglich gehalten wurde. [...]
Ich hatte in der Schule oder im sehr einfachen Physikkurs in Oxford nicht viel Mathematik gemacht, deshalb schlug Sciama vor, dass ich mich mit Astrophysik beschäftige. Aber nachdem ich um die Arbeit mit Hoyle betrogen worden war, hätte ich nichts Langweiliges wie die Faraday-Rotation in Angriff genommen. Ich war nach Cambridge gekommen, um Kosmologie zu studieren, und ich war entschlossen, dies zu tun. Also las ich alte Lehrbücher zur Allgemeinen Relativitätstheorie und besuchte jede Woche mit drei weiteren Studenten von Sciama die Vorlesungen am King's College in London. Ich folgte den Worten und Gleichungen, bekam aber nicht wirklich ein Gefühl für das Thema. Außerdem wurde bei mir eine Motoneuron-Erkrankung (ALS) diagnostiziert, und ich musste damit rechnen, nicht genügend Zeit zu haben, um meine Promotion abzuschließen. Dann, gegen Ende meines zweiten Forschungsjahres, ging es plötzlich aufwärts. Meine Krankheit schritt nicht sehr voran, meine Arbeit passte zusammen, und ich begann weiterzukommen. [...] Die große Frage in der Kosmologie in den frühen 1960er Jahren war, ob das Universum einen Anfang hatte. Viele Wissenschaftler waren instinktiv gegen die Idee, weil sie der Meinung waren, dass ein Schöpfungspunkt ein Ort sein würde, an dem die Wissenschaft zusammenbrach. Man müsste an die Religion und die Hand Gottes appellieren, um zu bestimmen, wie

das Universum anfangen würde. Daher wurden zwei alternative Szenarien vorgeschlagen.
Eine war die Steady-State-Theorie, in der mit der Ausdehnung des Universums ständig neue Materie erzeugt wurde, um die Dichte im Mittel konstant zu halten. Die Steady-State-Theorie basierte nie auf einer sehr starken theoretischen Grundlage, da zur Erzeugung der Materie ein negatives Energiefeld erforderlich gewesen wäre. Dies hätte es instabil gemacht, abseits der Produktion von Materie und negativer Energie. Als wissenschaftliche Theorie hatte sie jedoch den großen Vorteil, eindeutige Vorhersagen zu treffen, die durch Beobachtungen überprüft werden konnten. 1963 war die Steady-State-Theorie bereits in Schwierigkeiten. [...] Die kosmische Mikrowellenhintergrundstrahlung zeigte an, dass das Universum in der Vergangenheit einen heißen, dichten Zustand hatte. Aber sie bewies nicht, dass dies der Anfang des Universums war. Man könnte sich vorstellen, dass das Universum eine vorangegangene Kontraktionsphase hatte und von einer Kontraktion zu einer Expansion mit einer hohen, aber begrenzten Dichte zurückgekehrt war. Dies war eindeutig eine grundlegende Frage, und es war genau das, was ich brauchte, um meine Doktorarbeit abzuschließen.
[...] Meine Arbeit an Schwarzen Löchern begann mit einem Heureka-Moment 1970, wenige Tage nach der Geburt meiner Tochter Lucy. Als ich ins Bett ging, wurde mir klar, dass ich die Kausalstrukturtheorie, die ich für Singularitätssätze entwickelt hatte, auf Schwarze Löcher anwenden konnte. Insbesondere würde die Fläche des Horizonts, die Grenze des Schwarzen Lochs, immer größer werden. Wenn zwei Schwarze Löcher kollidieren und verschmelzen, ist die Fläche des endgültigen Schwarzen Lochs größer als die Summe der Flächen der ursprünglichen Löcher. Diese und andere Eigenschaften, die Jim Bardeen, Brandon Carter und ich entdeckten, deuteten darauf hin, dass die Fläche der Entropie eines Schwarzen Lochs gleicht. Dies wäre ein Maß dafür, wie viele Zustände ein Schwarzes Loch auf der Innenseite haben könnte, bei gleichem Aussehen auf der Außenseite. Aber das Gebiet konnte eigentlich nicht die Entropie sein, da Schwarze Löcher, wie jeder wusste, vollständig schwarz waren und sich nicht im Gleichgewicht mit der Wärmestrahlung befanden. [...] Zwischen 1970 und 1980 beschäftigte ich mich hauptsächlich mit Schwarzen Löchern und dem euklidischen Ansatz der Quantengravitation. Aber die Vorschläge, dass das frühe Universum eine Phase der inflationären Expansion durchlaufen hatte, weckten mein Interesse an der Kosmologie. Euklidische Methoden waren naheliegend, um Fluktuationen und Phasenübergänge in einem inflationären Universum zu beschreiben. 1982 veranstalteten wir in Cambridge einen Nuffield-Workshop, an dem alle wichtigen Akteure des Fachs teilnahmen. Bei diesem Treffen haben wir den größten Teil unseres gegenwärtigen Inflationsbildes festgelegt, einschließlich aller wichtigen Dichteschwankungen, die

"

Es gibt nichts Schöneres als den Heureka-Moment, etwas zu entdecken, was noch niemand wusste. Ich werde es nicht mit Sex vergleichen – es dauert länger.

"

STEPHEN HAWKING (1942–2018)

1959 Mit nur 17 Jahren schreibt er sich an der Fakultät für Physik des University College von Cambridge ein.

1962 Nach dem Abschluss in Naturwissenschaften wechselt er zur Universität Cambridge.

1974 Er wird Mitglied der Royal Society, der berühmten britischen Gelehrtengesellschaft für Naturwissenschaften.

1979 Erhält den Lukasischen Lehrstuhl für Mathematik an der Universität Cambridge, dem auch Isaac Newton vorsaß.

80er Jahre Sein Gesundheitszustand verschlechtert sich: Seit Jahren bewegt er sich in einem Elektrorollstuhl fort; ein dauerhafter Luftröhrenschnitt zwingt ihn dazu, mittels eines Computers zu sprechen. In den folgenden Jahren wird er 24 Stunden am Tag auf eine Beatmung von außen angewiesen sein.

2001 Das Buch *Das Universum in der Nussschale* erscheint, das seine Ideen in der Öffentlichkeit verbreiten soll und zum Bestseller wird.

2009 Gibt den Lucasischen Lehrstuhl in Cambridge auf.

Ein Porträt von Stephen Hawking aus dem Jahr 2006. Seine Studien zur Thermodynamik von Schwarzen Löchern machten ihn berühmt.

zur Entstehung von Galaxien und damit zu unserer Existenz führen. Dies war zehn Jahre, bevor Schwankungen in der Mikrowelle beobachtet wurden, so dass auch in Bezug auf die Schwerkraft die Theorie dem Experiment voraus war.
Das Szenario für die Ausdehnung im Jahr 1982 war, dass das Universum mit einer Urknall-Singularität begann. Als sich das Universum ausdehnte, sollte es der Annahme nach irgendwie in einen aufgeblasenen Zustand geraten. Ich fand das unbefriedigend, weil alle Gleichungen in einer Singularität zusammenbrechen würden. Aber wenn man nicht wusste, was aus der anfänglichen Singularität resultierte, konnte man nicht berechnen, wie sich das Universum entwickeln würde. Die Kosmologie hätte keine Vorhersagekraft gehabt.
Nach dem Workshop in Cambridge verbrachte ich den Sommer am gerade eingerichteten Institut für Theoretische Physik in Santa Barbara. [...] Ich erinnere mich an meinen jüngeren Sohn Tim im Alter von drei Jahren, der den Sonnenuntergang in den Bergen beobachtete und sagte, es sei ein großes Land. [...] 1985 wurde behauptet, die Stringtheorie sei die ultimative Theorie. In den folgenden Jahren stellte sich jedoch heraus, dass die Situation komplizierter und interessanter war. Es scheint ein Netzwerk namens M-Theorie zu geben. [...] Ich habe in letzter Zeit einige Arbeiten durchgeführt, um die Supergravitation wieder normalisierbar zu machen, indem der Aktion Terme mit höherer Ableitung hinzugefügt wurden. Dies führt anscheinend Geister ein, Zustände mit negativer Wahrscheinlichkeit.
Ich habe jedoch festgestellt, dass dies eine Illusion ist. Man kann ein System niemals in einem Zustand negativer Wahrscheinlichkeit vorbereiten. Aber die Anwesenheit von Geistern kann man nicht mit willkürlicher Genauigkeit vorhersagen. Wenn man das akzeptieren kann, kann man ziemlich glücklich mit Geistern leben.
[...] Es war eine herrliche Zeit, am Leben zu sein und in der theoretischen Physik zu forschen. Unser Bild vom Universum hat sich in den letzten 40 Jahren stark verändert, und ich freue mich, wenn ich einen kleinen Beitrag dazu geleistet habe. Ich möchte meine Euphorie und meine Begeisterung teilen. Es gibt nichts Schöneres als den Heureka-Moment, etwas zu entdecken, was noch niemand wusste.
Ich werde es nicht mit Sex vergleichen – es dauert länger.

Dalai Lama

London, 22. Mai 2008

Konferenz in der Royal Albert Hall während seines Besuches in Großbritannien

Es ist der 22. Mai 2008, die über 5000 Sitzplätze der Royal Albert Hall in London sind alle belegt. Nach traditionell tibetanischen Tänzen und Gesängen tritt Tenzin Gyatso ein, der XIV. Dalai Lama, spirituelles und politisches Oberhaupt der tibetanischen Exilregierung in Indien. 1937 war Lhamo Dhondup, so sein wahrer Name, im Alter von nur zwei Jahren in Taktser, einem kleinen Dorf im Nordosten Tibets, von einer Delegation aus der Hauptstadt Lhasa ausfindig gemacht und als Reinkarnation des XIII. Dalai Lamas anerkannt worden. Er sollte einer der charismatischsten und bekanntesten spirituellen Führer des 20. Jahrhunderts werden.

Außerhalb des Konzertsaals jubelt ihm eine Ansammlung von Menschen entgegen, unter ihnen auch einige Protestierende. Im Inneren ist das Publikum entspannt und amüsiert sich dabei, ein sonderbares Ritual des Dalai Lamas zu beobachten, der auf einem gemütlichen Sessel sitzt, die Schnürriemen lockert und sich die Schuhe auszieht, bevor er mit seiner Rede beginnt. Während seines elftägigen Besuchs in Großbritannien und anderen europäischen Staaten versucht der Dalai Lama die öffentliche Meinung für die chinesische Frage und die damit verbundene Wahrung der tibetanischen Traditionen zu sensibilisieren. Die Vorbereitungen für die Olympischen Spiele in Peking, die drei Monate später stattfinden sollen, bieten Gelegenheit, westliche Führungspolitiker wie den englischen Premierminister Gordon Brown an die spärlichen Resultate zu erinnern, die in den grundlegenden Fragen mit China erreicht worden sind – Menschenrechte, Frieden und Umweltthemen.

Die Rede, die in der Royal Albert Hall gehalten wurde, ist gleichfalls reich an Denkanstößen zum Sinn des Lebens, zur Förderung des menschlichen Wertes und der religiösen Harmonie. Die Konferenz schließt mit einer Debatte ab, die vom Parlamentarier und Vorsitzenden der Tibet Society, Norman Baker, moderiert wird. Auf die Frage, wie Großbritannien den Fall Tibets unterstützen könne, stellt der Dalai Lama klar, dass Tibet daran interessiert ist, innerhalb der Volksrepublik Chinas zu verbleiben: Hauptziel ist nicht die Unabhängigkeit, sondern vielmehr eine bedeutende und reale Autonomie, die das Fortbestehen der tibetanischen Kultur ermöglicht.

"

Wirklicher innerer Frieden und innere Zufriedenheit hängen letztendlich von unserer mentalen Einstellung ab.

"

Lassen Sie mich zunächst bequemer sitzen. Keine Sorge, ich werde nicht schweigend meditieren. Ich danke Ihnen sehr. Ich freue mich sehr, wieder mit der Öffentlichkeit in diesem Saal zusammenzutreffen. Ich denke, es ist das dritte oder vielleicht das zweite Mal. Ich erinnere mich nicht.
Liebe Brüder und Schwestern, ich freue mich sehr, hier mit Ihnen zusammenzusitzen und zu interagieren. [...] Ich spreche im Allgemeinen über zwei Dinge: die Förderung des menschlichen Wertes und die Förderung der religiösen Harmonie. [...] Letztendlich ist dies ein Mangel an globalem Verantwortungsbewusstsein, das uns in „wir" und „sie" unterteilt und uns das Gefühl gibt, dass unsere Interessen unabhängig von anderen sind. Wir betrachten unsere eigenen Interessen als die wichtigsten und ignorieren die Interessen anderer. Das schafft also ein Problem. In Wirklichkeit sind unsere Interessen und die Interessen anderer sehr eng miteinander verbunden. Wir sind Teil der sechs Milliarden Menschen. Wenn also sechs Milliarden Menschen glücklich sind, muss ein Mensch glücklich sein. Wenn sechs Milliarden Ärger bekommen, können Sie nicht entkommen. Das ist die Realität. Entsprechend dieser Realität ist unser jahrhundertealtes Konzept, dass „wir" und „sie" unabhängig sind, meiner Meinung nach überholt. Gerade in diesen modernen Zeiten ist angesichts der wirtschaftlichen Bedingungen, der Umweltproblematik und der schieren Bevölkerungszahl alles voneinander abhängig. Unter diesen Umständen ist ein buddhistisches Konzept, dass Sie alle Lebewesen als das mütterliche Wesen betrachten sollten, zu dem Sie das gleiche Gefühl der Nähe entwickeln sollten wie zu Ihrer eigenen Mutter. Entsprechend der theologischen Religion ist die gesamte Schöpfung von Gott geschaffen. Also, wir Menschen, andere Lebewesen und die ganze Welt wurden von Gott erschaffen.
[...] Zunächst werde ich auf die Förderung des menschlichen Wertes eingehen. Was ist ein menschlicher Wert? Geld? Oh ja. Das ist sehr wichtig. Auf tibetisch sagen wir Kunga Dhondup. Das ist ein Spitzname für Geld, was wörtlich bedeutet: „Das, was alle glücklich macht und alles erreichen kann". Das stimmt, ohne Geld kann man bestimmte Dinge nicht machen. Geld ist wichtig. [...] Geld hat also einen Wert, und all diese äußeren Einrichtungen sind wertvoll. Gut. Aber sie alle bieten körperlichen und nicht geistigen Komfort. Wenn Sie viel Geld haben, haben Sie eine gewisse Befriedigung in Ihrem geistigen Leben: „Ah, ich habe viel Geld". Das ist eine Illusion, denn wir bemerken, dass ein Milliardär viel Geld hat, aber eine sehr unglückliche Person ist. Wir bemerken dies. Sie haben viel Sorge, Angst, Misstrauen und Eifersucht. Geld bringt keinen inneren Frieden. Mehr Geld bringt mehr Misstrauen, Unbehagen und Sorgen. Es ist eine Illusion, wirklich zu glauben, dass alles geklärt werden kann, wenn man Geld hat, dass man zu 100 Prozent zufrieden ist. [...] Wirklicher innerer Frieden und innere Zufriedenheit hängen letztendlich

(180-181)

Lhamo Dhondup, XIV. Dalai Lama, mit gefalteten Händen als Zeichen der Begrüßung und des Respekts gegenüber den Zuschauern, die 2008 an einer Konferenz teilnahmen.

von unserer mentalen Einstellung ab. [...] Um inneren Frieden zu bewahren, macht Mitgefühl wirklich einen Unterschied. Das ist sehr wichtig. Wenn ich über Mitgefühl spreche, denke ich, dass es sich lohnt, genauer zu sein. Eine Art von Mitgefühl ist im Wesentlichen gering und hat einen biologischen Faktor, es ist geringes Mitgefühl, vermischt mit Anhaftung. Dieses eingeschränkte Mitgefühl als Saat kann mit Hilfe von Überlegungen gestärkt werden und zu einer höheren Ebene unbegrenzten, unvoreingenommenen Mitgefühls werden. Wir brauchen das. [...] Mein Hauptpunkt ist, dass ein Samen des Glücks, der inneren Ruhe, der inneren Stärke mehr innere Stärke, mehr Selbstvertrauen und weniger Angst schafft. Das führt automatisch dazu, dass sich eine Art enges Gefühl für andere Menschen entwickelt. Eine mitfühlende Haltung öffnet unsere innere Tür und dadurch ist es viel einfacher, mit anderen zu kommunizieren. Wenn es zu viel egozentrische Haltung gibt, dann kommen Angst, Zweifel und Misstrauen und als Ergebnis schließt sich unsere Innentür. Dann ist es sehr schwierig, mit anderen zu kommunizieren.

[...] Wenn Sie nur an sich selbst denken, scheint auch ein kleines Problem unerträglich. Wenn Sie mehr über das Wohlbefinden anderer nachdenken – „andere" sind unendlich –, öffnet sich Ihr Geist weiter und Ihr eigenes Problem erscheint unbedeutend. Dasselbe Problem, dieselbe Tragödie kann sehr unterschiedlich erscheinen. Aus einem bestimmten Blickwinkel kann man etwas als sehr schlecht ansehen. Aus einem anderen Blickwinkel können Sie es sehen und sagen: „Oh, das ist okay." Das kommt oft vor, und deshalb erweitert eine mitfühlende Haltung wirklich Ihren Verstand. Ein kleines Problem ist nicht sehr schwerwiegend. Das ist ein Unterschied für unseren inneren Frieden. Auf diese Weise können wir den menschlichen Wert fördern, der die Grundlage unseres inneren Friedens bildet. Das ist ein sehr wichtiger Faktor für ein glückliches Leben, einschließlich eines gesunden Körpers.

Ein Wissenschaftler sagte mir, dass Wut, Hass und Angst unser Immunsystem tatsächlich auffressen. Mitgefühl stärkt unser Immunsystem. Aus Sicht der körperlichen und geistigen Gesundheit – wegen des Seelenfriedens – ist Warmherzigkeit daher ein Schlüsselfaktor. Das kommt nicht unbedingt aus dem religiösen Glauben, sondern aus der Natur.

[...] Auf globaler Ebene brauchen wir eine äußere Abrüstung für einen echten Weltfrieden. Wenn es eine erste innere Abrüstung gibt, gibt es eine echte Möglichkeit, Schritt für Schritt eine äußere Abrüstung zu erreichen. [...] Frieden bedeutet nicht, dass es keinen Konflikt mehr zwischen den Menschen gibt. Konflikte sind unausweichlich. Um trotz Konflikten den Frieden zu wahren, ist die einzig realistische Methode der Geist des Dialogs, der Achtung der anderen Seite und das Verständnis ihrer Sichtweise. Wir müssen versuchen, Probleme im Geiste der Brüderlichkeit und Schwesterlichkeit, im Geiste der

> *Um trotz Konflikten den Frieden zu wahren, ist die einzig realistische Methode der Geist des Dialogs, der Achtung der anderen Seite und das Verständnis ihrer Sichtweise.*

LHAMO DHONDUP (TENZIN GYATSO, XIV. DALAI LAMA) (1935–)

1937 Im Alter von zwei Jahren wird er als Reinkarnation seines Vorgängers, des XIII. Dalai Lama, anerkannt.

1940 Zeremonie zu seiner Amtseinführung in Lhasa, der Hauptstadt Tibets.

1941 Er erhält die mönchische Ausbildung.

1950 In Folge der chinesischen Invasion in Tibet wird er aufgerufen, die volle politische Macht zu übernehmen.

1959 Er ist gezwungen, ins Exil nach Dharamsala, im Norden Indiens, zu gehen.

1963 Er legt den Entwurf für eine Verfassung Tibets sowie eine Reihe an Reformen vor, die darauf abzielen, die Regierung des Landes zu demokratisieren.

1989 Friedensnobelpreis für seinen gewaltfreien Einsatz zugunsten der Befreiung Tibets.

2011 Zieht sich aus der Politik zurück, während er seine Funktion als spirituelles Oberhaupt Tibets beibehält.

Der Dalai Lama, hier in Berlin, Deutschland, unternahm im Mai 2008 eine Europareise, um die Öffentlichkeit für die Sache Tibets zu sensibilisieren.

Versöhnung und des Kompromisses zu lösen. Ich teile dies oft mit Menschen: Lassen Sie uns jetzt versuchen, dieses Jahrhundert zu einem Jahrhundert des Dialogs zu machen. Dann wird es eine echte Möglichkeit des Friedens geben. Es ging also um die Förderung des menschlichen Wertes.
Jetzt werde ich über die Förderung der religiösen Harmonie sprechen. Wenn Sie ein Gefühl globaler Verantwortung haben, sind alle Menschen, einschließlich der Ungläubigen und sogar derer, die die Religion kritisieren und gegen die Religion sind, Ihre Brüder und Schwestern. Sobald wir das erkannt haben, gibt es kein Problem damit, dass Menschen unterschiedlichen religiösen Glaubens sind. Das ist ihr Recht. Wenn Sie genau hinsehen, verbreiten alle wichtigen religiösen Traditionen die gleiche Botschaft der Liebe, des Mitgefühls und der Vergebung. Eine andere Herangehensweise ist aufgrund unterschiedlicher Standorte, unterschiedlicher Zeiten und unterschiedlichen Klimas erforderlich. Die Mentalität der Menschen ist etwas anders. Daher ist ein anderer Ansatz erforderlich, um diese menschlichen Werte zu fördern. Alle wichtigen religiösen Traditionen tragen die Botschaft der Liebe und ein Gefühl der Brüderlichkeit und Schwesterlichkeit in sich. Es handelt sich also um einen anderen Ansatz. [...] Wenn Sie diese Dinge verstehen, werden Sie feststellen, dass es kein Hindernis gibt, echte Harmonie zwischen den religiösen Traditionen herzustellen. Hier kann es nützlich sein, zwischen Glauben und Respekt zu unterscheiden. Der Glaube gilt der eigenen Religion, der Respekt allen Religionen. Das ist eine Sache. Eine andere Sache ist der Begriff einer Religion, einer Wahrheit und der Begriff mehrerer Wahrheiten, mehrerer Religionen. Diese beiden Dinge scheinen sich zu widersprechen, aber das liegt am unterschiedlichen Kontext. Auf individueller Basis ist das Konzept einer Wahrheit, einer Religion, für die Entwicklung eines auf einen Punkt gerichteten Glaubens sehr relevant, aber in Bezug auf eine Gruppe von Menschen ist das Konzept mehrerer Wahrheiten, mehrerer Religionen relevant. Das ist ein Fakt. Das ist die Realität. Daher besteht kein Widerspruch zwischen dem Begriff einer Wahrheit, einer Religion und dem Begriff mehrerer Wahrheiten, mehrerer Religionen. Das ist meine Art, religiöse Harmonie zu fördern.

Barack Obama

Chicago, 4. November 2008

Rede nach dem Sieg der Amerikanischen Präsidentschaftswahlen

Es ist der 4. November 2008, kurz nach elf Uhr abends: Eine Stunde zuvor sind bei der Verkündigung des Sieges Freudenschreie ausgebrochen. Im Grant Park von Chicago, seiner Heimatstadt, feiert Barack Obama den Erfolg mit über 200 000 Anhängern. Millionen Menschen sind über Fernseher oder Live-Streaming verbunden. Dank einer teils revolutionären Wahlkampagne, unter weitreichender Nutzung von sozialen Netzwerken und Spendensammlungen auch über Internet, hat der Senator von Illinois, der als Outsider galt, zuerst Hillary Clinton bei den Vorwahlen der Demokratischen Partei und dann den Republikaner John McCain geschlagen. Seine Wahl zeigt, dass in den Vereinigten Staaten alles möglich ist: Wenn ein Afroamerikaner der mächtigste Mann der Nation und damit des Planeten werden kann, dann lebt der Amerikanische Traum noch. Die Siegesrede, die von dem geglückten Slogan „Yes We Can" geprägt ist, gibt Obama die Möglichkeit, seine Gabe als vortrefflicher Redner zu zeigen. Der 44. Präsident der Vereinigten Staaten, geschützt durch dicke Panzerglasscheiben, gibt den Weg vor, auf dem das Land sein Ansehen zurückgewinnen kann, das verlorenging aufgrund der schwersten Finanzkrise seit den Zeiten der Großen Depression und durch die Kriege in Afghanistan und im Irak, die zu früh für gewonnen erklärt wurden. Für Amerika ist der Moment gekommen, acht Jahre republikanischer Regierung und die Präsidentschaft mit dem niedrigsten Beliebtheitsstand – von George W. Bush – hinter sich zu lassen. Obama bekräftigt die Eckpfeiler seines Wahlprogramms: die Dringlichkeiten im Sozialwesen und in der Außenpolitik, die Bemühungen um die Verteidigung der Menschenrechte und den Respekt gegenüber Minderheiten, den Kampf gegen die klimatischen Veränderungen.

Sein Appell gilt der Notwendigkeit eines jähen Kurswechsels in Bezug auf die Entscheidungen seiner Vorgänger; es ist aber auch eine Rückbesinnung auf die Fähigkeit sich, jenseits der unterschiedlichen politischen Ansichten, die das amerikanische Volk in den kritischsten, dramatischen Augenblicken seiner Geschichte bewiesen hat, zusammenzuschließen. Obama kommt noch vor dem Vizepräsidenten Joe Biden auf der Bühne an, es folgen seine Frau Michelle und dann seine Töchter.

In der Menge stehen bewegt weinend Reverend Jesse Jackson und die Moderatorin Oprah Winfrey.

CHANGE
WE CAN
BELIEVE IN
CHANGE
WE CAN

"

*Der Sieg allein ist nicht die Veränderung, die wir anstreben.
Es ist nur die Möglichkeit, diese Änderung in Kraft zu setzen.*

"

Wenn es noch jemanden gibt, der daran zweifelt, dass Amerika der Ort ist, an dem alles möglich ist, und der sich fragt, ob der Traum unserer Gründungsväter noch lebt, der noch an der Macht unserer Demokratie zweifelt, dann ist dieser Abend Ihre Antwort. Es ist die Antwort der Warteschlangen, die sich um Schulen und Kirchen gebildet haben, so zahlreich wie unsere Nation sie nie gekannt hat, Warteschlangen von Menschen, die 3 oder 4 Stunden warten, einige zum ersten Mal in ihrem Leben, weil sie glaubten, diesmal müsse es anders sein, dass ihre Stimmen diesen Unterschied ausmachen könnten. [...] Dies ist die Antwort, die alle, denen wiederholt gesagt wurde, dass sie zynisch, ängstlich und zweifelhaft bezüglich dessen sind, was wir erreichen können, dazu gebracht hat, den Lauf der Geschichte in die Hand zu nehmen und wieder nach der Hoffnung auf einen besseren Tag zu streben. Der Weg war lang, aber heute Abend [...] ist die Wende für Amerika gekommen. [...] Obwohl wir heute Abend feiern, wissen wir, dass die Herausforderungen von morgen die wichtigsten unserer Zeit sein werden, zwei Kriege, ein Planet in Gefahr, die schlimmste Finanzkrise seit einem Jahrhundert bei uns auf dieser Seite. [...] Es gilt eine neue Energie freizusetzen, neue Arbeitsplätze zu schaffen, neue Schulen zu bauen, Drohungen zu beseitigen und Allianzen wiederherzustellen.
Der vor uns liegende Weg wird lang sein. [...] Es wird Fehlstarts geben, viele werden nicht mit jeder Entscheidung einverstanden sein, die ich als Präsident treffen werde. Und wir wissen, dass die Regierung nicht alle Probleme lösen kann. Aber ich werde Ihnen gegenüber immer ehrlich sein, vor welchen Herausforderungen wir auch stehen werden. Ich werde auf Sie hören, besonders wenn wir uns nicht einig sind. Und vor allem bitte ich Sie, sich am Wiederaufbau dieser Nation zu beteiligen, so wie es in den letzten 221 Jahren getan wurde, Nachbarschaft um Nachbarschaft, Stein um Stein, von Hand mit Schwielen bedeckt und immer wieder von Hand mit Schwielen bedeckt. „Wir rufen einen neuen Patriotismus aus“.
[...] Der Sieg allein ist nicht die Veränderung, die wir anstreben. Es ist nur die Möglichkeit, diese Änderung in Kraft zu setzen. Und diese Änderung wird nicht eintreten, wenn wir uns zurückbewegen. Es kann nicht ohne Sie geschehen, ohne einen neuen Geist des Dienstes, des Opfers. Wir berufen uns auf einen neuen Patriotismus der Verantwortung, in dem jeder von uns entschlossen ist, härter zu arbeiten und nicht nur für sich selbst, sondern auch für andere zu sorgen. [...] Wenn die Demokratische Partei heute Abend einen großen Sieg errungen hat, sollten wir dies mit Demut und Entschlossenheit anerkennen, um die Spaltungen zu beseitigen, die unseren Fortschritt bremsten. Wie Lincoln zu einer viel stärker gespaltenen Nation als unserer sagte: „Wir sind keine Feinde, sondern Freunde, [...] auch

(186-187)

Der demokratische Senator Barack Obama besiegt den Republikaner John McCain und wird 2009 Präsident der Vereinigten Staaten.

wenn die politische Leidenschaft sie zermürbt hat, wird sie unsere emotionalen Bindungen nicht brechen." Und für die Amerikaner, deren Unterstützung ich noch verdienen muss: Ich habe heute Abend ihre Stimme nicht erhalten, aber ich habe Ihre Stimmen gehört. Ich brauche Ihre Hilfe und ich werde auch Ihr Präsident sein. Für diejenigen, die uns heute Abend aus Ländern fern von unseren Küsten, aus Parlamenten und Häusern beobachten, oder für diejenigen, die sich in vergessenen Winkeln der Welt um ein Radio versammeln, ist es wichtig, sich daran zu erinnern, dass unsere Geschichten verschieden sind, aber unser Schicksal ist gemeinsam, und Sie sollten wissen, dass ein neuer Aufbruch für die US-Führung bevorsteht. Und an diejenigen, die die Welt zerstören wollen: Wir werden euch besiegen.
Und an diejenigen, die Frieden und Sicherheit suchen: Wir werden euch helfen. Und an alle, die sich gefragt haben, ob Amerika noch immer im Licht seiner besten Zeit strahlt: Heute Abend haben wir noch einmal gespürt, dass die wahre Stärke unserer Nation nicht in der Macht unserer Waffen oder in der Fülle unserer Ressourcen liegt, sondern in der dauerhaften Kraft unserer Ideale: Demokratie, Freiheit, Chancen und unbeugsame Hoffnung.
[...] Diese Wahlen haben viele „erste Male" repräsentiert und enthalten viele Geschichten, die über Generationen hinweg erzählt werden. Aber meine Gedanken heute Abend richten sich an eine Frau aus Atlanta, eine wie viele andere, die bei diesen Wahlen Gehör finden wollte, aber mit einem kleinen Unterschied: Ann Nixon Cooper ist 106 Jahre alt. Eine Generation nach der Sklaverei wurde sie geboren, zu einer Zeit, als sich keine Autos auf den Straßen oder Flugzeuge am Himmel befanden und jemand wie sie aus zwei Gründen nicht wählen konnte: weil sie eine Frau war und wegen der Farbe ihrer Haut. Und heute Abend denke ich an alles, was sie in einem Jahrhundert in Amerika gesehen hat: Schmerz und Hoffnung; Kampf und Fortschritt. Und an die Zeiten, in denen uns gesagt wurde, dass wir das nicht könnten, und an die Leute, die auf jenem amerikanischen Credo bestanden: Doch, wir schaffen das.
Zu einer Zeit, in der die Frauenstimmen verstummten und ihre Hoffnungen ignoriert wurden, erlebte sie, wie Frauen aufstanden, ihre Forderungen stellten und den Stimmzettel entgegennahmen. Ja, wir schaffen das. Als Verzweiflung herrschte wegen der Dürre in der Dust Bowl (Texas, Kansas, Oklahoma, Colorado, New Mexico) und der Wirtschaftskrise, sah sie, wie eine Nation die Angst mit dem New Deal, neuen Arbeitsplätzen und einem neuen gemeinsamen Sinn für Ziele überwinden konnte. Ja, wir schaffen das. Als die Bomben auf Pearl Harbor fielen und eine Tyrannei die Welt bedrohte, war sie dort, Zeugin einer Generation, die ihre Größe bewies und die Demokratie rettete. Ja, wir schaffen das. Sie war dort, beim Busboykott von Montgomery, unter den Wasserwerfern in Birmingham, auf der Brücke in

BARACK OBAMA
(1961–)

1991 Abschluss in Rechtswissenschaften in Harvard.

1992 Er heiratet Michelle Robinson, eine Rechtsanwältin, die er in der Kanzlei kennen lernt, für die er arbeitet.

2004 Nach dem überraschenden Sieg bei den Vorwahlen der Demokratischen Partei wird er zum Bundessenator der Vereinigten Staaten gewählt.

2008 Nach einer erbitterten Kampagne für die Nominierung der Demokraten behält er die Oberhand über Hillary Clinton und wird somit zum ersten afroamerikanischen Kandidaten für das Weiße Haus. Am 4. November besiegt er den Republikaner John McCain und wird zum Präsidenten gewählt.

2009 Friedensnobelpreis.

2010 Am 25. März unterzeichnet er das Gesetz zur Gesundheitsreform, *Obamacare*, das die Erhöhung der Zahl aller Versicherten und Förderungen für den Versicherungsabschluss vorsieht.

2012 Am 6. November wird er im Weißen Haus, gegen den Kandidaten der Republikaner Mitt Romney, für ein zweites Mandat bestätigt.

2016 Im März besiegelt sein Besuch auf Kuba die Wiederaufnahme der diplomatischen Beziehungen zwischen beiden Ländern.

Selma, zusammen mit einem Prediger aus Atlanta, der einem Volk sagte: „We Shall Overcome". Ja, wir schaffen das. Ein Mensch ist auf dem Mond gelandet, eine Mauer in Berlin ist gefallen, eine ganze Welt wurde durch unsere Wissenschaft und Vorstellungskraft miteinander verbunden. Und in diesem Jahr berührte sie bei dieser Wahl einen Bildschirm mit dem Finger und gab ihre Stimme ab, denn nach 106 Jahren in Amerika, zwischen dunklen und besseren Zeiten, weiß sie, wie sich Amerika verändern kann. Ja, wir schaffen das. „Ein zeitloses Glaubensbekenntnis, das den Geist eines Volkes repräsentiert: Ja, wir schaffen das."
Amerika, wir haben diesen Punkt erreicht. Wir haben viel gesehen. Es bleibt aber noch viel zu tun. Heute Abend fragen wir uns, ob unsere Kinder das nächste Jahrhundert überleben können. Wenn meine Töchter das Glück hätten, so lange zu leben wie Ann Nixon Cooper, welche Veränderungen würden sie sehen? Welche Fortschritte werden wir gemacht haben? Dies ist unsere Chance, dem Aufruf zu folgen.
Das ist unser Moment. Dies ist unsere Zeit, um die Menschen wieder zur Arbeit zu bringen und unseren Kindern die Türen der Möglichkeiten zu öffnen. Wohlstand wiederherzustellen und die Sache des Friedens zu fördern, den amerikanischen Traum und die grundlegende Wahrheit zu bekräftigen: dass wir viele und doch eins sind; dass wir hoffen, während wir atmen. Und wo wir auf Zynismus und Zweifel stoßen und diejenigen, die uns sagen, dass wir das nicht können, antworten wir mit einem zeitlosen Credo, das den Geist eines Volkes repräsentiert: Ja, wir schaffen das. Danke. Gott segne Sie und die Vereinigten Staaten von Amerika.

Der neu gewählte Präsident Barack Obama hält im Januar 2009 an der George Mason University in Fairfax, Virginia, eine Rede über den Weg aus der Wirtschaftskrise.

Papst Franziskus

„Wir dürfen uns nicht fürchten vor Güte und vor Zärtlichkeit!“

Vatikanstadt, 19. März 2013

„Wir dürfen keine Angst haben vor der Güte, ja, nicht einmal vor der Zärtlichkeit!“, mahnt Papst Franziskus am 19. März 2013 bei den Messfeierlichkeiten auf dem Petersplatz zum Beginn seines Pontifikats. Seine Wahl, unerwartet und überraschend, steht ganz im Zeichen der Besonderheit: Jorge Mario Bergoglio ist argentinischer Nationalität und der erste Papst, der vom amerikanischen Kontinent stammt, der erste Jesuit als Papst und der erste Papst, der den Namen des Heiligen Franz von Assisi zu seinem Namen wählt. Mit seiner Wahl will die Kirche ein weitreichendes Werk an Reformen einschlagen. Im wirtschaftlichen Bereich, indem sie die Regeln der IOR, der Vatikanbank, die in den vorangegangenen Jahrzehnten im Mittelpunkt peinlicher Finanzskandale stand, transparenter macht. Im moralischen Bereich, indem sie das Problem der Pädophilie in der katholischen Kirche, das eine Welle der Kritik in der internationalen Öffentlichkeit ausgelöst hatte, streng angeht. Die ganze Welt wartet darauf, die erste Predigt von Papst Bergoglio zu hören; die Erwartungen sind sehr hoch. Dieser neue Pontifex, der stets ein Lächeln im Gesicht trägt, weckt Neugierde, als er, kaum dass er gewählt ist, erklärt: „Ah, wie sehr wünsche ich mir eine arme Kirche und für die Armen!“.

Über 200 000 Menschen sind auf dem Petersplatz versammelt, unter ihnen viele Argentinier, begeistert und stolz. Über 130 ausländische Delegationen sind in Rom in der Erwartung, die Worte des 265. Nachfolgers Petri zu hören. Die Fernsehsender aus der ganzen Welt machen das Ereignis zu einem der meist verfolgten in der Geschichte. Die Sonne scheint. Nachdem Papst Franziskus das heilige Pallium angelegt und den Fischerring in Empfang genommen hat, ergreift er das Wort. Die Stimme, glaubwürdig und einladend, verrät eine unvermeidbare Erregung, die sich nach den ersten Minuten legt. Die Eröffnung der Rede gilt seinem Vorgänger, Benedikt XVI., nach 600 Jahren der erste Pontifex, der das Amt Petri niederlegte. Danach lädt der Papst dazu ein, Christus im eigenen Herzen zu bewahren und sich mit unablässiger Achtung allen Lebewesen zuzuwenden, insbesondere Schwächeren und Ärmeren. Diese Aufgabe solle ohne Furcht vor Zärtlichkeit und Güte angenommen werden, weil nur diese dem Menschen ermöglichen, auf sich selbst und dadurch auch auf andere zu achten, auf den Nächsten. Vor der Zeremonie gibt er selbst ein Beispiel für Achtung und Zärtlichkeit: Er steigt aus dem Papamobil aus, geht auf Kinder und Behinderte zu und umarmt und küsst sie inmitten der jubelnden Menge.

Am 30. März 2013, während der Osterzeit, feiert Papst Franziskus die Samstagsmesse im Petersdom im Vatikan.

"

Gott will nicht ein vom Menschen gebautes Haus, sondern er wünscht sich die Treue zu seinem Wort, zu seinem Plan. Und Gott selbst ist es dann, der das Haus baut ...

"

Ich danke dem Herrn, dass ich diese heilige Messe zum feierlichen Beginn meines Petrusdienstes am Hochfest des heiligen Josef, des Bräutigams der Jungfrau Maria und Patrons der Weltkirche feiern kann: Es ist ein ganz bedeutungsreiches Zusammentreffen, und es ist auch der Namenstag meines verehrten Vorgängers – wir sind ihm nahe mit dem Gebet voller Liebe und Dankbarkeit.
[...] Wir haben im Evangelium gehört, dass Josef „tat, was der Engel des Herrn ihm befohlen hatte, und nahm seine Frau zu sich". In diesen Worten ist schon die Aufgabe enthalten, die Gott dem Josef anvertraut, nämlich custos – Hüter – zu sein. Hüter von wem? Von Maria und Jesus; aber es ist eine Obhut, die sich dann auf die Kirche ausweitet: Der selige Johannes Paul II. hat hervorgehoben, dass „der hl. Josef so, wie er für Maria liebevoll Sorge trug und sich voll Freude und Eifer der Erziehung Jesu Christi widmete, seinen mystischen Leib, die Kirche, deren Gestalt und Vorbild die heilige Jungfrau ist, hütet und beschützt". Wie führt Josef diese Hüter-Tätigkeit aus? Rücksichtsvoll, demütig, im Stillen, aber beständig gegenwärtig und in absoluter Treue, auch dann, wenn er nicht versteht. Von der Heimholung Marias bis zur Episode des zwölfjährigen Jesus im Tempel von Jerusalem begleitet er fürsorglich und liebevoll jeden Moment. Er steht Maria, seiner Braut, in den unbeschwerten wie in den schwierigen Momenten des Lebens zur Seite, auf der Reise nach Bethlehem zur Volkszählung und in den bangen und frohen Stunden der Geburt; im dramatischen Moment der Flucht nach Ägypten und bei der sorgenvollen Suche des Sohnes, der im Tempel geblieben war; und dann im Alltag des Hauses in Nazaret, in der Werkstatt, wo er Jesus das Handwerk gelehrt hat.
[...] Gott will nicht ein vom Menschen gebautes Haus, sondern er wünscht sich die Treue zu seinem Wort, zu seinem Plan. Und Gott selbst ist es dann, der das Haus baut, aber aus lebendigen, von seinem Geist gekennzeichneten Steinen. Und Josef ist „Hüter", weil er auf Gott zu hören versteht, sich von seinem Willen leiten lässt. Und gerade deshalb ist er noch einfühlsamer für die ihm anvertrauten Menschen, weiß mit Realismus die Ereignisse zu deuten, ist aufmerksam auf seine Umgebung und versteht die klügsten Entscheidungen zu treffen. An ihm sehen wir, liebe Freunde, wie man auf den Ruf Gottes antwortet: verfügbar und unverzüglich; aber wir sehen auch, welches die Mitte der christlichen Berufung ist: Christus! Hüten wir Christus in unserem Leben, um die anderen zu behüten, um die Schöpfung zu bewahren!
Die Berufung zum Hüten geht jedoch nicht nur uns Christen an; sie hat eine Dimension, die vorausgeht und die einfach menschlich ist, die alle betrifft. Sie besteht darin, die gesamte

Schöpfung, die Schönheit der Schöpfung zu bewahren, wie uns im Buch Genesis gesagt wird und wie es uns der heilige Franziskus von Assisi gezeigt hat: Sie besteht darin, Achtung zu haben vor jedem Geschöpf Gottes und vor der Umwelt, in der wir leben. Die Menschen zu hüten, sich um alle zu kümmern, um jeden Einzelnen, mit Liebe, besonders um die Kinder, die alten Menschen, um die, welche schwächer sind und oft in unserem Herzen an den Rand gedrängt werden. Sie besteht darin, in der Familie aufeinander zu achten [...]. Sie besteht darin, die Freundschaften in Aufrichtigkeit zu leben; sie sind ein Einander-Behüten in Vertrautheit, gegenseitiger Achtung und im Guten. Im Grunde ist alles der Obhut des Menschen anvertraut, und das ist eine Verantwortung, die alle betrifft. Seid Hüter der Gaben Gottes! Und wenn der Mensch dieser Verantwortung nicht nachkommt, wenn wir uns nicht um die Schöpfung und um die Mitmenschen kümmern, dann gewinnt die Zerstörung Raum, und das Herz verdorrt. In jeder Epoche der Geschichte gibt es leider solche „Herodes“, die Pläne des Todes schmieden, das Gesicht des Menschen zerstören und entstellen. Alle Verantwortungsträger auf wirtschaftlichem, politischem und sozialem Gebiet, alle Männer und Frauen guten Willens möchte ich herzlich bitten: Lasst uns „Hüter“ der Schöpfung, des in die Natur hineingelegten Planes Gottes sein, Hüter des anderen, der Umwelt; lassen wir nicht zu, dass Zeichen der Zerstörung und des Todes den Weg dieser unserer Welt begleiten! Doch um zu „behüten“, müssen wir auch auf uns selber Acht geben! Erinnern wir uns daran, dass Hass, Neid und Hochmut das Leben verunreinigen! Hüten bedeutet also, über unsere Gefühle, über unser Herz zu wachen, denn von dort gehen unsere guten und bösen Absichten aus: die, welche aufbauen, und die, welche zerstören! Wir dürfen keine Angst haben vor der Güte, ja, nicht einmal vor der Zärtlichkeit!

Und hier füge ich noch eine letzte Anmerkung hinzu: Das sich Kümmern, das Hüten verlangt Güte, es verlangt, mit Zärtlichkeit gelebt zu werden. In den Evangelien erscheint Josef als ein starker, mutiger, arbeitsamer Mann, aber in seinem Innern zeigt sich eine große Zärtlichkeit, die nicht etwa die Tugend des Schwachen ist, nein, im Gegenteil: Sie deutet auf eine Seelenstärke hin und auf die Fähigkeit zu Aufmerksamkeit, zu Mitleid, zu wahrer Öffnung für den anderen, zu Liebe. Wir dürfen uns nicht fürchten vor Güte, vor Zärtlichkeit!

Heute feiern wir zusammen mit dem Fest des heiligen Josef die Amtseinführung des neuen Bischofs von Rom, des Nachfolgers Petri – ein Amt, das auch Macht beinhaltet. Gewiss, Jesus Christus hat Petrus Macht verliehen, aber um was für eine Macht handelt es sich? Auf die

"

Für uns Christen – wie schon für Abraham und für den heiligen Josef – hat die Hoffnung, die wir bringen, den Horizont Gottes, der uns in Christus aufgetan ist; ist die Hoffnung auf den Felsen gegründet, der Gott ist.

"

JORGE MARIO BERGOGLIO (1936–)

1958 Tritt in das Priesterseminar ein.

1963 Macht seinen Abschluss in Philosophie.

1969–1973 Wird zum Priester ernannt und legt die ewigen Gelübde als Jesuit ab.

1980–1986 Übernimmt die Aufgabe des Rektors der Theologischen Hochschule von San Miguel, in Buenos Aires.

1992 Wird von Papst Johannes Paul II. zum Bischof von Auca und Weihbischof von Buenos Aires ernannt.

1997 Wird zum Erzbischof von Buenos Aires.

1998 Wird zum Primas Argentiniens.

2001 Johannes Paul II. ernennt ihn zum Kardinal.

2005–2011 Vorsitzender der argentinischen Bischofskonferenz.

2013 Wird am 13. März zum Papst gewählt und nimmt den Namen Franziskus an.

2013 Die erste Enzyklika *Lumen fidei* erscheint, zum Thema Glaube.

2015 Wird die Enzyklika *Laudato si'* vorgestellt, zum Thema Schöpfung.

Papst Franziskus grüßt die Gläubigen beim Verlassen des Petersplatzes in der Vatikanstadt nach Abschluss der Palmsonntagsfeier am 29. März 2015.

dreifache Frage Jesu an Petrus über die Liebe folgt die dreifache Aufforderung: Weide meine Lämmer, weide meine Schafe. Vergessen wir nie, dass die wahre Macht der Dienst ist und dass auch der Papst, um seine Macht auszuüben, immer mehr in jenen Dienst eintreten muss, der seinen leuchtenden Höhepunkt am Kreuz hat; dass er auf den demütigen, konkreten, von Glauben erfüllten Dienst des heiligen Josef schauen und wie er die Arme ausbreiten muss, um das ganze Volk Gottes zu hüten und mit Liebe und Zärtlichkeit die gesamte Menschheit anzunehmen, besonders die Ärmsten, die Schwächsten, die Geringsten, diejenigen, die Matthäus im Letzten Gericht über die Liebe beschreibt: die Hungernden, die Durstigen, die Fremden, die Nackten, die Kranken, die Gefangenen. Nur wer mit Liebe dient, weiß zu behüten!

In der zweiten Lesung spricht der heilige Paulus von Abraham, der „gegen alle Hoffnung ... voll Hoffnung geglaubt" hat. Gegen alle Hoffnung voll Hoffnung! Auch heute, angesichts so vieler Wegstrecken mit grauem Himmel, haben wir es nötig, das Licht der Hoffnung zu sehen, selber Hoffnung zu geben. Die Schöpfung zu bewahren, jeden Mann und jede Frau zu behüten mit einem Blick voller Zärtlichkeit und Liebe, bedeutet, den Horizont der Hoffnung zu öffnen, bedeutet, all die Wolken aufzureißen für einen Lichtstrahl, bedeutet, die Wärme der Hoffnung zu bringen!

Und für den Glaubenden, für uns Christen – wie schon für Abraham und für den heiligen Josef – hat die Hoffnung, die wir bringen, den Horizont Gottes, der uns in Christus aufgetan ist; ist die Hoffnung auf den Felsen gegründet, der Gott ist.

Jesus mit Maria zu behüten, die gesamte Schöpfung zu behüten, jeden Menschen zu behüten, besonders den Ärmsten, uns selber zu behüten: das ist ein Dienst, den zu erfüllen der Bischof von Rom berufen ist, zu dem wir aber alle berufen sind, um den Stern der Hoffnung leuchten zu lassen: Hüten wir mit Liebe, was Gott uns geschenkt hat!

Ich bitte um die Fürsprache der Jungfrau Maria, des heiligen Josef, der heiligen Petrus und Paulus, des heiligen Franziskus, dass der Heilige Geist meinen Dienst begleite, und zu euch allen sage ich: Betet für mich! Amen.

George Saunders

Rede vor den Studenten der Universität Syracuse

Syracuse (USA), 11. Mai 2013

Universität Syracuse im Staat New York. Ein Publikum aus frisch verabschiedeten Jungakademikern, alle in schwarzem Talar und mit Barett auf dem Kopf, applaudiert George Saunders, der anlässlich der Diplomverleihung eine Rede hält. Sie befürchten keine langweilige Rhetorik oder staubige Empfehlungen, ganz im Gegenteil, sie sind gespannt, was er wohl dieses Mal sagen wird. Sie kennen George Saunders gut, seit 1997 ist er Dozent für kreatives Schreiben an eben jener Universität, sie bewundern seine Originalität zutiefst: Der Autor von Kurzgeschichten, Artikeln und Reiseberichten kann sie mit der Abschiedsrede sicher nicht enttäuschen. Saunders ist nicht eingeschüchtert wegen dieser Rolle, er ist mit einem Publikum vertraut, das zuhört. So wie vor ihm Steve Jobs in Stanford, Joanne Rowling in Harvard oder Jeff Bezos in Princeton: Sie alle waren dazu aufgerufen, mit den jüngeren Studentenjahrgängen in Dialog zu treten, das Ende ihres Studienweges zu feiern und sie zugleich zu einer glänzenden Karriere zu ermutigen. Die Ironie, die seinen Schriften konstant zu Grunde liegt, lässt in der Rede nicht lange auf sich warten, wie auch seine ganz persönliche Erfahrung, die er gerne teilt, eine Siegesformel, um in jüngeren Ohren auf Empathie zu stoßen. Seine Worte überraschen und amüsieren, im Jahr darauf werden sie in *Herzlichen Glückwunsch übrigens: Ein paar Gedanken zur Güte* veröffentlicht. Der 54-jährige Professor aus Texas verfasst eine wahre Lobrede auf die Freundlichkeit, jenes alte Wort, vor lauter Ungeduld in Vergessenheit geraten und von der heutigen Arroganz missachtet. Er bemüht nicht offiziell den Dolce stil novo, der in der Höflichkeit weniger eine vererbte Vornehmheit sah, als vielmehr etwas, das erworben werden kann mit „dem Fleiß der Tugend und der Erhabenheit der Gefühle", aber genau von diesem Prinzip ausgehend, suggeriert er den jungen Menschen die Dringlichkeit, Möglichkeit und Notwendigkeit, sie sich zu eigen zu machen. Und sie zur Grundlage für jeden Lebensmoment werden zu lassen.

Wenn also „die Leistung unzuverlässig ist", ist es die Seele, die zählt. Das Beispiel der Lehrkräfte als Mentoren der jungen Herzen kann mehr noch als jede erzählte Erfahrung eine markante Spur in ihrer Ausbildung und bei der Entwicklung ihrer Ambitionen hinterlassen. George Saunders wurde nicht zufällig im selben Jahr von der Zeitschrift *Time* in die Liste der 100 einflussreichsten Personen aufgenommen.

Der Schriftsteller George Saunders signiert Kopien seines neuen Romans *Lincoln im Bardo* nach einer Präsentation in Coral Gables, USA, im Jahr 2017.

"

Seien Sie also ein guter und proaktiver und sogar etwas verzweifelter Patient in Ihrem eigenen Namen – suchen Sie für den Rest Ihres Lebens energisch nach den wirksamsten Medikamenten gegen Egoismus.

"

GEORGE SAUNDERS
(1958–)

1981 Er macht einen Abschluss in geophysikalischer Ingenieurwissenschaft und arbeitet als Berater im Bereich internationale Spedition und als Verfasser technischer Texte.

1988 Abschluss in Kreativem Schreiben an der Universität Syracuse. Er beginnt, dieses Fach zu unterrichten, während er schreibt und seine ersten Arbeiten veröffentlicht.

1994 Erlangt er zum ersten Mal den National Magazine Award, der sein Talent als Schriftsteller preist und den er wiederholt in den Jahren 1996, 2000 und 2004 erhält.

1996 *BürgerKriegsLand fast am Ende*, sechs Erzählungen und eine Novelle kommt in die Buchläden.

2013 Er sendet der Presse die Sammlung von Erzählungen *Zehnter Dezember*, die ihm den PEN/Malamud Award sichert, den begehrtesten Preis der Vereinigten Staaten für Autoren von Erzählungen.

2017 Publiziert er seinen ersten Roman, *Lincoln im Bardo*.

Im Laufe der Jahrhunderte hat sich eine traditionelle Form für diese Art von Reden herausgebildet: Ein alter Sack, der seine besten Jahre hinter sich und im Laufe seines Lebens eine Reihe schrecklicher Fehler begangen hat (das wäre ich), gibt einer Gruppe glänzender, energiegeladener junger Leute, die ihre besten Jahre noch vor sich haben, aufrichtige Ratschläge (das wären Sie).
Und ich beabsichtige, diese Tradition zu respektieren.
Nun, eine nützliche Sache, die Sie mit einer alten Person machen können, ist, neben dem Ausleihen von Geld oder dem Auffordern, einen der alten „Tänze" zu geben, damit Sie dabei lachen können, ist die Frage: „Rückblickend, was bereuen Sie?" Und sie werden es Ihnen erzählen. Wie Sie wissen, werden sie es manchmal auch erzählen, wenn Sie nicht danach gefragt haben. Manchmal werden sie es Ihnen auch erzählen, wenn Sie ausdrücklich darum gebeten haben, es nicht zu erzählen.
Also: Was bereue ich? Von Zeit zu Zeit arm gewesen zu sein? Nicht wirklich. Schreckliche Jobs wie „Haxenzieher in einem Schlachthof?" (Und FRAGEN Sie nicht einmal, was das bedeutet.) Nein. Das bereue ich nicht.
[...] Bereue ich die gelegentliche Demütigung? Als ich einmal Hockey vor einem großen Publikum spielte, einschließlich dieses Mädchens, das ich wirklich mochte, schaffte ich es irgendwie, während ich fiel und so seltsam keuchte, ein Eigentor zu schießen und gleichzeitig meinen Schläger in die Menge fliegen zu lassen und beinahe das Mädchen zu treffen. Nein. Das bereue ich auch nicht.
Folgendes bereue ich jedoch: In der siebten Klasse kam dieses neue Kind in unsere Klasse. Im Interesse der Diskretion soll ihr Name an dieser Stelle „ELLEN" sein. ELLEN war klein und schüchtern. Sie trug diese blaue Katzenaugenbrille, die damals nur alte Damen trugen. Wenn sie nervös war, was so ziemlich immer der Fall war, hatte sie die Angewohnheit, sich eine Haarsträhne in den Mund zu nehmen und daran zu kauen.
Also kam sie in unsere Schule und in unsere Nachbarschaft und wurde meistens ignoriert, gelegentlich gehänselt („Dein Haar schmeckt gut?" – so etwas). Ich konnte sehen, dass das ihr weh tat. Ich erinnere mich noch an die Art und

Weise, wie sie sich auf eine solche Beleidigung reagierte: niedergeschlagene Augen, wie in den Bauch getreten, als ob sie gerade versuchte, möglichst zu verschwinden, nachdem sie auf ihren Platz in der Welt verwiesen worden war. Nach einer Weile würde sie wegdriften, die Haarsträhne immer noch in ihrem Mund. Zu Hause stellte ich mir vor, dass ihre Mutter nach der Schule sagen würde: „Wie war dein Tag, Schatz?“ und sie würde sagen: „Oh, gut.“Und ihre Mutter würde sagen: „Freunde gefunden?“ und sie würde sagen: „Sicher, viele.“ Manchmal habe ich sie alleine im Vorgarten herumhängen sehen, als ob sie Angst hätte, ihn zu verlassen. Und dann zogen sie um. Das war's. Keine Tragödie, keine große letzte Trübung. An einem Tag war sie dort, am nächsten Tag war sie es nicht mehr. Ende der Geschichte.

Nun, warum bereue ich das? Warum denke ich zweiundvierzig Jahre später immer noch darüber nach? Im Vergleich mit den meisten anderen Kindern war ich eigentlich ziemlich nett zu ihr. Ich habe ihr nie ein unfreundliches Wort gesagt. Tatsächlich habe ich sie manchmal sogar (sanft) verteidigt. Aber dennoch. Es stört mich. Hier ist also etwas, von dem ich weiß, dass es wahr ist, obwohl es ein bisschen kitschig ist und ich nicht genau weiß, was ich damit anfangen soll: Was ich in meinem Leben am meisten bedauere, sind Misserfolge der Freundlichkeit. Diese Momente, in denen ein anderer Mensch vor mir stand und litt und ich ... vernünftig reagierte. Reserviert. Milde. Oder, um es vom anderen Ende des Teleskops aus zu betrachten: An wen erinnern Sie sich in Ihrem Leben am liebsten, mit den unbestreitbarsten Gefühlen der Wärme? Diejenigen, die am nettesten zu Ihnen waren, wette ich. Es ist vielleicht zu einfach und mit Sicherheit schwer umzusetzen, aber ich würde sagen, dass Sie als Ziel im Leben Schlimmeres tun könnten als: Versuche freundlicher zu sein. Nun, die Millionen-Dollar-Frage: Was ist unser Problem? Warum sind wir nicht freundlicher?

[...] Nun, die zweite Millionen-Dollar-Frage: Wie könnten wir das TUN?

Wie könnten wir liebevoller, offener, weniger egoistisch, präsenter, weniger täuschend usw. usw. werden? Na ja, gute Frage.

Leider habe ich nur noch drei Minuten. Also lassen Sie mich einfach dies sagen.

"

Tun Sie die Dinge, die Sie zu den großen Fragen führen, und vermeiden Sie die Dinge, die Sie reduzieren und belanglos machen würden.

"

Es gibt Wege. Sie wissen das bereits, weil es in Ihrem Leben Zeiten der hohen Güte und der niedrigen Güte gab, und Sie wissen, was Sie zu den ersteren hin- und von den letzteren abgeneigt hat. Bildung ist gut; eintauchen in ein Kunstwerk: gut; das Gebet ist gut; Meditation ist gut; ein offenes Gespräch mit einem lieben Freund; wir etablieren uns in einer Art spiritueller Tradition – wir erkennen, dass es vor uns unzählige wirklich kluge Leute gab, die dieselben Fragen gestellt und Antworten für uns hinterlassen haben.

Es stellt sich heraus, dass Freundlichkeit schwer ist – sie beginnt mit allen Regenbögen und Hundewelpen und erstreckt sich auf ... nun, alles. Eine Sache zu unseren Gunsten: Etwas von diesem „Freundlicher werden" geschieht natürlicherweise mit dem Alter. Es könnte eine einfache Sache der Abnutzung sein: Wenn wir älter werden, sehen wir, wie nutzlos es ist, selbstsüchtig zu sein – wie unlogisch, wirklich. Wir lernen andere Menschen zu lieben und unsere eigene Zentralität rückt dadurch eher beiseite. Wir werden vom wirklichen Leben in den Hintern getreten, und die Leute kommen zu unserer Verteidigung und helfen uns, und wir lernen, dass wir nicht allein sind und nicht allein sein wollen.

[...] Und so, eine Vorhersage und mein Herzenswunsch für Sie: Wenn Sie älter werden, wird sich Ihr Selbst verringern und Sie werden sich verlieben. Ihr ICH wird nach und nach durch LIEBE ersetzt. Wenn Sie Kinder haben, wird dies ein großer Moment in Ihrem Prozess der Selbstverringerung sein. Es ist Ihnen wirklich egal, was mit Ihnen selbst passiert, solange Ihre Kinder davon profitieren. Das ist einer der Gründe, warum Ihre Eltern heute so stolz und glücklich sind. Einer ihrer schönsten Träume ist wahr geworden: Sie haben etwas Schwieriges und Greifbares erreicht, das Sie als Person vergrößert und Ihr Leben von jetzt an für immer verbessern wird.

Herzlichen Glückwunsch übrigens.

In jungen Jahren möchten wir verständlicherweise herausfinden, ob wir das Zeug dazu haben. Können wir das schaffen? Können wir uns ein lebensfähiges

Leben aufbauen? Aber Sie – insbesondere Sie, in Ihrer Generation – haben möglicherweise eine gewisse zyklische Qualität der Ambition festgestellt. Du machst es gut in der Highschool, in der Hoffnung auf ein gutes College, also kannst du es gut in dem guten College machen, in der Hoffnung auf einen guten Job, also kannst du es gut in dem guten Job machen, also kannst du es ... Und das ist eigentlich ok. Wenn wir freundlicher werden wollen, müssen wir uns selbst ernst nehmen – als Macher, als Vollbringer, als Träumer. Wir müssen das tun, um unser bestes Selbst zu sein. Trotzdem ist die Leistung unzuverlässig.
[...] Meiner Meinung nach wird Ihr Leben ein allmählicher Prozess sein, freundlicher und liebevoller zu werden: Beeilen Sie sich. Machen Sie schnell. Starten Sie genau jetzt. In jedem von uns liegt eine Verwirrung, eine Krankheit, wirklich: Egoismus. Es gibt aber auch eine Heilung. Seien Sie also ein guter und proaktiver und sogar etwas verzweifelter Patient in Ihrem eigenen Namen – suchen Sie für den Rest Ihres Lebens energisch nach den wirksamsten Medikamenten gegen Egoismus.
Tun Sie all die anderen Dinge, die ehrgeizigen Dinge – reisen Sie, werden Sie reich, werden Sie berühmt, innovieren Sie, führen Sie, verlieben Sie sich, machen Sie und verlieren Sie Vermögen [...], aber wenn Sie das tun, irren Sie in Richtung Güte, so weit Sie können. Tun Sie die Dinge, die Sie zu den großen Fragen führen, und vermeiden Sie die Dinge, die Sie reduzieren und belanglos machen würden. Dieser leuchtende Teil von Ihnen, der jenseits der Persönlichkeit existiert – ihre Seele, wenn Sie so wollen –, ist so hell und strahlend wie von jedem anderen, der jemals war. Hell wie Shakespeares, hell wie Gandhis, hell wie Mutter Teresas. Räumen Sie alles weg, was Sie von diesem geheimen leuchtenden Ort fernhält. Glauben Sie, dass er existiert, lernen Sie ihn besser kennen, pflegen Sie ihn, teilen Sie unermüdlich seine Früchte.
[...] Herzlichen Glückwunsch, Klasse 2013.
Ich wünsche Ihnen alles Gute, alles Glück der Welt und einen schönen Sommer.

Malala Yousafzai

Rede vor der Jugendversammlung der Vereinten Nationen

New York, 12. Juli 2013

Mingora, Pakistan, 9. Oktober 2012. Die Taliban halten einen kleinen Schulbus an, der Schülerinnen nach Hause bringt. Einer von ihnen steigt ein und fragt: „Wer ist Malala?“ Keines der Mädchen antwortet, aber alle drehen sich zu ihrer Kameradin um, die als einzige mit unverschleiertem Gesicht dasitzt, langem schwarzen Haar und tiefen Augen. Wer könnte in ihr je eine Bedrohung sehen? Dennoch richtet der Mann seine Pistole auf sie und feuert drei Schüsse ab. Malala Yousafzai ist erst 15 Jahre alt, als sie auf wunderbare Weise das Attentat überlebt. Einer Sache ist sie sich ganz sicher: Sie will lernen, auch wenn die Extremisten versuchen, es ihr zu verbieten. Und sie fordert dies leidenschaftlich in der Öffentlichkeit ein, vor Journalisten. Unter einem Regime, für das Unwissenheit und Diskriminierung von Frauen unentbehrliche Instrumente sind, um die Kontrolle zu behalten, nimmt ihr Wille einen umstürzlerischen Charakter an und kostet sie beinahe das Leben.

Ihre Erinnerung an diesen Tag endet mit dem Verlassen der Schule, erst über eine Woche später kommt sie im Krankenhaus in Birmingham wieder zu sich. Ein Geschoss hat die linke Augenhöhle passiert und ist in die Schulter eingeschlagen, die anderen beiden haben Schulfreundinnen von ihr verletzt.

Die internationale Solidarität ermöglicht ihre Genesung, schenkt ihr ein neues Zuhause und die Möglichkeit zu studieren. Aber Bildung darf keine Glücksache sein, kein Privileg, und Malala vergisst keins der Mädchen in Pakistan und keins der Kinder, die im Rest der Welt keinen Zugang zu Bildung haben. Sie beschließt, ihr zweites Leben ganz diesem Anliegen zu widmen.

Am 12. Juli 2013, ihrem Geburtstag, spricht sie vor der Jugendversammlung der UN, die drei Schüsse haben nicht sie sterben lassen, sondern die Angst. Die Taliban wollten sie zum Schweigen bringen, stattdessen erhebt sie ihre Stimme noch viel lauter, unschuldig und resolut gegen jede Art von Gewalt, auch für diejenigen, die sich nicht äußern können.

In ihrem rosafarbenen Salwar Kamiz und in den weißen Schal der pakistanischen Premierministerin Benazir Bhutto gehüllt, erinnert sie daran, dass es keine bessere Welt geben kann, wenn nicht alle die gleichen Chancen haben.

Die Forderung nach dem Grundrecht auf Bildung, die in einem abgelegenen Dorf Pakistans aufkeimte, nimmt durch Malala die Merkmale eines Kampfes ohne Nation, Geschlecht oder Religion an: Kaum ein Jahr später wird sie zur jüngsten Friedensnobelpreisträgerin.

Malala Yousafzai, porträtiert 2013 bei der Eröffnung einer neuen Buchhandlung in Birmingham, Großbritannien.

"

Wir rufen alle Regierungen auf, Schulpflicht auf der ganzen Welt für alle Kinder zu gewährleisten.

"

Im Namen Gottes, des Gütigen, des Barmherzigen. Sehr geehrter Generalsekretär der Vereinten Nationen, Herr Ban Ki-moon, [...] vor allem möchte ich meinen Dank richten an Gott, für den wir alle gleich sind, und an alle Menschen, die für mein Leben gebetet haben und dass ich schnell wieder gesund werde. Ich kann gar nicht glauben, wie viel Liebe mir die Menschen gezeigt haben. Ich habe tausende Karten mit guten Wünschen bekommen und Geschenke von überall auf der Welt. Vielen Dank an alle. Danke an die Kinder, deren unschuldige Worte mich ermutigt haben. Danke an meine Familie, deren Gebete mich gestärkt haben.

[...] Es gibt Hunderte Menschenrechtsaktivisten und Sozialarbeiter, die nicht nur über ihre Rechte sprechen, sondern dafür kämpfen, ihr Ziel von Frieden, Bildung und Gleichheit zu erreichen.

Tausende Menschen wurden von den Terroristen getötet und Millionen wurden verwundet. Ich bin nur eine von ihnen.

Und so stehe ich hier ... ein Mädchen unter vielen. Ich spreche – nicht für mich selbst, sondern für alle Mädchen und Jungen. Ich erhebe meine Stimme – nicht, um zu schreien, sondern damit die, die keine Stimme haben, auch gehört werden. Die, die für ihre Rechte gekämpft haben: ihr Recht, in Frieden zu leben. Ihr Recht, in Würde behandelt zu werden. Ihr Recht auf Chancengleichheit. Ihr Recht auf Bildung.

Liebe Freunde, am 9. Oktober 2012 haben die Taliban auf mich geschossen und meine linke Stirn getroffen. Auch auf meine Freunde haben sie geschossen. Sie haben gedacht, dass die Kugeln uns zum Schweigen bringen würden. Aber sie haben sich geirrt. Und dann kamen tausende Stimmen aus der Stille. Die Terroristen dachten, sie könnten meine Ziele verändern und meinen Ehrgeiz stoppen. Was sich geändert hat, ist: Schwäche, Angst und Hoffnungslosigkeit sind verschwunden. Stärke, Kraft und Mut sind geboren. Ich bin dieselbe Malala. Meine Absichten sind dieselben. Meine Hoffnungen sind dieselben. Meine Träume sind dieselben.

Liebe Schwestern und Brüder, ich bin gegen niemanden. Auch bin ich nicht hier, um aus persönlicher Rache gegen die Taliban oder irgendeine andere terroristische Gruppe zu sprechen. Ich bin hier, um meine Meinung zu sagen für das Recht auf Bildung für alle Kinder. Ich wünsche mir Bildung für die Söhne und Töchter aller Extremisten, insbesondere der Taliban.

Ich hasse nicht einmal den Taliban, der auf mich geschossen hat. Selbst wenn eine Waffe in meiner Hand wäre und er vor mir stünde, würde ich ihn nicht erschießen. Das ist das Mitgefühl, das ich von Mohammed gelernt habe, dem Propheten der Barmherzigkeit und von Jesus Christus und Buddha. Das ist das Erbe des Wandels, das ich von Martin Luther King, Nelson Mandela und Muhammad Ali

Jinnah übernommen habe. Das ist die Philosophie der Gewaltlosigkeit, die ich von Gandhi, Badshah Khan und Mutter Teresa gelernt habe Und das ist die Versöhnlichkeit, die ich von meinem Vater und meiner Mutter gelernt habe. Meine Seele sagt mir: „Sei friedfertig und liebe alle.“

Liebe Schwestern und Brüder, wir erkennen die Bedeutung von Licht, wenn wir Dunkelheit sehen. Wir erkennen die Bedeutung unserer Stimme, wenn wir zum Schweigen gebracht werden. Und genau so haben wir in Swad in Nordpakistan die Bedeutung von Stiften und Büchern erkannt, als wir die Waffen sahen.

Die weise Stimme, die sprach: „Der Stift ist mächtiger als das Schwert“, hatte Recht. Die Extremisten hatten und haben Angst vor Büchern und Stiften. Die Macht der Bildung erschreckt sie. Sie haben Angst vor Frauen. Die Macht der Stimme der Frauen erschreckt sie. Und darum haben sie vor kurzem in Quetta 14 unschuldige Medizinstudentinnen attackiert. Und darum haben sie Lehrerinnen und Polio-Helferinnen in Khyber Pukhtoon Khwa und FATA getötet. Und darum zerstören sie täglich Schulen. Weil sie Angst haben vor dem Wandel und vor der Gleichberechtigung, die wir unserer Gesellschaft bringen wollen.

Und ich erinnere mich an einen Jungen in unserer Schule, der von einem Journalisten gefragt wurde: „Warum sind die Taliban gegen Bildung?“ Er antwortete sehr einfach: Er zeigte auf sein Buch und sagte: „Ein Taliban weiß nicht, was in diesem Buch geschrieben steht.“ Sie denken, Gott sei ein winziges, ein wenig altmodisches Geschöpf, das Waffen auf die Köpfe derer richtet, die zur Schule gehen [...]. Und der Islam ist eine Religion des Friedens, der Menschlichkeit und Brüderlichkeit. Der Islam sagt: Es ist nicht nur das Recht jedes Kindes, Bildung zu bekommen, sondern es ist ihre Pflicht und Verantwortung.

Verehrter Generalsekretär, Frieden ist eine Voraussetzung für Bildung. In vielen Teilen der Welt, gerade auch in Pakistan und Afghanistan, können Kinder wegen Terrorismus, Krieg und Auseinandersetzungen nicht zur Schule gehen. Wir sind dieser Kriege wirklich müde. Frauen und Kinder leiden auf vielerlei Weise in vielen Teilen der Erde. In Indien sind unschuldige und arme Kinder Opfer von Kinderarbeit. In Nigeria wurden viele Schulen zerstört. Die Menschen in Afghanistan sind seit Jahrzehnten von härtestem Extremismus betroffen. Junge Mädchen müssen zu Hause arbeiten und werden gezwungen, sehr jung zu heiraten. Armut, Unwissenheit, Ungerechtigkeit, Rassismus und der Entzug von Grundrechten sind die wichtigsten Probleme von Männern und Frauen gleichermaßen.

Liebe Gefährten, heute konzentriere ich mich auf Frauenrechte und das Recht auf Bildung für Mädchen, weil sie am meisten leiden. Es gab eine Zeit, in der gesellschaftliche Aktivistinnen Männer

MALALA YOUSAFZAI
(1997–)

2009 Schreibt sie anonym einen Blog für die Internetseite der BBC auf Urdu, in dem sie über das Leben unter dem Taliban-Regime berichtet.

2012 Sie wird auf dem Rückweg von der Schule Opfer eines Attentats, das sie auf wunderbare Weise überlebt. Sie wird in das Queen Elizabeth Krankenhaus in Birmingham gebracht und erst Anfang des folgenden Jahres, nach langer Rekonvaleszenz, entlassen.

2013 Mit ihrem Vater Ziauddin, seit jeher stolz an ihrer Seite, ruft sie den Malala Fund ins Leben, eine Non-Profit-Organisation, die allen Mädchen weltweit schulische Bildung garantieren will.

2014 Friedensnobelpreis „für den Kampf gegen die Unterdrückung von Kindern und Jugendlichen und für die Rechte aller Kinder auf Bildung".

2018 Sie wird an der Universität Oxford aufgenommen, um Philosophie, Politik und Wirtschaft zu studieren. Aller Gefahr zum Trotz kehrt sie nach sechs Jahren nach Pakistan zurück.

Die pakistanische Aktivistin Malala Yousafzai, Friedensnobelpreisträgerin 2014, nimmt an der Preisverleihung im norwegischen Oslo Spektrum teil.

gebeten haben, für ihre Rechte einzutreten. Aber diesmal werden wir das selbst tun. Damit will ich nicht sagen, dass Männer sich nicht weiterhin für Frauenrechte einsetzen sollen, vielmehr möchte ich hervorheben, dass Frauen unabhängig sein und für sich selbst kämpfen sollen.

Also liebe Schwestern und Brüder, es ist an der Zeit, eure Meinung zu sagen.

Wir rufen daher heute die Führer der Welt auf, ihre strategischen Grundsätze zugunsten von Frieden und Wohlstand zu ändern.

Wir rufen die führenden Politiker der Welt auf, dass alle Abkommen die Rechte von Frauen und Kindern schützen müssen. Ein Abkommen, das gegen die Rechte von Frauen geht, ist unannehmbar. Wir rufen alle Regierungen auf, Schulpflicht auf der ganzen Welt für alle Kinder zu gewährleisten. Wir rufen alle Regierungen auf, gegen Terrorismus und Gewalt zu kämpfen, um Kinder vor Brutalität und Schaden zu bewahren.

Wir fordern die Industriestaaten auf, den Ausbau der Bildungsmöglichkeiten für Mädchen in den Entwicklungsländern zu unterstützen. Wir rufen alle Gemeinden auf, tolerant zu sein und Vorurteile in Bezug auf Kaste, Glaube, Sekte, Hautfarbe, Religion oder Geschlecht abzulehnen. Um Freiheit und Gleichheit für Frauen zu gewährleisten, damit sie erblühen können. Wir alle können nicht erfolgreich sein, wenn die Hälfte von uns zurückgehalten wird. Wir rufen unsere Schwestern auf der ganzen Welt auf, tapfer zu sein, die eigene Stärke anzunehmen und ihre Möglichkeiten voll auszuschöpfen.

Liebe Brüder und Schwestern, wir wollen Schulen und Bildung für eine glänzende Zukunft aller Kinder. Wir werden unsere Reise mit dem Ziel Frieden und Ausbildung fortsetzen. Niemand kann uns aufhalten. Wir werden für unsere Rechte sprechen, und unsere Stimme wird sich verändern. Wir glauben an die Kraft und die Stärke unserer Worte. Unsere Worte können die Welt verändern. Weil wir uns zusammenschließen für die Sache der Bildung. Und wenn wir unser Ziel erreichen wollen, dann lasst zu, dass wir uns selbst ermächtigen mit der Waffe des Wissens und uns selbst schützen mit Geschlossenheit und Zusammengehörigkeit.

Liebe Brüder und Schwestern, wir dürfen nicht vergessen, dass Millionen von Menschen unter Armut, Ungerechtigkeit und Mangel an Bildung leiden. Wir dürfen nicht vergessen, dass Millionen von Kindern keine Schule haben. Wir dürfen nicht vergessen, dass unsere Schwestern und Brüder auf eine glänzende, friedliche Zukunft warten. Also lasst uns einen weltweiten Kampf wagen, gegen Analphabetismus, Armut und Terrorismus, lasst uns unsere Bücher und Stifte holen: Sie sind unsere stärksten Waffen. Ein Kind, ein Lehrer, ein Buch und ein Stift können die Welt verändern. Bildung ist die einzige Lösung. Bildung zuerst.

Oprah Winfrey

Rede anlässlich der Verleihung des Golden Globe für ihr Lebenswerk

Beverly Hills (USA), 7. Januar 2018

Es sind zwei Jahre vergangen, seit Meryl Streep den Golgen Globe für ihr Lebenswerk entgegennahm und ihre Anklage gegen die Mächtigen erhob, die Ausgegrenzte demütigen und Andersdenkende zum Schweigen bringen; sie drückte ihre Solidarität mit der Presse aus, die „von den Mächtigen Rechenschaft verlangt und jede Schmähung zurechtweist".
Als Oprah Winfrey am Abend des 7. Januar 2018 auf derselben Bühne dieselbe Auszeichnung in Händen hält, greift sie die Rede inhaltlich auf. Auch sie verurteilt die Angriffe auf die Presse, die sie ermutigt, die Suche nach der Wahrheit unbedingt fortzusetzen, ungeachtet aller Drohungen. Aber sie spricht auch über Rassendiskriminierung und Gewalt gegen Frauen.
Ihre Rede ist voll von Geschichten und Persönlichkeiten, wie eine ihrer Fernsehsendungen, in denen sie 25 Jahre lang, emphatisch und ehrlich, den Problemen der einfachen Menschen und der Berühmtheiten eine Stimme gab.
Sie erzählt von sich als kleinem Mädchen, das vor dem Fernseher sitzt und aufgeregt zusieht, wie Sidney Poitier als erster afroamerikanischer Schauspieler den Oskar entgegennimmt. Oder die Geschichte von Recy Taylor, einer jungen Mutter, die vergewaltigt und bedroht wurde, und deren Lebensweg sich mit dem von Rosa Parks kreuzt. Und von allen unausgesprochenen Geschichten über Frauen, die jahrelang Missbräuche ertragen haben, und über diejenigen, die den Mut hatten, die Wahrheit zu sagen gegen jene, die versuchten, sie zum Schweigen zu bringen. Eine warme Stimme und eine emotionale Intensität charakterisieren ihre Rede, die ihre ganz persönliche Geschichte aufgreift: eine schwierige Kindheit in Mississippi in einem Umfeld aus Armut und Zerfall, materielle und gefühlsmäßige Entbehrungen, erlebte Missbräuche, eine ungewollte Schwangerschaft als traurige Folge daraus. Sie zieht nach Nashville in Tennessee und arbeitet für einige lokale Rundfunk- und Fernsehanstalten. Eine Befreiung, mit Hingabe und Bestimmtheit verfolgt, bis sie eine der meist geschätzten Fernsehmoderatorinnen ist, darüber hinaus Schriftstellerin, Produzentin und Schauspielerin. Die „Königin des Fernsehens", die unermüdlich gegen die Kultur des Sexismus und des stets latent vorhanden Rassismus kämpft. Die die Rechte der Frauen einfordert, die sie dazu anspornt, den Weg des Empowerment, der Selbstbestimmung und des Selbstbewusstseins einzuschlagen. So wie sie fünfzig Jahre zuvor Sidney Poitier bewunderte, sahen ihr an diesem Abend junge Mädchen zu und wurden vielleicht dazu inspiriert, für jenen neuen Tag am Horizont zu kämpfen, an dem es nicht mehr nötig sein wird, „me too" zu sagen.

US-amerikanische Schauspielerin und TV-Moderatorin Oprah Winfrey. Ihre Talkshow wurde 25 Jahre lang von 1986 bis 2011 auf ABC ausgestrahlt.

"

Zu lange wurden Frauen nicht gehört oder ihnen nicht geglaubt, wenn sie es wagten, die Wahrheit über die Macht dieser Männer zu sagen. Aber ihre Zeit ist abgelaufen.

"

1964 war ich ein kleines Mädchen, das auf dem Linoleumboden des Hauses meiner Mutter in Milwaukee saß und sah, wie Anne Bancroft bei der 36. Oscarverleihung den Oscar für den besten Schauspieler überreichte. Sie öffnete den Umschlag und sagte fünf Wörter, die buchstäblich Geschichte machten: „Der Gewinner ist Sidney Poitier."

Auf die Bühne kam der eleganteste Mann, den ich je gesehen habe. Ich erinnere mich, seine Krawatte war weiß, seine Haut war schwarz – und er wurde gefeiert. Ich hatte noch nie einen Schwarzen gesehen, der so gefeiert wurde. Ich habe viele, viele Male versucht zu erklären, was ein solcher Moment für ein kleines Mädchen bedeutet, ein Kind, das von den billigen Sitzen aus zusieht, wenn ihre Mutter nach Hause kam, müde vom Putzen bei anderen Leuten.

Aber alles, was ich tun kann, ist, Sidneys Worte aus dem Film „Lilien auf dem Felde" zu zitieren: „Amen, Amen. Amen, Amen".

1982 erhielt Sidney den Cecil B. DeMille-Preis hier bei den Golden Globes, und auch nun in diesem Moment werden wohl einige kleine Mädchen zusehen, wie ich die erste schwarze Frau werde, die die gleiche Auszeichnung erhält.

Es ist eine Ehre – es ist eine Ehre und es ist ein Privileg, den Abend mit Ihnen allen zu teilen und ebenso mit den unglaublichen Männern und Frauen, die mich inspiriert haben, die mich herausgefordert haben, die mich unterstützt und meine Reise zu dieser Bühne ermöglicht haben.

Dennis Swanson, der mir eine Chance für A.M. Chicago gab. Quincy Jones sah mich in dieser Show und sagte zu Steven Spielberg: „Das ist Sophia für deinen Film ‚Die Farbe Lila'". Gayle [King], die eine Freundin war, und Stedman [Graham], der mein Fels in der Brandung war.

Ich möchte der Hollywood Foreign Press Association danken. Denn wir wissen, dass die Presse in diesen Tagen immer wieder angegriffen wird. Wir wissen aber auch, dass es die leidenschaftliche Hingabe ist, die Wahrheit aufzudecken, die uns davon abhält, bei Korruption und Ungerechtigkeit ein Auge zuzudrücken. Bei Tyrannen und Opfern und Geheimnissen und Lügen.

Ich möchte festhalten, dass ich die Presse mehr als je zuvor schätze, wenn wir versuchen, durch diese schwierigen Zeiten zu steuern. Was mich zum Folgenden bringt: Was ich sicher weiß, ist, dass das Aussprechen der Wahrheit das mächtigste Werkzeug ist, das wir alle haben. Und ich bin besonders stolz auf all die Frauen, die sich stark genug gefühlt haben, um ihre persönlichen Geschichten zu erzählen und zu teilen. Jeder von uns in diesem Raum wird wegen der Geschichten gefeiert, die wir erzählen, und in diesem Jahr wurden wir zur Geschichte.

Aber es ist nicht nur eine Geschichte, die die Unterhaltungsindustrie betrifft. Es ist eine, die jede Gesellschaft, Geographie, Rasse, Religion, Politik oder Arbeitsstätten durchdringt. Ich möchte daher heute Abend allen Frauen danken, die Jahre des Missbrauchs und der Gewalt erlebt haben, weil sie, wie meine Mutter, Kinder zu ernähren und Rechnungen zu zahlen hatten und Träume verfolgten.

Es sind die Frauen, deren Namen wir nie kennen werden. Es sind Hausangestellte und Landarbeiterinnen. Sie arbeiten in Fabriken, sie arbeiten in Restaurants und sie sind in der Hochschule, Technik, Medizin und Wissenschaft tätig. Sie sind Teil der Welt von Technologie, Politik und Wirtschaft. Sie sind unsere Athletinnen bei den Olympischen Spielen und sie sind unsere Soldatinnen im Militär.

Und da ist noch jemand anderes. Recy Taylor, ein Name, den ich kenne, und ich denke, ihr solltet ihn auch kennen. 1944 war Recy Taylor eine junge Frau und Mutter. Sie ging gerade von einem Gottesdienst in Abbeville, Alabama, nach Hause, als sie von sechs bewaffneten weißen Männern entführt, vergewaltigt und mit verbundenen Augen am Straßenrand zurückgelassen wurde. Sie drohten, sie zu töten, wenn sie es jemals jemandem erzählen würde, aber ihre Geschichte wurde der NAACP gemeldet, wo eine junge Arbeiterin mit dem Namen Rosa Parks die leitende Ermittler in für ihren Fall wurde. Gemeinsam versuchten sie, Gerechtigkeit zu erlangen.

Aber in der Ära von Jim Crow war Gerechtigkeit nicht an der Tagesordnung. Die Männer, die versucht hatten, sie zu zerstören, wurden nie gerichtlich verfolgt. Recy Taylor starb vor zehn Tagen, knapp vor ihrem 98. Geburtstag. Sie lebte, wie wir alle, zu viele Jahre in einer Gesellschaft, die von brutalen Männern beherrscht wurde. Zu lange wurden Frauen nicht gehört oder ihnen nicht geglaubt, wenn sie es wagten, die Wahrheit über die Macht dieser Männer zu sagen. Aber ihre Zeit ist abgelaufen. Aber ihre Zeit ist abgelaufen!

Aber ihre Zeit ist abgelaufen! Und ich hoffe nur ... Ich hoffe, dass Recy Taylor starb in dem Wissen, dass ihre Wahrheit, wie die Wahrheit von so vielen anderen Frauen, die in diesen Jahren gequält wurden und sogar jetzt gequält werden, weitergetragen wird. Diese Wahrheit war in Rosa Parks' Herz

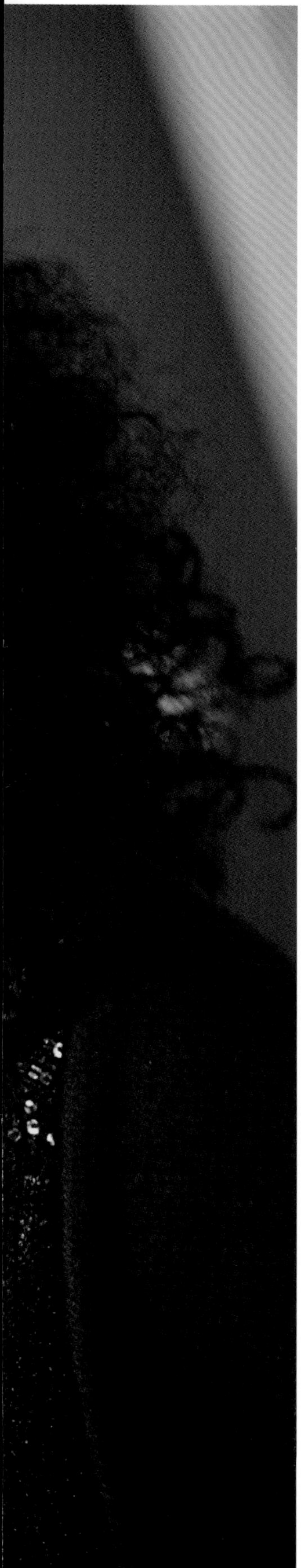

> *Also möchte ich, dass alle Mädchen, die hier zusehen, wissen, dass ein neuer Tag am Horizont ist!*

fast elf Jahre später, als sie die Entscheidung traf, in Montgomery in diesem Bus sitzen zu bleiben. Und sie ist immer noch hier in jeder Frau, die sich entscheidet zu sagen: „MeToo". Und in jedem Mann – jedem Mann, der sich entscheidet zuzuhören.
Was ich in meiner Karriere immer versucht habe, ob im Fernsehen oder im Film, ist, etwas darüber zu sagen, wie sich Männer und Frauen wirklich verhalten. Zu sagen, wie wir Scham erleben, wie wir lieben und wie wir toben, wie wir versagen, wie wir uns zurückziehen, durchhalten und wie wir überwinden.
Ich habe Menschen interviewt und porträtiert, die einige der hässlichsten Dinge überstanden haben, die das Leben dir antun kann, aber die eine Eigenschaft, die alle zu teilen scheinen, ist die Fähigkeit, die Hoffnung auf einen helleren Morgen auch in unseren dunkelsten Nächten aufrechtzuerhalten.
Also möchte ich, dass alle Mädchen, die hier zusehen, wissen, dass ein neuer Tag am Horizont ist! Und wenn dieser neue Tag endlich dämmert, wird es wegen all der großartigen Frauen sein, von denen viele heute Nacht hier in diesem Raum sind, und einigen phänomenalen Männern, die alle hart dafür kämpfen sicherzustellen, dass sie die Anführerinnen und Anführer werden, die uns in eine Zeit leiten, in der niemand mehr „MeToo" sagen muss. Ich danke Ihnen.

OPRAH WINFREY
(1954–)

1973 Mit 19 Jahren moderiert sie als erste Afroamerikanerin eine Nachrichtensendung, in Nashville beim Sender WTVF.

1985 Debüt in dem Film *Die Farbe Lila* von Steven Spielberg, für den sie zur Oskarkandidatin als beste Nebendarstellerin nominiert wird.

1986 Sendestart von *The Oprah Winfrey Show*, einer Talkshow, die in den nationalen Sendern ausgestrahlt wird.

2000 Die erste Ausgabe von *O, The Oprah Magazine*, einer monatlichen Frauenzeitschrift, erscheint.

2011 Sie führt den Fernsehkanal *The Oprah Winfrey Network* ein. Am 25. Mai, nach 25 Jahren unbestrittenen Erfolgs, geht die letzte Folge von *The Oprah Winfrey Show* auf Sendung.

2013 US-Präsident Barack Obama ehrt sie mit der Freiheitsmedaille der Vereinigten Staaten.

Oprah Winfrey besucht die Premiere des Films „Selma" am 14. Dezember 2014 im Ziegfeld Theater in New York.

António Guterres

New York, 10. September 2018

Rede des Generalsekretärs der Vereinten Nationen zur Klimaveränderung

Wenige Monate nach dem Ende des Zweiten Weltkriegs, als Europa noch in Trümmern liegt und die gesamte Erdbevölkerung von Jahren des Leidens bewegt ist, werden die Vereinten Nationen gegründet mit dem Ziel, eine Zukunft des Friedens und der Kooperation zwischen den Ländern aufzubauen und mögliche neue Konflikte abzuwenden. Etwa 80 Jahre danach sind die Erde und ihre Völker wieder in großer Gefahr, aber nicht aufgrund des Ehrgeizes oder der hegemonialen Ziele eines Staates oder Diktators, sondern wegen eines neuartigen und mächtigen Feindes, den der Mensch selbst geschaffen hat: die globale Erderwärmung. Das Klima verändert sich sehr schnell: In kaum mehr als einem Jahrhundert ist die mittlere Temperatur um mehr als 1 Grad Celsius angestiegen; jedes Jahr werden extreme Klimaereignisse häufiger und verhängnisvoller. Die UNO hat eine neue und schwierige Herausforderung annehmen müssen: alle Länder der Welt zu einen und das „Fieber" des Planeten zu lindern, indem der Temperaturanstieg, gemessen am vorindustriellen Niveau, unter 2 Grad bleibt. Es ist eben jener UNO-Generalsekretär, der Portugiese António Guterres, der im Sommer 2018 die Alarmglocke schlägt mit einer Rede, die selbst die schläfrigsten Gewissen aufzurütteln vermag.
Äußerlich scheint der Diplomat ein sanfter, freundlicher Mann, der bereits in die Jahre gekommen ist, aber seine Worte sind hart und deutlich. Die Regierenden haben über viel zu lange Zeit den verzweifelten Hilferuf der Wissenschaftler ignoriert und weiterhin Entwicklungsmodelle gefördert, die für die Umwelt schädlich sind. Die Emissionen für Treibhausgase, die auf menschliches Handeln zurückgehen, sind exponentiell angestiegen und bringen den Planeten Schritt für Schritt an den Rand des Abgrunds. Guterres verurteilt weder, noch erhebt er eine simple Anklage: Mit seiner Rede reicht er den politischen Führern der 193 UNO-Mitgliedsländer die Hand und richtet sich vielmehr an alle „Freunde der Erde". Es ist der Moment gekommen zu handeln, die Kräfte zu vereinen, die Einzelinteressen außer Acht zu lassen und mit Entschiedenheit einzugreifen, bevor es zu spät ist, zum Wohl der künftigen Generationen. Unser Überleben hängt von uns ab, von unseren Entscheidungen. Guterres erinnert wie zum Ansporn für einen globalen Aktionsplan daran, dass die Menschheit in der Vergangenheit schon viele andere Herausforderungen angenommen und bewältigt hat.

"

Wir stehen jetzt an einem existenziellen Scheideweg. Wenn wir den richtigen Weg einschlagen wollen – den einzig vernünftigen –, müssen wir die volle Kraft des menschlichen Einfallsreichtums aufbringen.

"

Liebe Freunde des Planeten Erde,

vielen Dank, dass Sie heute zum UN-Hauptquartier gekommen sind. Ich habe Sie hierher gebeten, um einen Alarm auszulösen. Der Klimawandel ist das bestimmende Thema unserer Zeit – und wir befinden uns in einem entscheidenden Moment. Wir sind einer direkten existenziellen Bedrohung ausgesetzt. Der Klimawandel bewegt sich schneller als wir – und sein Tempo hat weltweit einen SOS-Boom ausgelöst. Wenn wir den Kurs bis 2020 nicht ändern, besteht die Gefahr, dass wir den Punkt verpassen, an dem wir einen außer Kontrolle geratenen Klimawandel vermeiden können, mit katastrophalen Folgen für die Menschen und alle natürlichen Systeme, die uns unterstützen. [...] Wir haben die Werkzeuge, um unser Handeln effektiv zu gestalten. Was uns auch nach dem Pariser Abkommen noch fehlt, ist die Führung und der Ehrgeiz, das zu tun, was nötig ist. Liebe Freunde, über die Dringlichkeit der Krise besteht kein Zweifel.

[...] Was dies alles noch beunruhigender macht, ist, dass wir gewarnt wurden. Wissenschaftler informieren uns seit Jahrzehnten. Wieder und wieder. Viel zu viele Führungskräfte haben sich geweigert zuzuhören. Viel zu wenige haben mit der Perspektive gehandelt, welche die Wissenschaft verlangt. Wir sehen die Ergebnisse. In einigen Situationen nähern sie sich den Worst-Case-Szenarien der Wissenschaftler. Das arktische Packeis verschwindet schneller, als wir es uns vorgestellt haben. In diesem Jahr begann sich zum ersten Mal dichtes, permanentes Meereis nördlich von Grönland aufzulösen. Diese dramatische Erwärmung in der Arktis wirkt sich auf die Wetterbedingungen auf der Nordhalbkugel aus. Waldbrände halten länger an und breiten sich weiter aus. Einige dieser Flammen sind so groß, dass sie Ruß und Asche um die Welt senden, Gletscher und Eiskappen schwärzen und sie noch schneller schmelzen lassen. Die Ozeane werden saurer und bedrohen die Grundlage der Nahrungsketten, die das Leben erhalten. Korallen sterben in großen Mengen und die lebenswichtigen Fischbestände verarmen weiter. Und an Land macht der hohe Kohlendioxidgehalt der Atmosphäre Reispflanzen weniger nahrhaft und bedroht die Gesundheit und die Ernährungssicherheit von Milliarden Menschen. Mit zunehmendem Klimawandel wird es uns schwerer fallen, uns selbst zu ernähren. Das Artensterben wird zunehmen, wenn lebenswichtige Lebensräume zurückgehen. Immer mehr Menschen werden gezwungen sein, aus ihren Häusern abzuwandern, da das Land, von dem sie abhängig sind, sie nicht mehr ernähren kann. Dies führt bereits zu vielen lokalen Konflikten um schwindende Ressourcen.

[...] Der Berg vor uns ist sehr hoch. Aber es ist nicht unüberwindbar. Wir wissen, wie man ihn in Angriff nimmt. Einfach gesagt, wir müssen die tödlichen Treibhausgasemissionen bremsen und

(216–217)

Der Generalsekretär der Vereinten Nationen, António Guterres, 2018 in seinem Büro in New York, USA.

den Klimaschutz vorantreiben. Wir müssen uns schnell aus unserer Abhängigkeit von fossilen Brennstoffen lösen. Wir müssen die Entwaldung stoppen, kranke Wälder wiederherstellen und die Art und Weise unserer Bewirtschaftung ändern. Wir müssen die Kreislaufwirtschaft und Ressourceneffizienz berücksichtigen.
[...] Wir stehen jetzt an einem existenziellen Scheideweg. Wenn wir den richtigen Weg einschlagen wollen – den einzig vernünftigen –, müssen wir die volle Kraft des menschlichen Einfallsreichtums aufbringen. Aber dieser Einfallsreichtum existiert und bietet bereits Lösungen. Und so, liebe Freunde, eine weitere zentrale Botschaft: Die Technologie ist auf unserer Seite im Kampf gegen den Klimawandel. Der Aufstieg erneuerbarer Energien war enorm. Heute sind sie wettbewerbsfähig – oder sogar billiger – als Kohle und Öl, insbesondere wenn man die Kosten der Verschmutzung berücksichtigt.
[...] Die Alternative ist eine düstere und gefährliche Zukunft. Dies sind alles wichtige Schritte. Aber sie reichen nicht aus. Der Übergang zu einer saubereren und grüneren Zukunft muss beschleunigt werden. Wir stehen in einem Moment, den wir wirklich nutzen müssen, oder wir verlieren. [...] Ich habe von der Notlage gesprochen, von den Vorteilen des Handelns und von der Machbarkeit einer klimafreundlichen Transformation. Es gibt einen anderen Grund zu handeln – moralische Pflicht. Die reichsten Nationen der Welt sind am stärksten für die Klimakrise verantwortlich, doch die Auswirkungen werden zuerst und am schlimmsten von den ärmsten Nationen und den am stärksten gefährdeten Völkern und Gemeinschaften wahrgenommen. Wir sehen diese Ungerechtigkeit bereits im unaufhörlichen und zunehmenden Kreislauf extremer Dürren und immer heftigerer Stürme. Insbesondere Frauen und Mädchen werden den Preis zahlen – nicht nur, weil ihr Leben schwieriger wird, sondern weil Frauen und Mädchen in Katastrophenzeiten immer überproportional leiden.
[...] Es ist an der Zeit, dass unsere Führer zeigen, dass sie sich für die Menschen interessieren, deren Schicksal sie in ihren Händen halten. Sie müssen zeigen, dass ihnen die Zukunft am Herzen liegt – und auch die Gegenwart. Deshalb freue ich mich sehr, dass heute so viele Jugendliche im Publikum vertreten sind. Die Zivilgesellschaft – Jugendliche, Frauengruppen, der Privatsektor, Glaubensgemeinschaften, Wissenschaftler und Basisbewegungen auf der ganzen Welt – muss ihre Führer zur Rechenschaft ziehen. Derselbe Aufruf kommt von meiner Jugenddelegation. Ich rufe insbesondere die weibliche Führungselite auf. Wenn Frauen in der Lage sind zu führen, sind sie die Antriebskräfte für Lösungen. Nicht weniger als unsere

"

Die Welt verändert sich vor unseren Augen.
Wir rennen dem Rand des Abgrunds entgegen.
Es ist noch nicht zu spät, den Kurs zu wechseln ...

"

ANTÓNIO GUTERRES (1949–)

1971 Abschluss in Ingenieurwissenschaft an der Universität in Lissabon, wo er eine akademische Laufbahn einschlägt.

1974 Wird Mitglied in der Sozialistischen Partei Portugals; am 25. April schlägt die Nelkenrevolution das diktatorische Regime nieder, das unter António Salazar in den Dreißigerjahren errichtet wurde: Portugal wird zu einer Demokratie.

1976 Wird zum Abgeordneten des portugiesischen Parlaments gewählt.

1992 Wird zum Sekretär der Sozialistischen Partei ernannt.

1995 Wird zum Premierminister Portugals gewählt.

1999–2005 Präsident der Sozialistischen Internationalen.

2005–2015 Übernimmt das Amt des Hohen Flüchtlingskommissars der Vereinten Nationen (UNHCR).

2017 Übernimmt das Amt des Generalsekretärs der Vereinten Nationen als Nachfolger des Südkoreaners Ban Ki-moon.

Zukunft und das Schicksal der Menschheit hängen davon ab, wie wir uns der Herausforderung des Klimawandels stellen.
[...] Wir brauchen Regierungen, Industrie und Zivilgesellschaften mit derselben Perspektive – mit Regierungen an vorderster Front und im Antriebszentrum der Bewegung für Klimaschutzmaßnahmen. Ich fordere alle Staats- und Regierungschefs auf, zum Klimagipfel im nächsten Jahr zu kommen, um nicht nur darüber Bericht zu erstatten, was sie tun, sondern was sie noch vorhaben, wenn sie 2020 zur UN-Klimakonferenz zusammentreten, wo Verpflichtungen erneuert und Schwellen sicherlich zielführend angehoben werden. Deshalb fordere ich die Zivilgesellschaft und insbesondere die jungen Menschen auf, sich für Klimaschutz zu engagieren. Lassen Sie uns das nächste Jahr für Transformationsentscheidungen in Sitzungssälen, Führungsetagen und Parlamenten auf der ganzen Welt nutzen. Erhöhen wir unsere Ziele, bilden wir Koalitionen und lassen wir unsere Führer zuhören. Dafür setze ich mich genauso wie die gesamten Vereinten Nationen ein. Wir werden alle Führungskräfte unterstützen, die sich der Herausforderung stellen, die ich heute skizziert habe. Liebe Freunde, es gibt keine Zeit mehr zu verlieren. Wie die Wildheit der Waldbrände und Hitzewellen dieses Sommers zeigen, verändert sich die Welt vor unseren Augen. Wir rennen dem Rand des Abgrunds entgegen. Es ist noch nicht zu spät, den Kurs zu wechseln, aber mit jedem Tag, der vergeht, erwärmt sich die Welt ein bisschen mehr und die Kosten für unsere Untätigkeit steigen. Jeder Tag, an dem wir nicht handeln, ist ein Tag, an dem wir einem Schicksal, das keiner von uns will, ein Stückchen näher kommen – ein Schicksal, das über Generationen hinweg in den Schaden eingeht, welcher der Menschheit und dem Leben auf der Erde zugefügt wurde. Unser Schicksal liegt in unseren Händen. Die Welt verlässt sich darauf, dass wir uns der Herausforderung stellen, bevor es zu spät ist. Ich zähle auf Sie alle. Ich danke Ihnen.

Der portugiesische Politiker und Diplomat António Guterres war von 1995 bis 2002 Ministerpräsident von Portugal.

Der Herausgeber

CARLO BATÀ, *Autor, Herausgeber und Übersetzer, arbeitet mit wichtigen nationalen Medien zusammen und koordiniert für Iceigeo die Katalogisierung von Bildern für Agenturen und Fotoarchive. Als Wissenschaftler für amerikanische Kultur und Geschichte unterrichtete er spanische und lateinamerikanische Sprache und Literatur an der Universität L'Orientale in Neapel und veröffentlichte Monografien über José* Martí *(2002),* Thomas Sankara *(2003) und* Che Guevara *(2004). Für White Star war er Co-Autor des Bandes* 1968, Ein revolutionäres Jahr in Bildern *(2017, mit Gianni Morelli).*

Bildnachweis

Umschlagvorderseite, *oben von links*: Bettmann/Getty Images; Keystone Press/Alamy Stock Photo; ullstein bild/Getty Images; Joe Raedle/Getty Images; Popperfoto/Getty Images; ERIC FEFERBERG/AFP/Getty Images; WENN Rights Ltd/Alamy Stock Photo; Christopher Furlong/Getty Images; Fairfax Media/Getty Images; PAUL J. RICHARDS/AFP/Getty Images

Umschlagrückseite, *oben von links*: Archive Photos/Getty Images; Keystone-France/Gamma-Keystone/Getty Images; Terry Fincher/Hulton Archive/Getty Images; Danita Delimont/Alamy Stock Photo; Franco Origlia/Getty Image; Chip HIRES/Gamma-Rapho/Getty Images; Sovfoto/Universal Images Group/Getty Images; Francis Miller/The LIFE Picture Collection/Getty; imageBROKER/ Alamy Stock Photo; Bettmann/Getty Images

Seite 8: Roger Viollet/Getty Images
Seite 11: AFP/Getty Images
Seite 12: Hulton Archive/Getty Images
Seiten 16–17: World History Archive/Alamy Stock Photo
Seite 18: Bettmann/Getty Images
Seite 23: Ernst Haas/Hulton Archive/Getty Images
Seite 24: Popperfoto/Getty Images
Seite 29: Photo 12/Alamy Stock Photo
Seite 30: KEYSTONE-FRANCE/Gamma-Rapho/Getty Images
Seite 35: Keystone Press/Alamy Stock Photo
Seiten 36–37: Universal History Archive/Universal Images Group/Getty Images
Seite 40: Historic Collection/Alamy Stock Photo
Seite 45: Bettmann/Getty Images
Seite 46: Bettmann/Getty Images
Seite 51: Bettmann/Getty Images
Seite 52: Archive Photos/Getty Images
Seite 55: Mondadori Portfolio/Getty Images
Seite 56: Bettmann/Getty Images
Seiten 60–61: Keystone-France/Gamma-Keystone/Getty Images
Seite 62: ullstein bild/Getty Images
Seite 66: Photo 12/Universal Images Group/Getty Images
Seite 71: Keystone Press/Alamy Stock Photo
Seite 72: Jan Walters/Alamy Stock Photo

Seite 77: Carl Mydans/The LIFE Picture Collection/Getty Images
Seite 78: Sovfoto/Universal Images Group/Getty Images
Seite 82: AFP/Getty Images
Seiten 84–85: © Ted Spiegel/CORBIS/Corbis/Getty Images
Seiten 88–89: The Estate of Jacques Lowe/Getty Images
Seite 90: Realy Easy Star/Fotografia Felici/Alamy Stock Photo
Seiten 94-95: Francis Miller/The LIFE Picture Collection/Getty Images
Seite 99: Robert W. Kelley/The LIFE Picture Collection/Getty Images
Seite 100: Bob Parent/Hulton Archive/Getty Images
Seite 105: Richard Sauders/Hulton Archive/Getty Images
Seite 106: Micheline Pelletier/Sygma/Getty Images
Seiten 110–111: Fairfax Media/Getty Images
Seite 112: Bettmann/Getty Images
Seite 116: CBS Photo Archive/Getty Images
Seite 118: Muller-Schneck/ullstein bild/Getty Images
Seite 122: Terry Fincher/Hulton Archive/Getty Images
Seite 127: Jean-Claude FRANCOLON/Gamma-Rapho/Getty Images
Seite 128: Patrick AVENTURIER/Gamma-Rapho/Getty Images
Seite 133: Patrick AVENTURIER/Gamma-Rapho/Getty Images
Seite 134: Reinke/ullstein bild/Getty Images
Seiten 138–139: Thomas Wattenberg/picture alliance/Getty Images
Seite 140: © Wally McNamee/CORBIS/Corbis/Getty Images
Seite 145: Dirck Halstead/The LIFE Images Collection/Getty Images
Seite 146: Juschke/ullstein bild/Getty Images
Seite 151: Bridgeman Images
Seite 152: Chip HIRES/Gamma-Rapho/Getty Images
Seite 157: Chip HIRES/Gamma-Rapho/Getty Images
Seite 158: Malcolm Park editorial/Alamy Stock Photo
Seiten 162–163: ERIC FEFERBERG/AFP/Getty Images
Seite 164: Ulf Andersen/Getty Images
Seite 169: Andrea Blanch/Getty Images
Seiten 170–171: Jacques M. Chenet/CORBIS/Getty Images
Seiten 174–175: Danita Delimont/Alamy Stock Photo
Seite 179: imageBROKER/ Alamy Stock Photo
Seite 180: Andia/ Alamy Stock Photo
Seite 185: imageBROKER/ Alamy Stock Photo
Seiten 186–187: Joe Raedle/Getty Images
Seiten 190–191: MANDEL NGAN/AFP/Getty Images
Seite 192: VINCENZO PINTO/AFP/Getty Images
Seite 197: Franco Origlia/Getty Images
Seite 198: WENN Rights Ltd/Alamy Stock Photo
Seite 204: Christopher Furlong/Getty Images
Seite 209: rune hellestad/Corbis/Getty Images
Seite 210: PAUL J.RICHARDS/AFP/Getty Images
Seiten 214–215: dpa picture alliance/Alamy Stock Photo
Seiten 216–217: Sebastien Micke/Paris Match/Contour/Getty Images
Seite 221: Alexandros Michailidis/Shutterstock.com

WHITE STAR VERLAG

WS White Star Verlag® ist eine eingetragene
Marke von White Star s.r.l.

Piazzale Luigi Cadorna, 6
20123 Mailand, Italien
www.whitestar.it

Deutsche Ausgabe (Übersetzung und redaktionelle Bearbeitung: Norbert Carls, Francesca Fichera, Annette Seimer; Layout und Überprüfung der Reden: Maria-Angela Silleni, Textlektorat: Petra Hirscher).

ISBN 978-88-6312-409-5
2 3 4 5 6 24 23 22 21 20

druckt von Rotolito S.p.A. - Seggiano di Pioltello (MI), Italien